Evelyn Schinckel

Blütenreich dekorieren

im Frühling

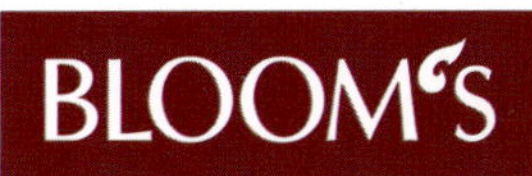

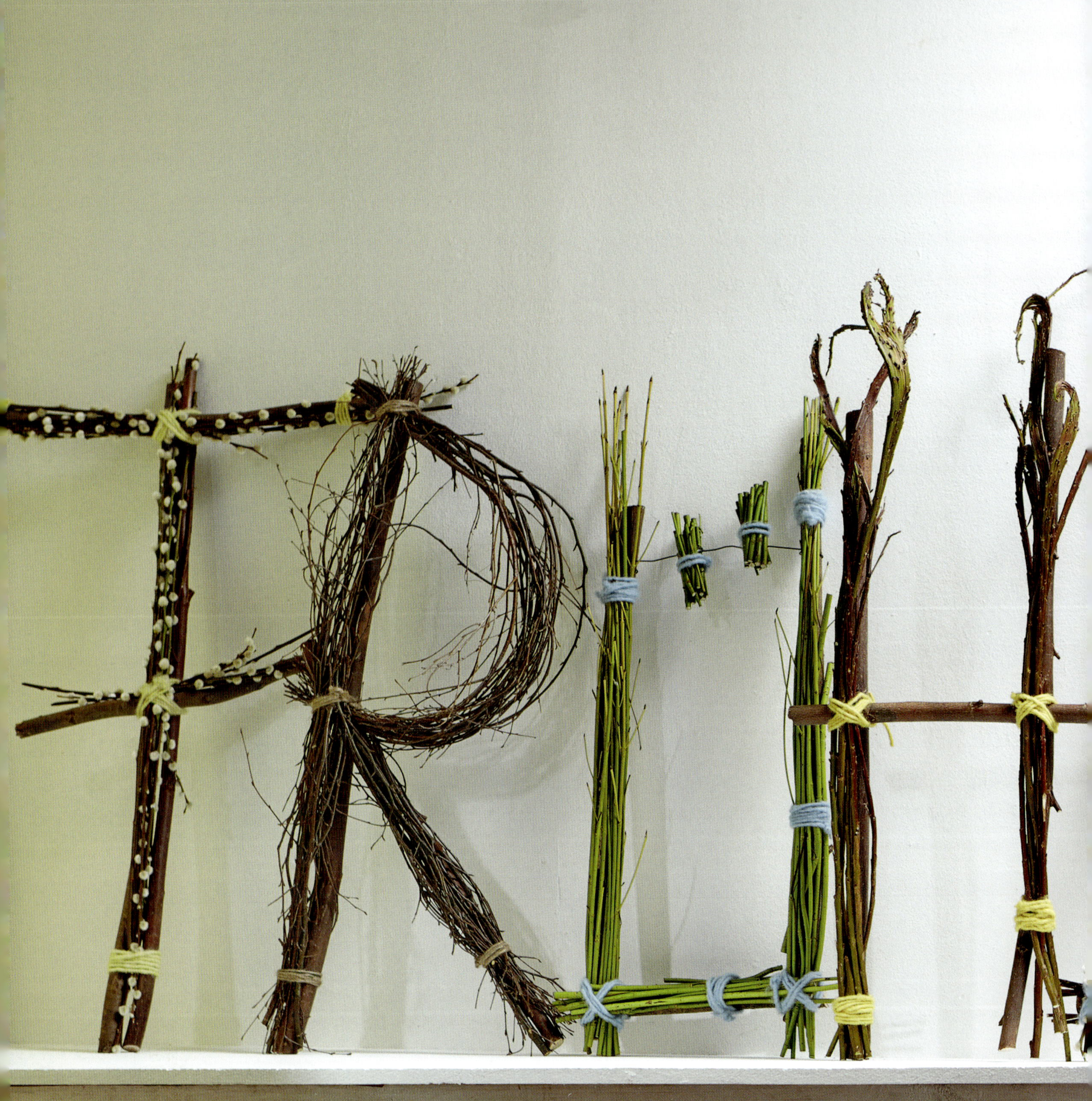
FRÜH

Inhalt

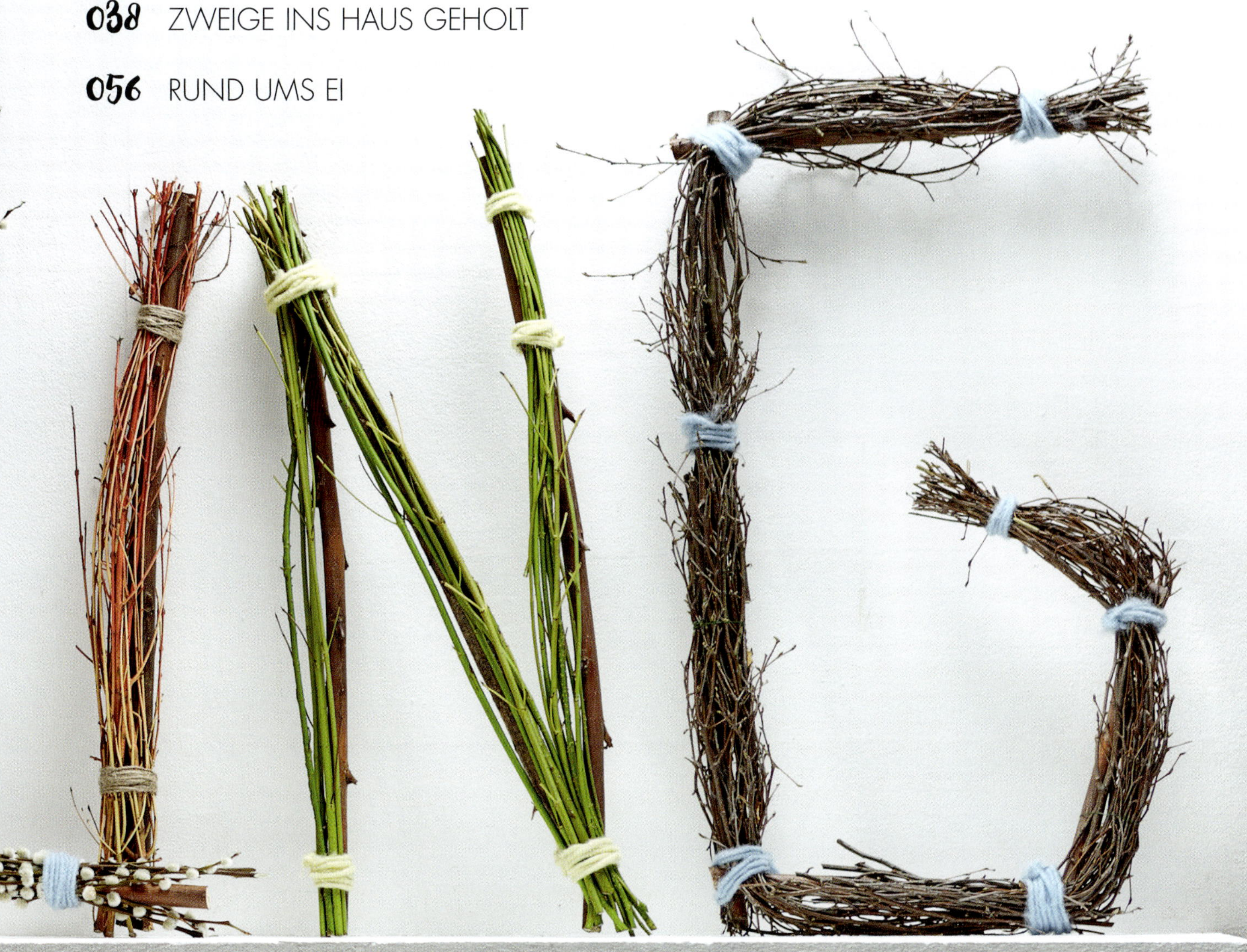

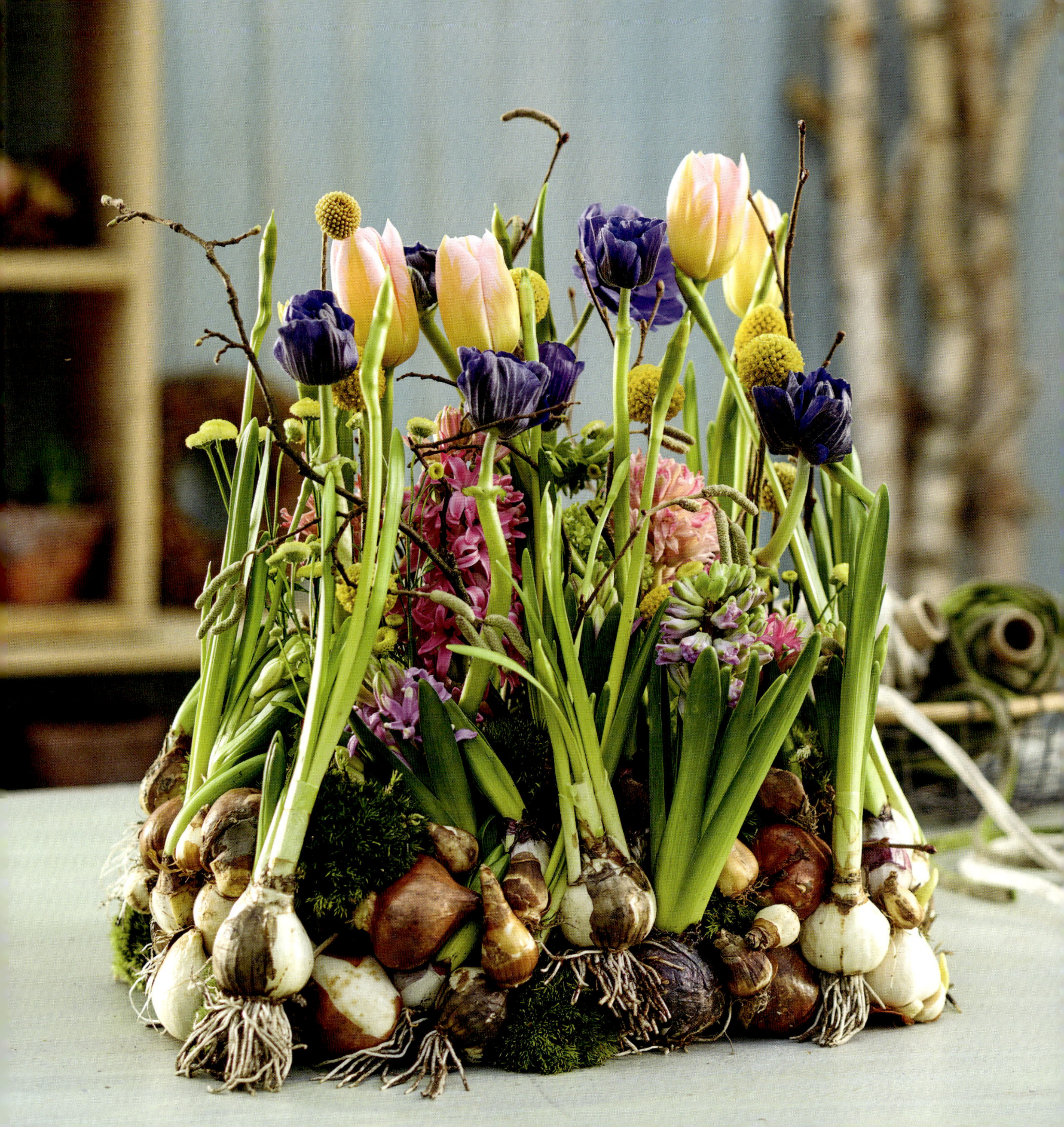

Willkommen

STARTEN SIE BLÜTENREICH INS NEUE JAHR

Frühling – das steht für Neuanfang, für Sonne, die langsam das eigene Zuhause wieder erhellt, frische, reine Luft und Tatendrang. In der Natur sprießen die ersten Blüher, wie Hyazinthen, Tulpen und Tausendschön in den buntesten Farben aus dem Boden. Genau zu dieser Zeit treibt uns der Drang nach kreativem Arbeiten an, das eigene Zuhause mit schönen Dekoideen frühlingsfrisch umzugestalten. Steht der Osterbrunch mit der Familie bevor, dann hält dieses Buch tolle Inspirationen für die fröhlich-stimmende Tischdeko bereit. Oder hole Dir Frühlingszweige ins Haus und schaffe daraus raffinierte Hingucker. Mithilfe von punktuellen Schritt-für-Schritt-Anleitungen erkläre ich umfangreiche Ideen ganz im Detail, so gelingen sie im Handumdrehen. Auch Techniktipps helfen, die Kreationen leicht umzusetzen. Verschönere das eigene Reich mit Materialien wie Eierschalen, Beton oder Federn. Blütenreiche Geschenkideen von Herz zu Herz sorgen bei Deinen Liebsten bestimmt ebenfalls für große Augen. Vertreibe den Winterblues und lasse Dich in die Welt des Bastelns mit Tulpen, Narzissen und Co. entführen.

Ich wünsche Dir viel Spaß beim Dekorieren und Kreativsein. Starte in ein neues Jahr voller blumiger, frischer Inspiration und Eifer.

Evelyn Schinckel

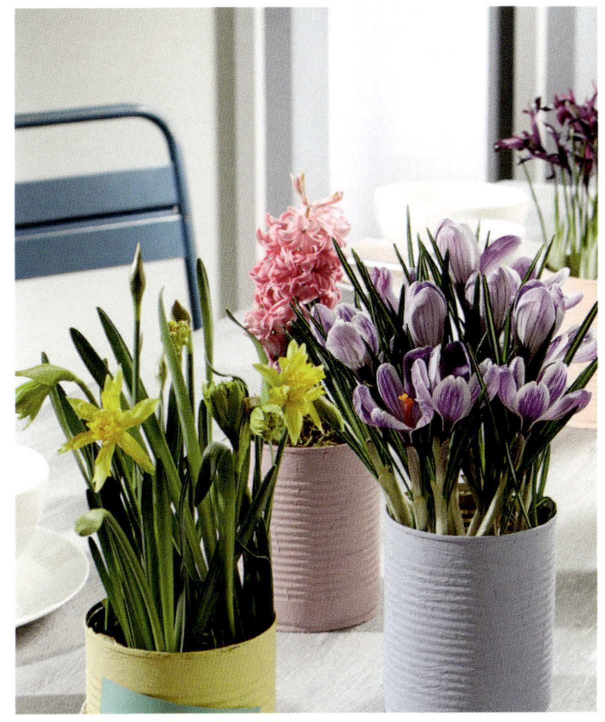

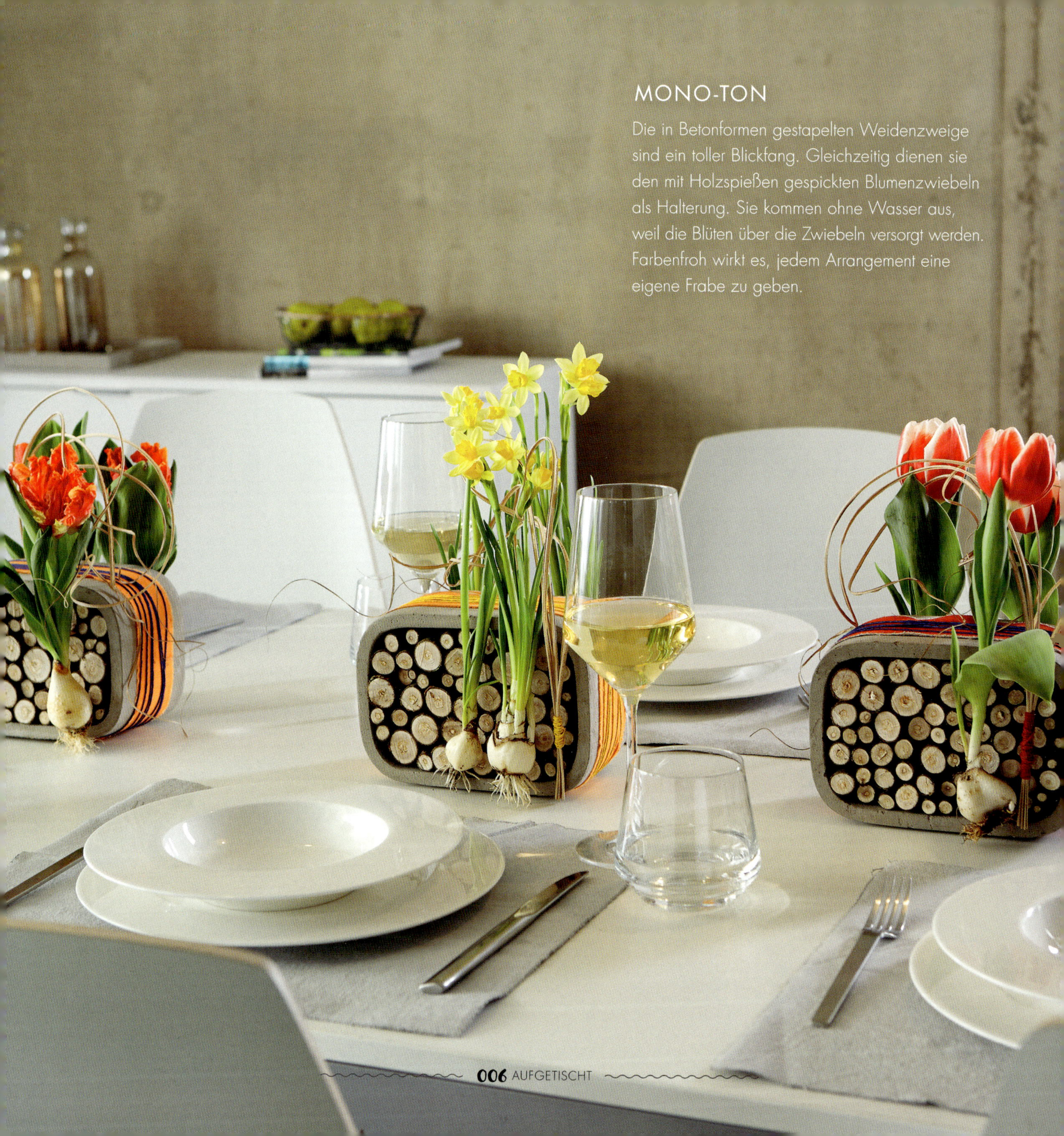

MONO-TON

Die in Betonformen gestapelten Weidenzweige sind ein toller Blickfang. Gleichzeitig dienen sie den mit Holzspießen gespickten Blumenzwiebeln als Halterung. Sie kommen ohne Wasser aus, weil die Blüten über die Zwiebeln versorgt werden. Farbenfroh wirkt es, jedem Arrangement eine eigene Frabe zu geben.

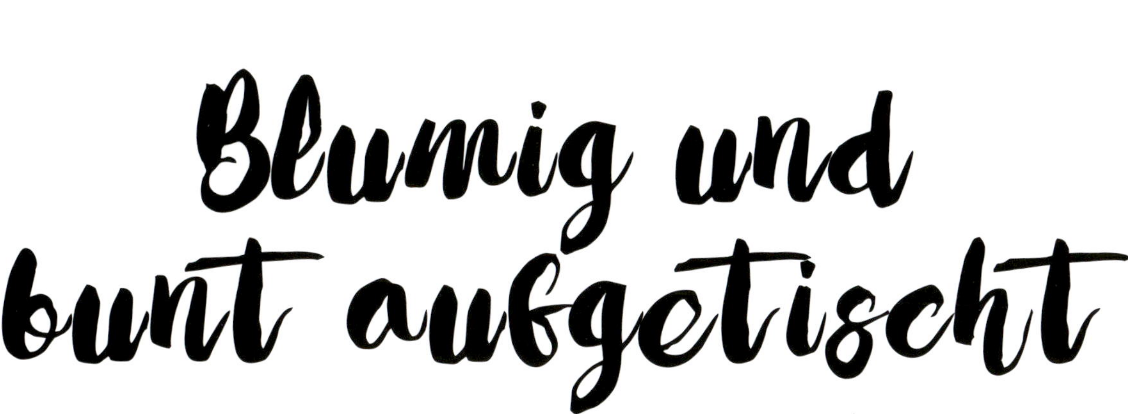

Gründe, um im Frühling Feste zu feiern gibt es viele! Ob Hochzeit, Kommunion oder Geburtstag – Blumen dürfen bei einer gelungenen Party auf dem Tisch auf keinen Fall fehlen. Vor allem bringen sie Farbe ins Spiel. Ob eine Dekoration mit Blumen in intensiven Tönen oder eher pastellig zurückhaltend. Das passende Farbkonzept bestimmt die Stimmung der Feier!

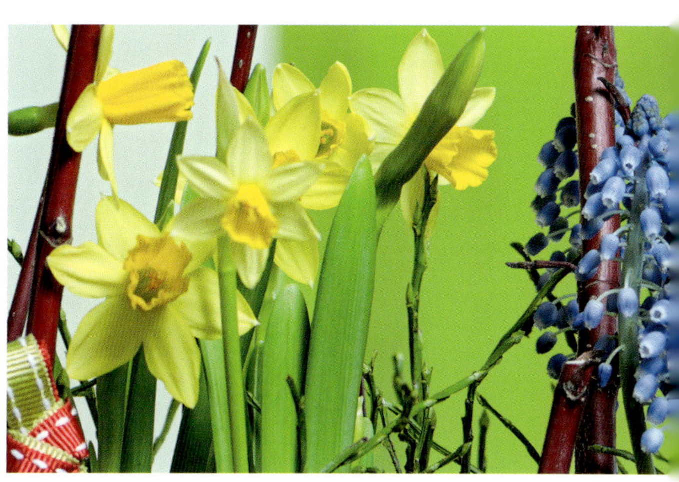

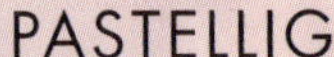

PASTELLIG

Die Tapete mit floralem Muster hält die Tulpen zusammen und ist außerdem ein romantischer Blickfang. An trockenen Zweigen, die aus dem Strauß herausragen, baumeln Vögel, die zuvor aus Leder ausgeschnitten wurden. Helle Kordel lässt es wirken, als würden sie fliegen.

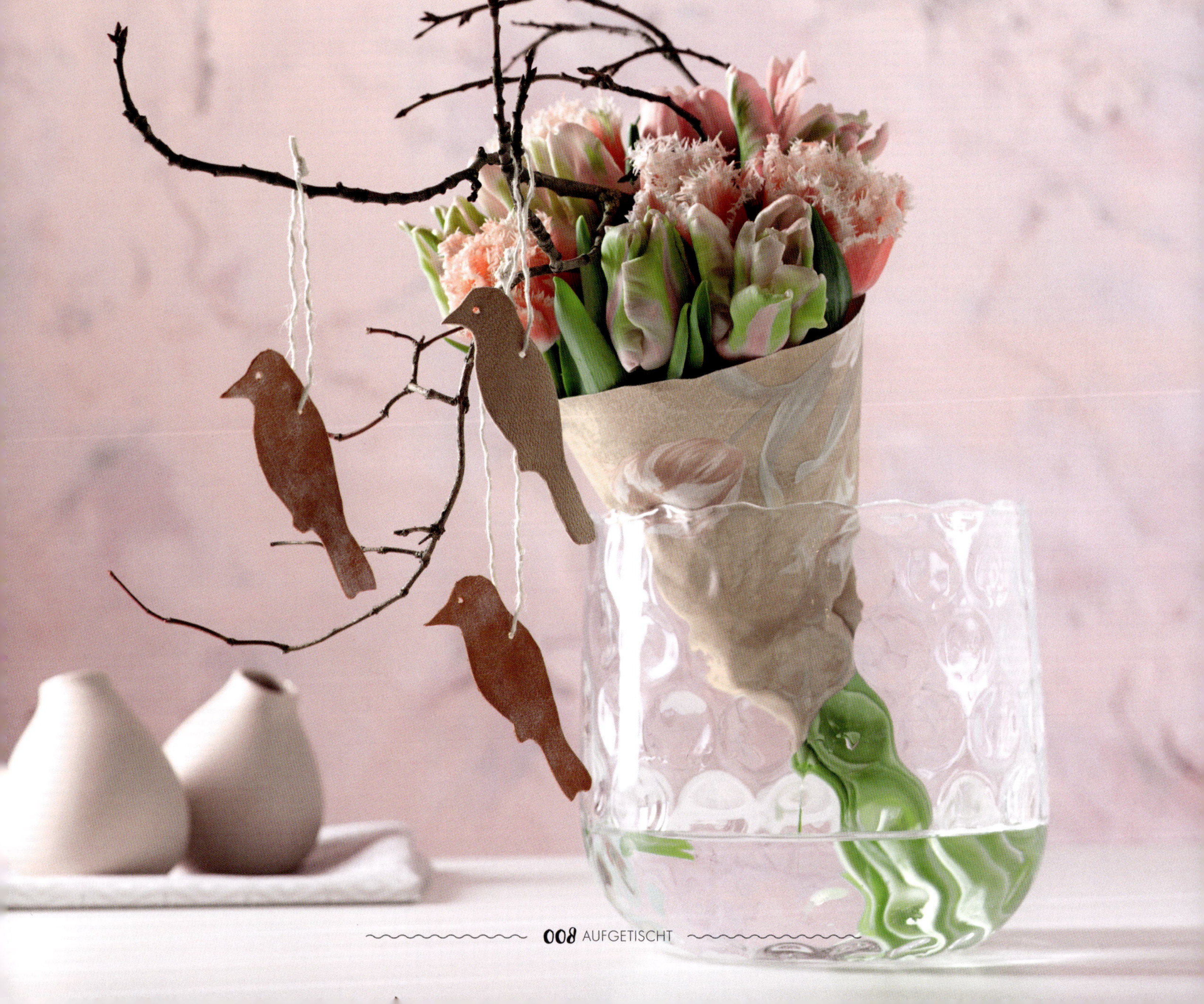

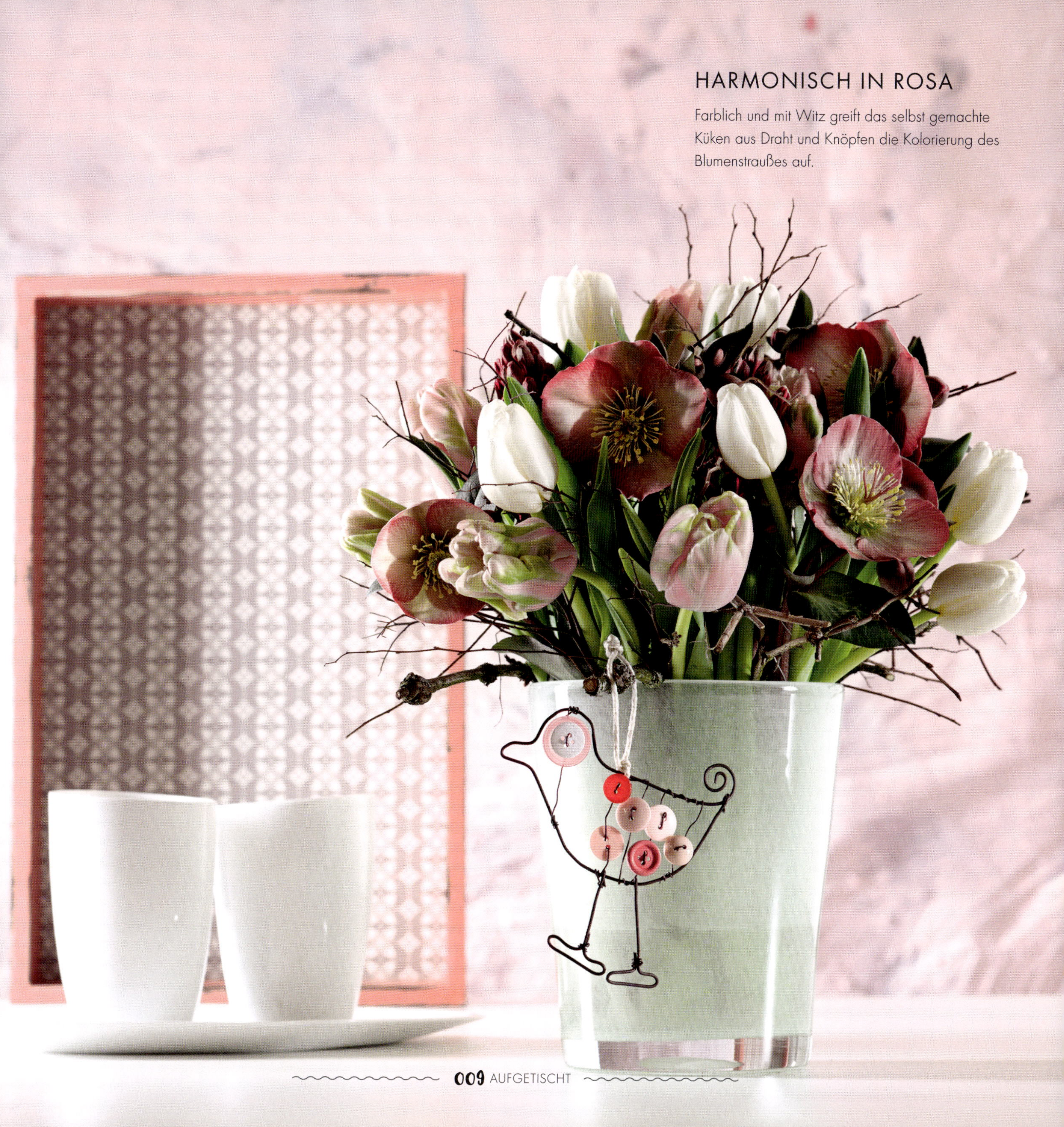

HARMONISCH IN ROSA

Farblich und mit Witz greift das selbst gemachte Küken aus Draht und Knöpfen die Kolorierung des Blumenstraußes auf.

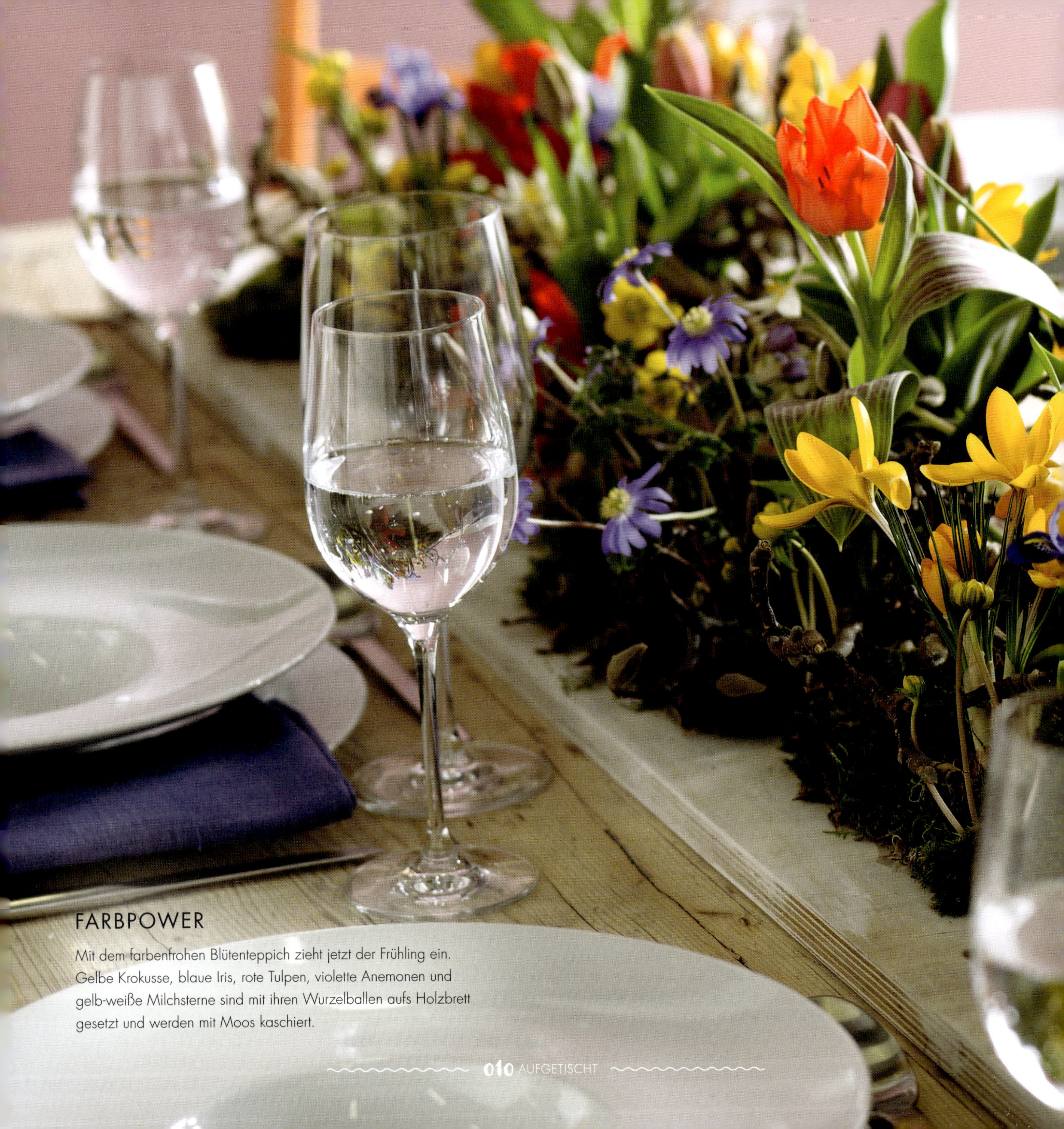

FARBPOWER

Mit dem farbenfrohen Blütenteppich zieht jetzt der Frühling ein. Gelbe Krokusse, blaue Iris, rote Tulpen, violette Anemonen und gelb-weiße Milchsterne sind mit ihren Wurzelballen aufs Holzbrett gesetzt und werden mit Moos kaschiert.

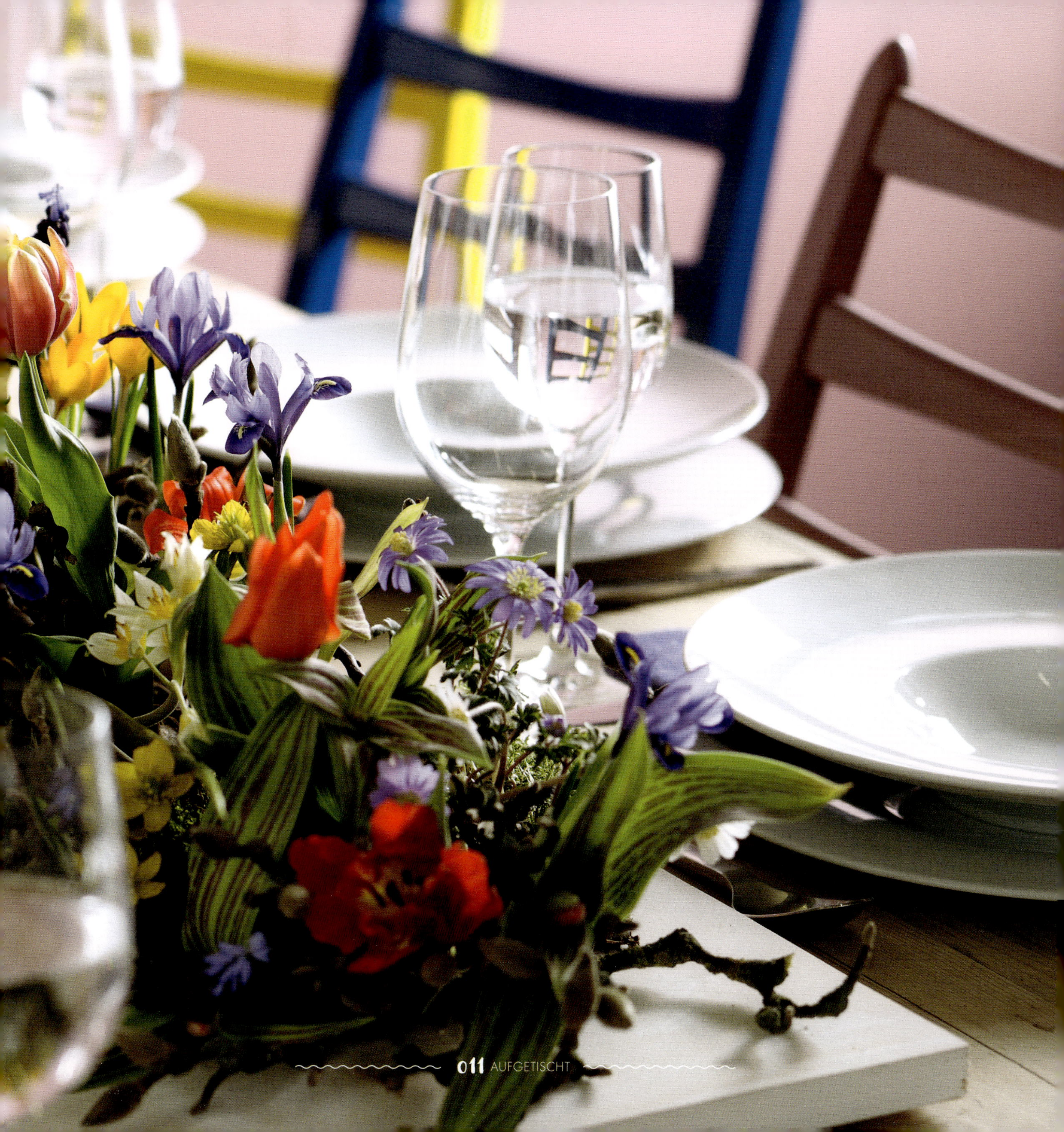

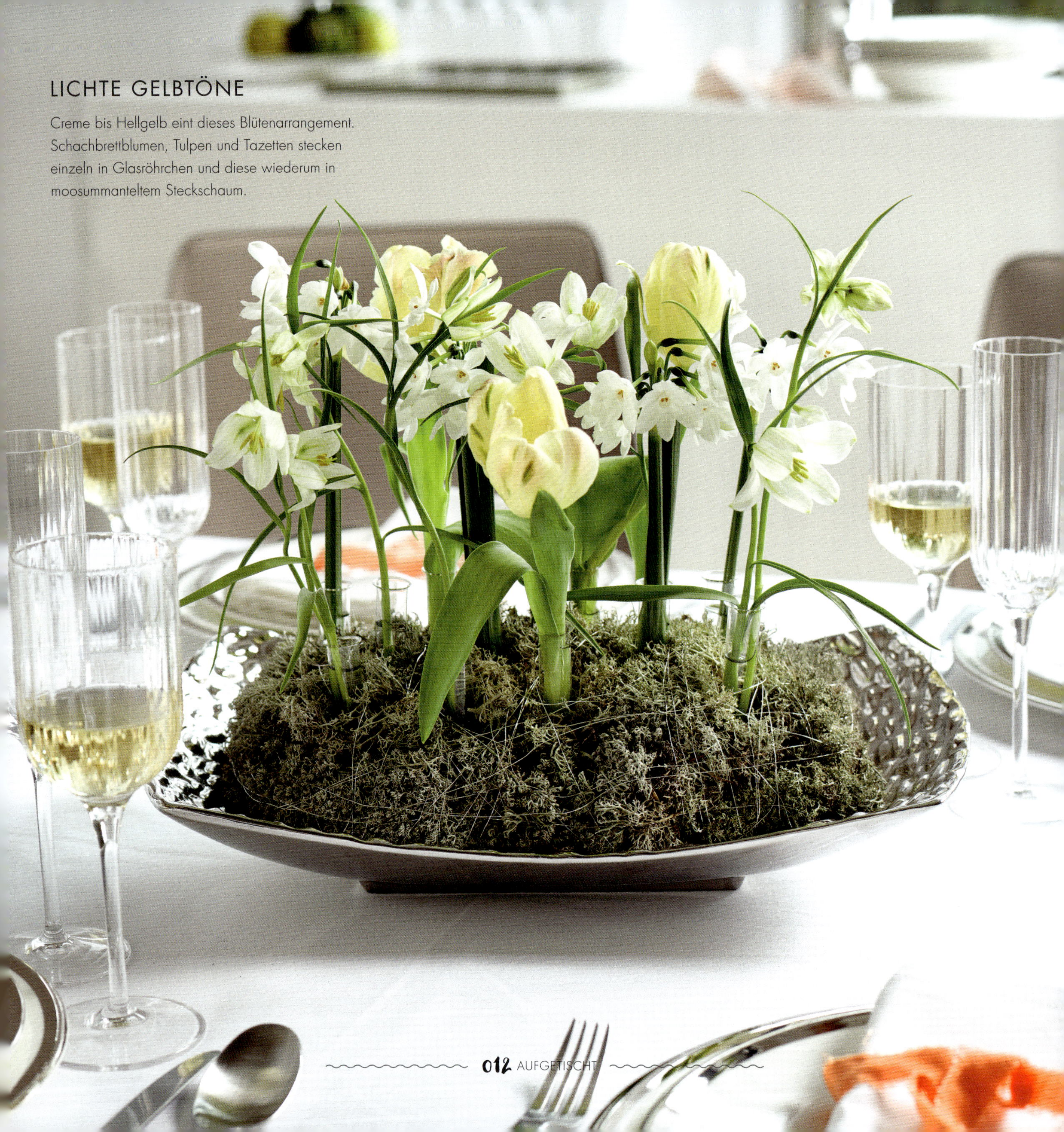

LICHTE GELBTÖNE

Creme bis Hellgelb eint dieses Blütenarrangement. Schachbrettblumen, Tulpen und Tazetten stecken einzeln in Glasröhrchen und diese wiederum in moosummanteltem Steckschaum.

ZARTE TÖNE

Zart und zurückhaltend grüßt die hellgelbe Tulpe die geladenen Gäste – passend zum weißen, festlichen Service. Wer's mag, kann auch stärker farbige Akzente setzen. In jedem Fall sollte die Zwiebel aus hygienischen Gründen in Alufolie gewickelt oder mit Schlagmetall veredelt werden.

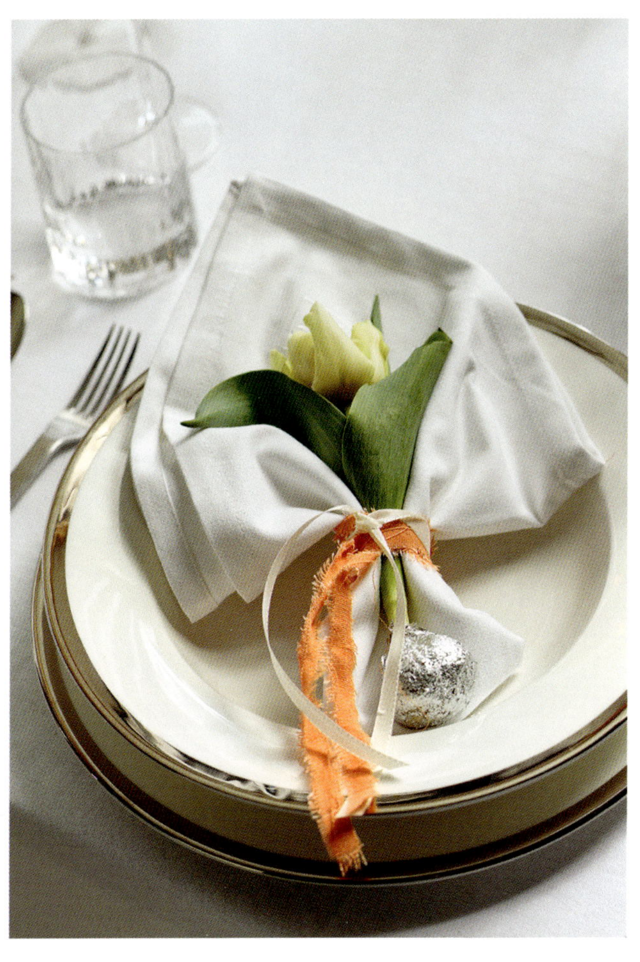

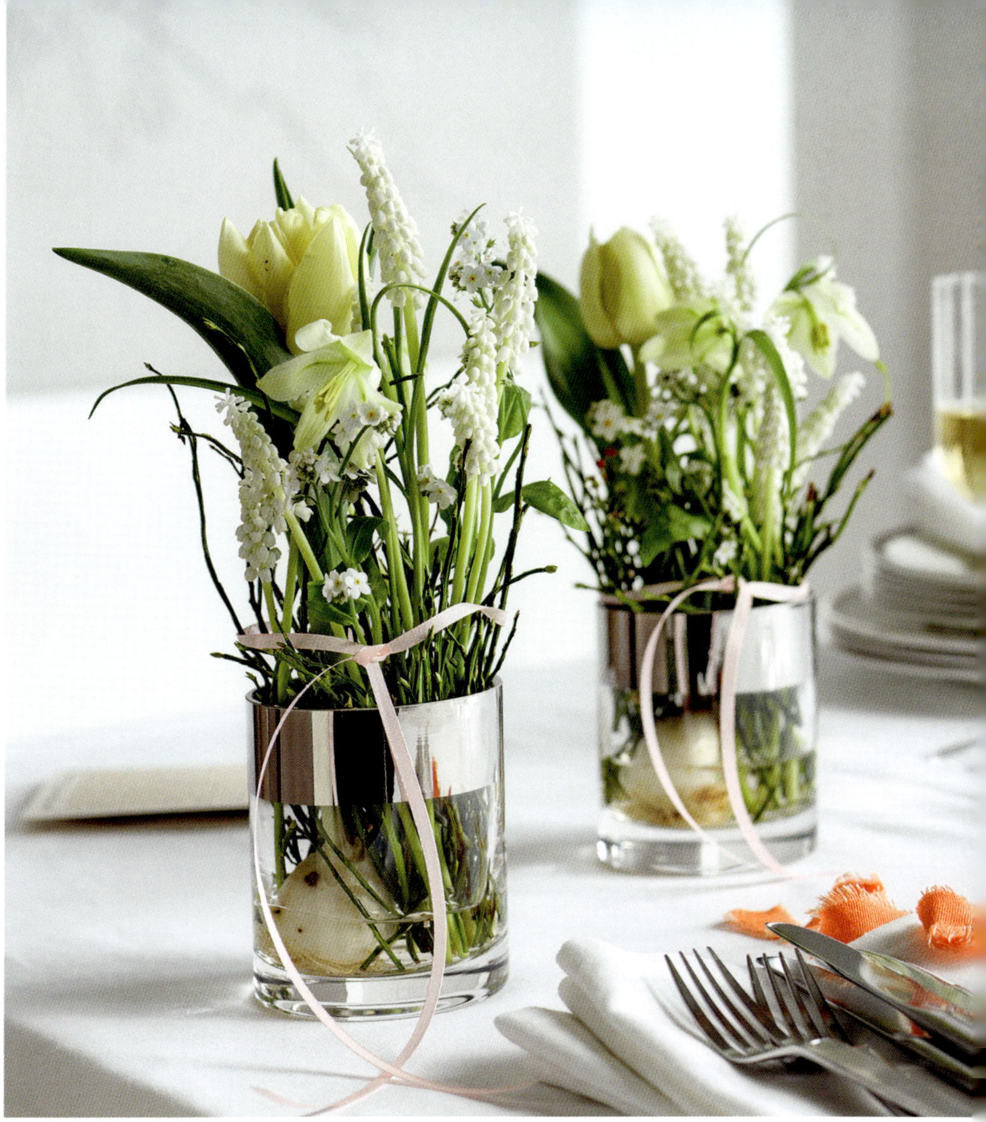

FRÜHLINGSHELL

Mit dem lichten Grün zusammen, zeigt sich hier der Frühling stark in Blüte aber sanft in den Tönen. Die Tulpe wird samt ausgewaschener Zwiebel mit Blaubeerzweigen, Traubenhyazinthen und Vergissmeinnicht in die Glasvase eingestellt. Zartfarbiges Band rundet den Look harmonisch ab.

FARBMUTIG

Rote Hartriegelzweige, gelbe Narzissen und blaue Traubenhyazinthen, so farbig kann's zugehen. Bänder und Schnurumwicklungen in Rot verbinden im wahrsten Sinne des Wortes. Die Zwiebeln sind jeweils in die mit Moos gefüllten Glasgefäße gesetzt worden.

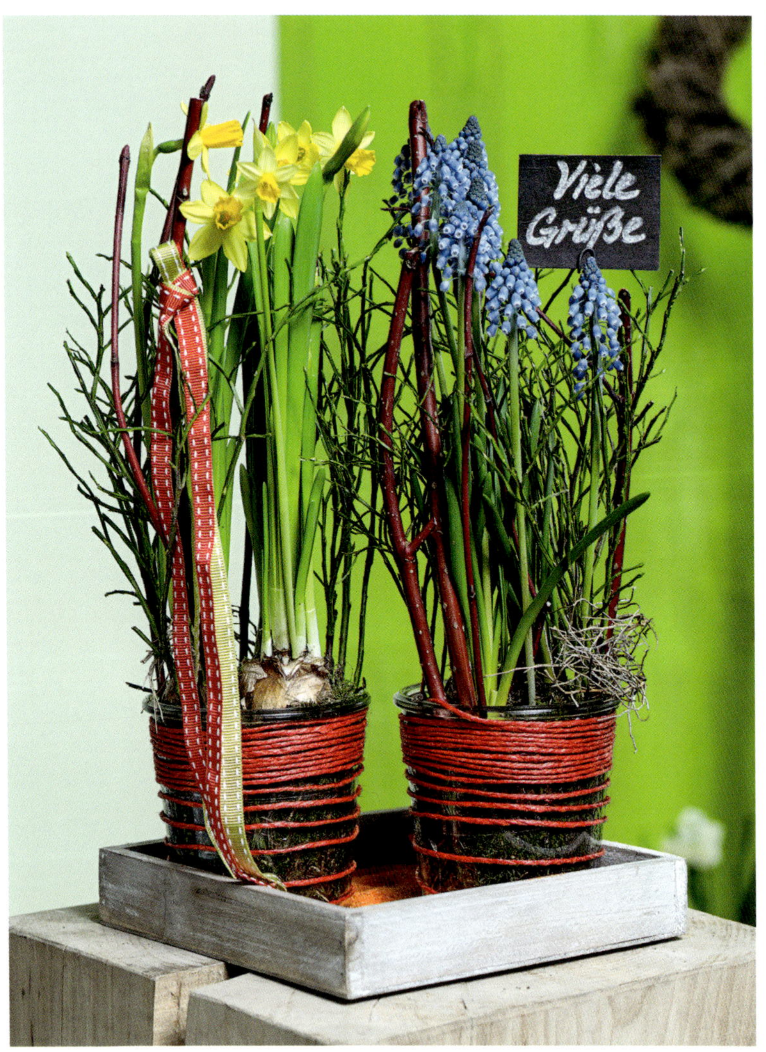

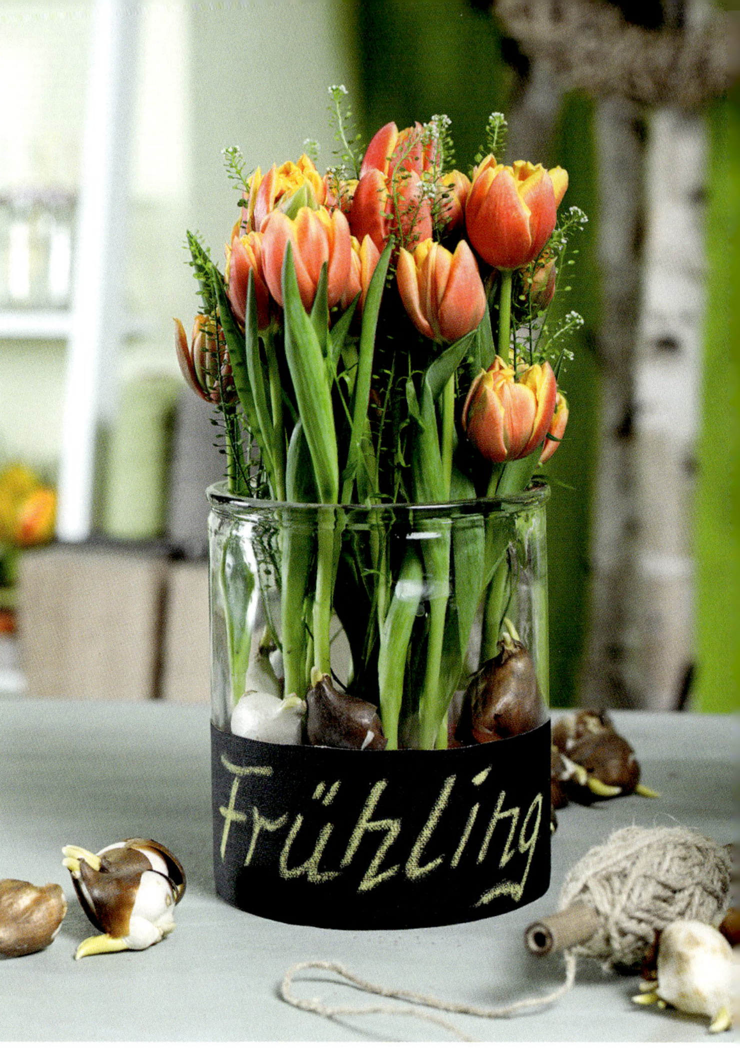

CHANGIEREND

Die zweifarbig blühenden Tulpen entfalten jeden Tag ein Stückchen mehr ihre Pracht. Weder Wasser noch Erde sind notwendig, denn sie werden einfach mitsamt ihrer ausgewaschenen Zwiebeln in einen Glaszylinder gesetzt – und schon zieht der Frühling ein!

Was du brauchst:

Farbiger Dekosand, Schleifenband in mehreren Farben, Draht, rote Hartriegelzweige, vier Zylindergläser, Holztablett, Pappschild, Draht, zweifarbige Tulpen mit Zwiebeln

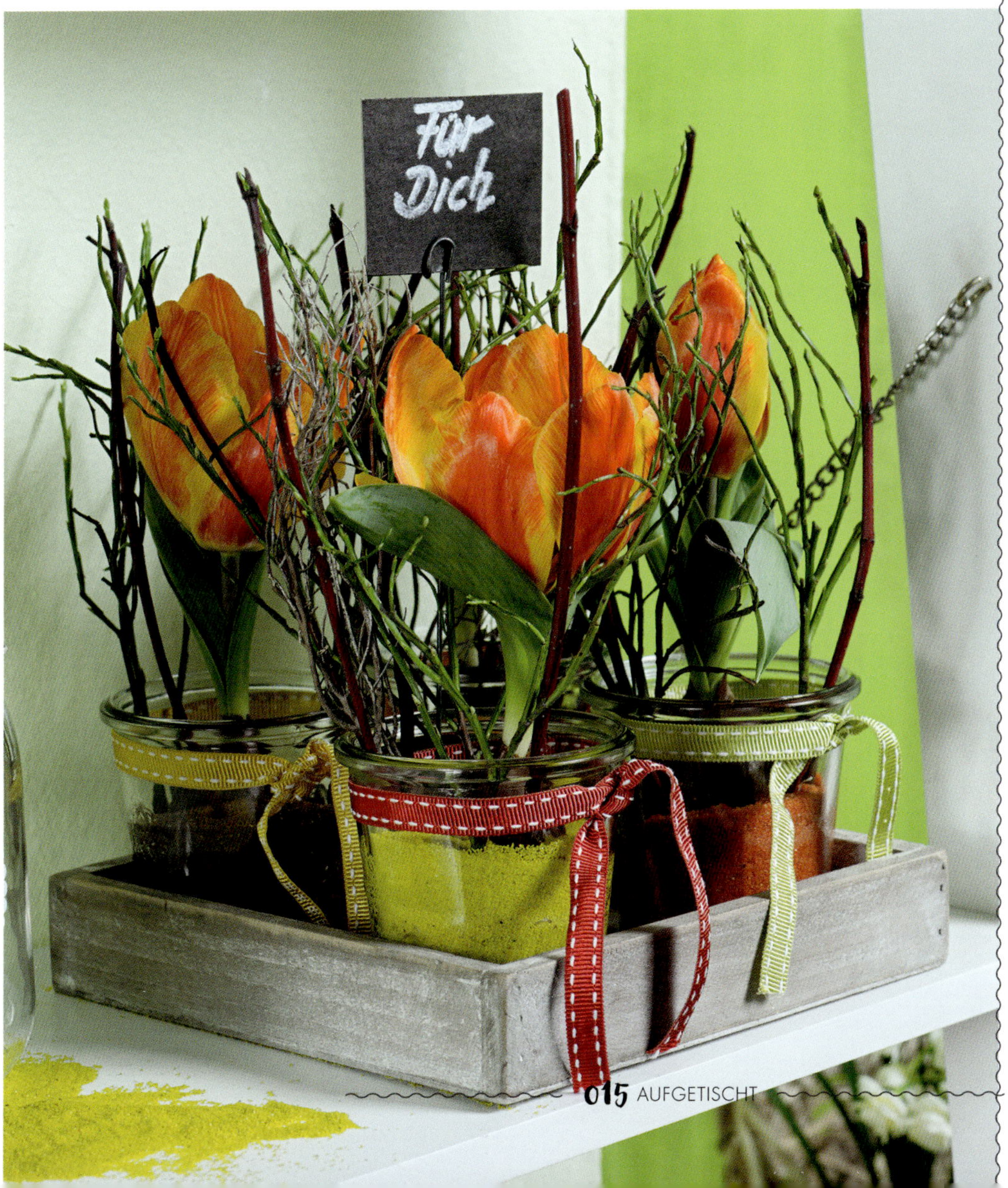

1. Die Tulpen mit ausgewaschener Zwiebel in die Gläser setzen, Dekosand einfüllen. Zweige dazustecken, Schleifenband um die Gefäße binden und festknoten.

2. Aus Draht und mithilfe einer Zange eine Halterung für das Pappschild mit der Botschaft biegen, in ein Glas stecken und alles zusammen auf dem Holztablett arrangieren.

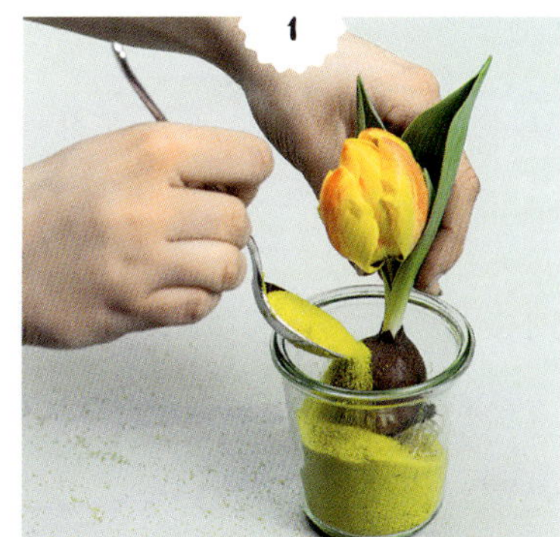

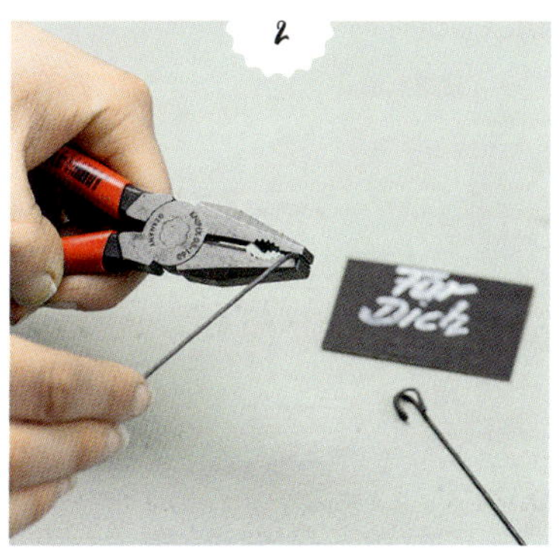

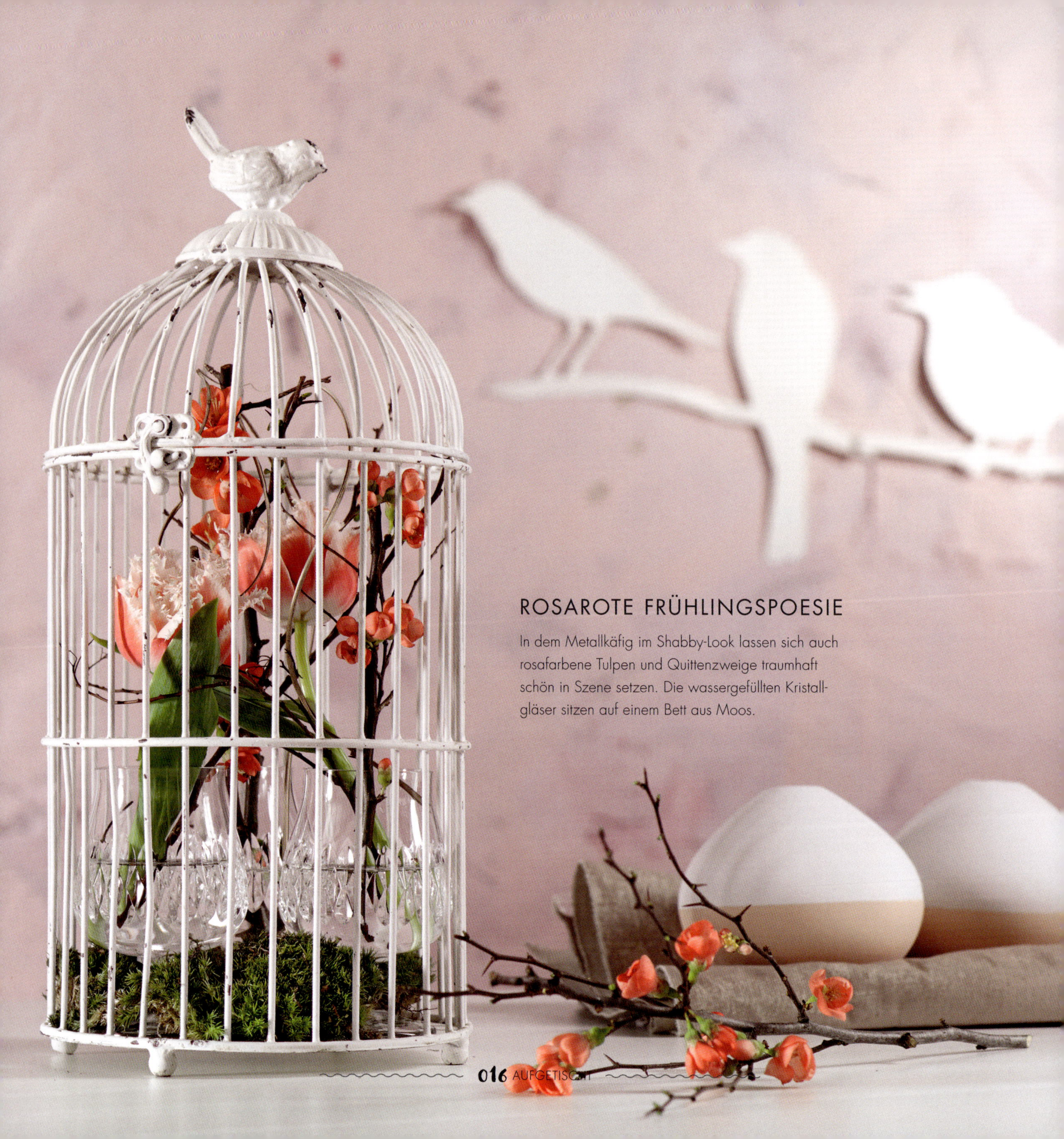

ROSAROTE FRÜHLINGSPOESIE

In dem Metallkäfig im Shabby-Look lassen sich auch rosafarbene Tulpen und Quittenzweige traumhaft schön in Szene setzen. Die wassergefüllten Kristallgläser sitzen auf einem Bett aus Moos.

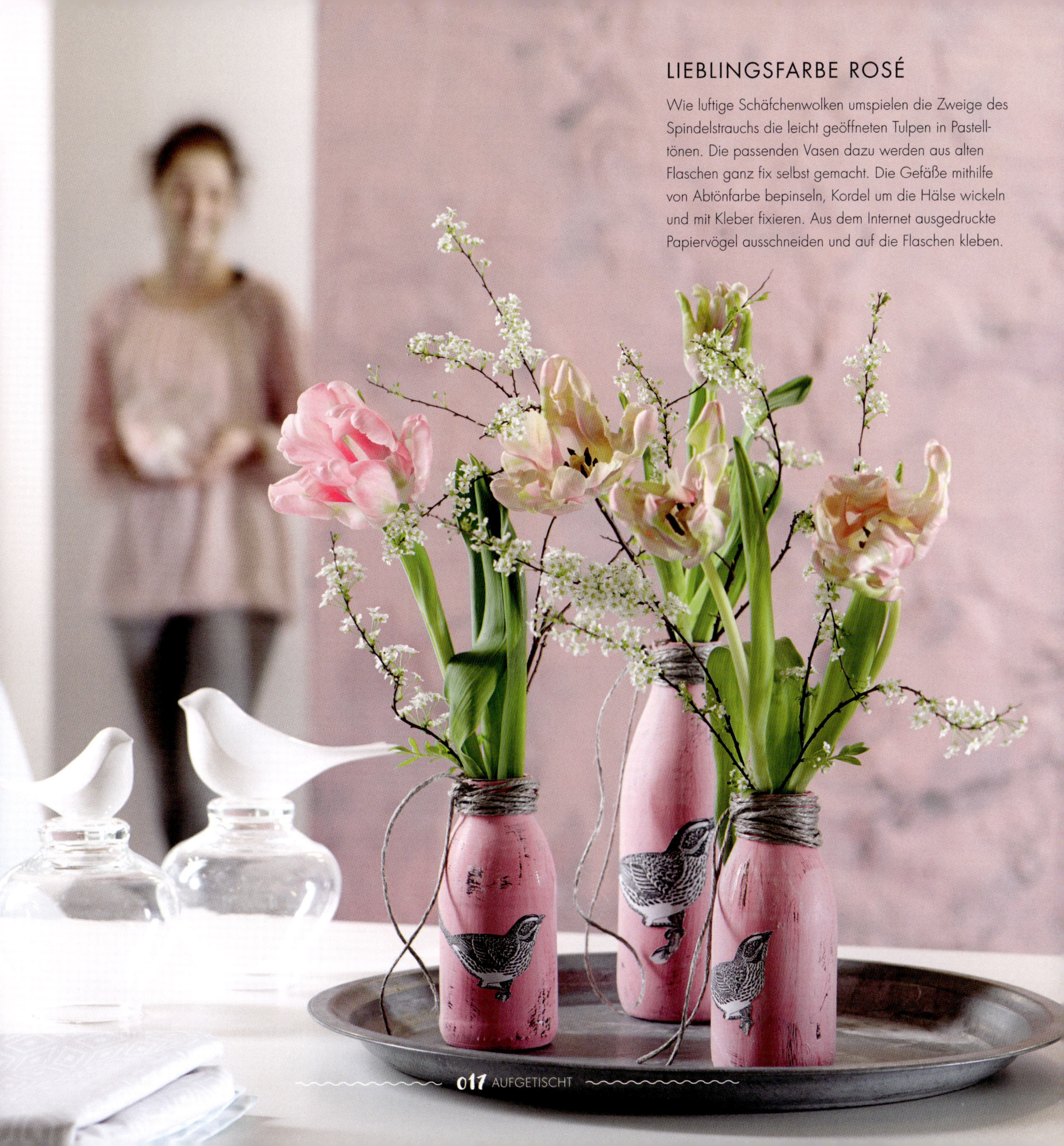

LIEBLINGSFARBE ROSÉ

Wie luftige Schäfchenwolken umspielen die Zweige des Spindelstrauchs die leicht geöffneten Tulpen in Pastelltönen. Die passenden Vasen dazu werden aus alten Flaschen ganz fix selbst gemacht. Die Gefäße mithilfe von Abtönfarbe bepinseln, Kordel um die Hälse wickeln und mit Kleber fixieren. Aus dem Internet ausgedruckte Papiervögel ausschneiden und auf die Flaschen kleben.

FARBVIELFALT

Durch keinerlei farbliche Beschränkungen wird diese in Frischblumensteckschaum gesteckte Blütenvielfalt zur Tischdekoration voller Farbpower. Weißliche Zweige seitlich mithilfe von Metallkrampen an die Steckschaumblöcke fixieren und mit bunten Kordeln schmücken.

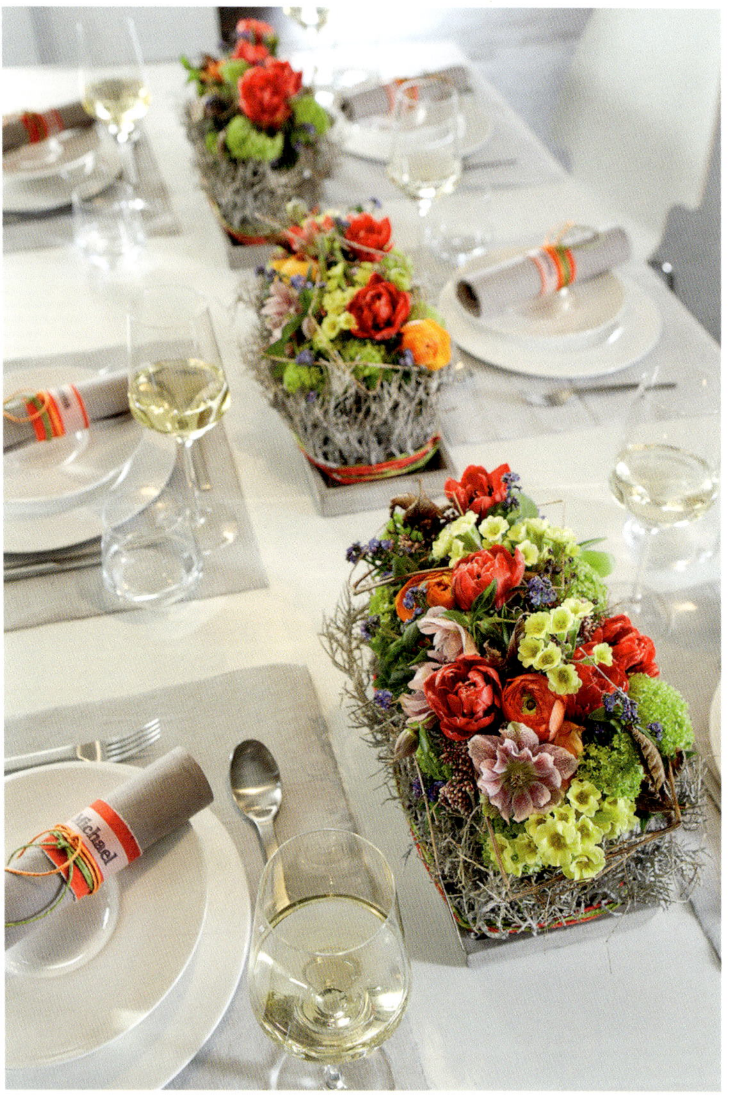

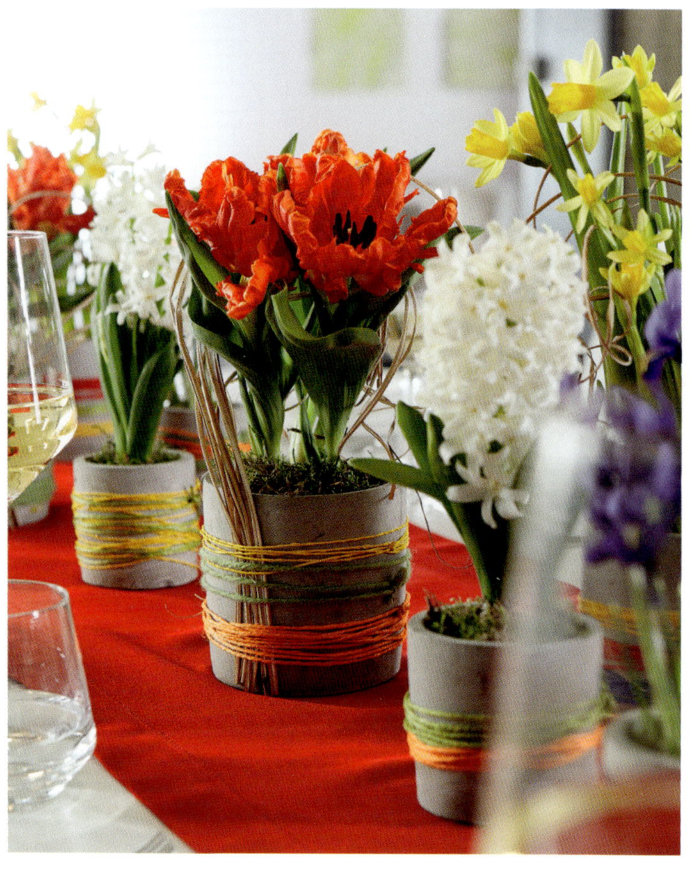

STARKE FARBEN

Weiß, Rot, Gelb, Blau – jedes Gefäß ist mit Blühern in einer starken Farbe bepflanzt. Moos umhüllt die eingesetzten Zwiebeln, bunte Bandumwicklungen runden den lange Zeit zierenden Tischschmuck ab.

LEUCHTKRAFT

Bunt gemixt präsentieren sich die Blüher in Reih und Glied im Betongefäß. Eingerahmt werden die prachtvollen Gewächse dabei von Weidenzweigen, die durch rote Kordel zusammengehalten werden.

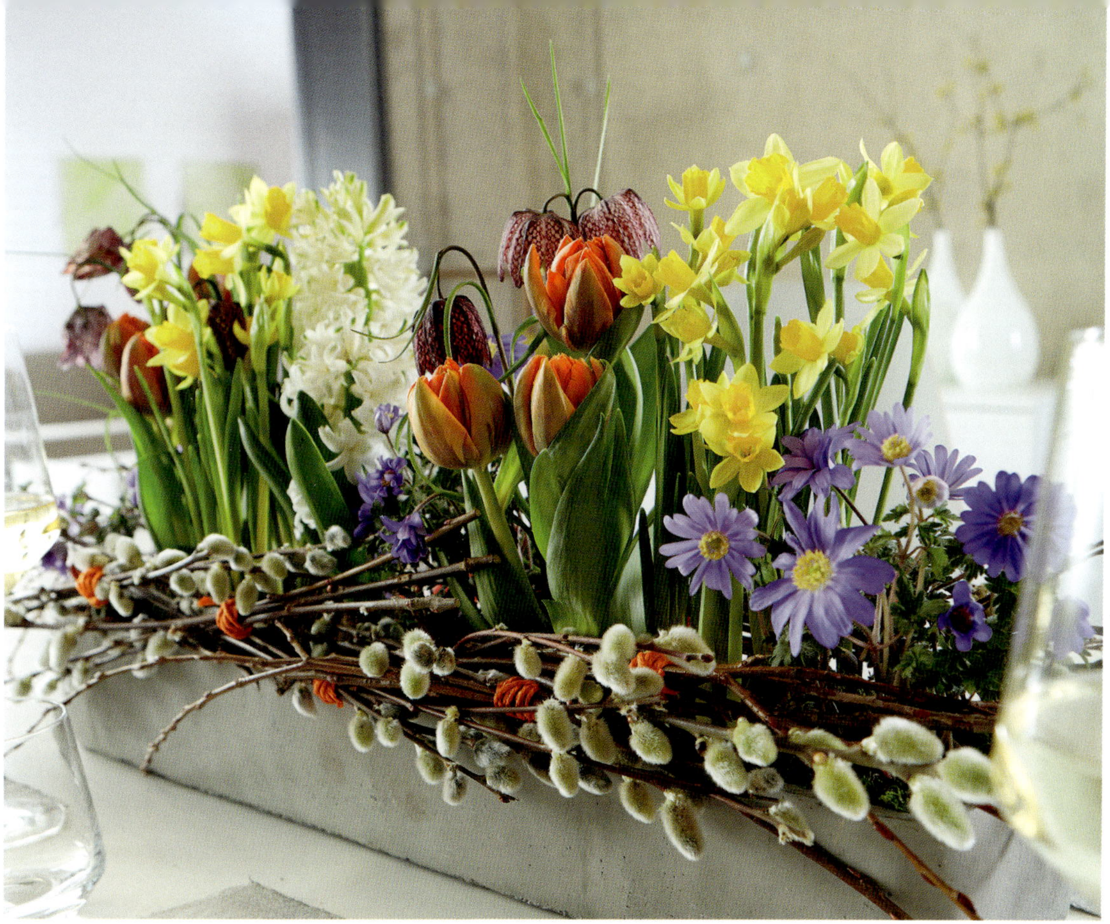

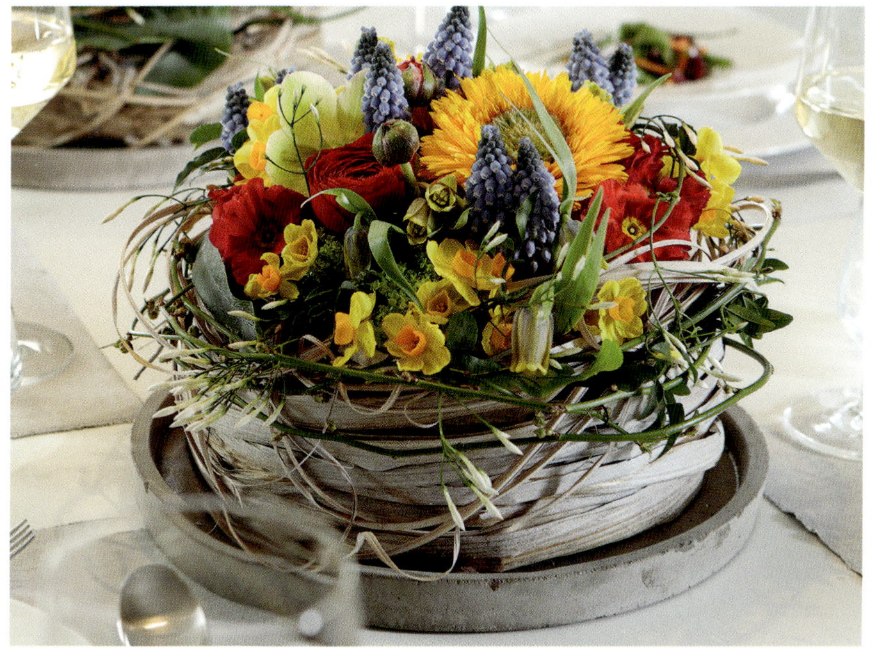

FRÜHLINGSBUNT

Vielfarbiges harmoniert. Narzissen, Traubenhyazinthen, Primeln und vieles mehr finden in einem Nest aus getrocknetem Schilf ihren Platz. Wasserhaltender Frischblumensteckschaum in Tortenform bildet darunter die Basis und hält die Pflanzen frisch.

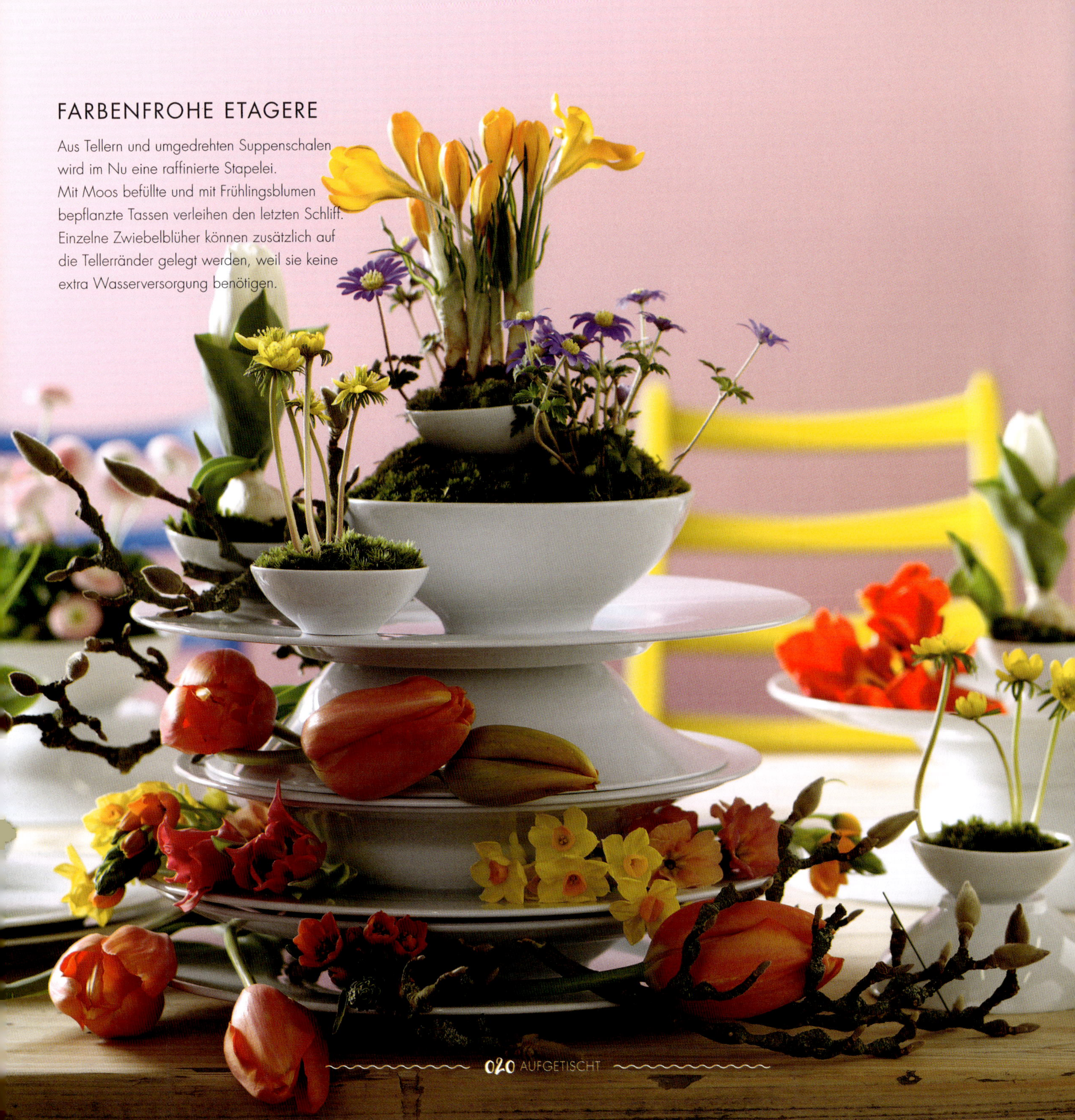

FARBENFROHE ETAGERE

Aus Tellern und umgedrehten Suppenschalen wird im Nu eine raffinierte Stapelei. Mit Moos befüllte und mit Frühlingsblumen bepflanzte Tassen verleihen den letzten Schliff. Einzelne Zwiebelblüher können zusätzlich auf die Tellerränder gelegt werden, weil sie keine extra Wasserversorgung benötigen.

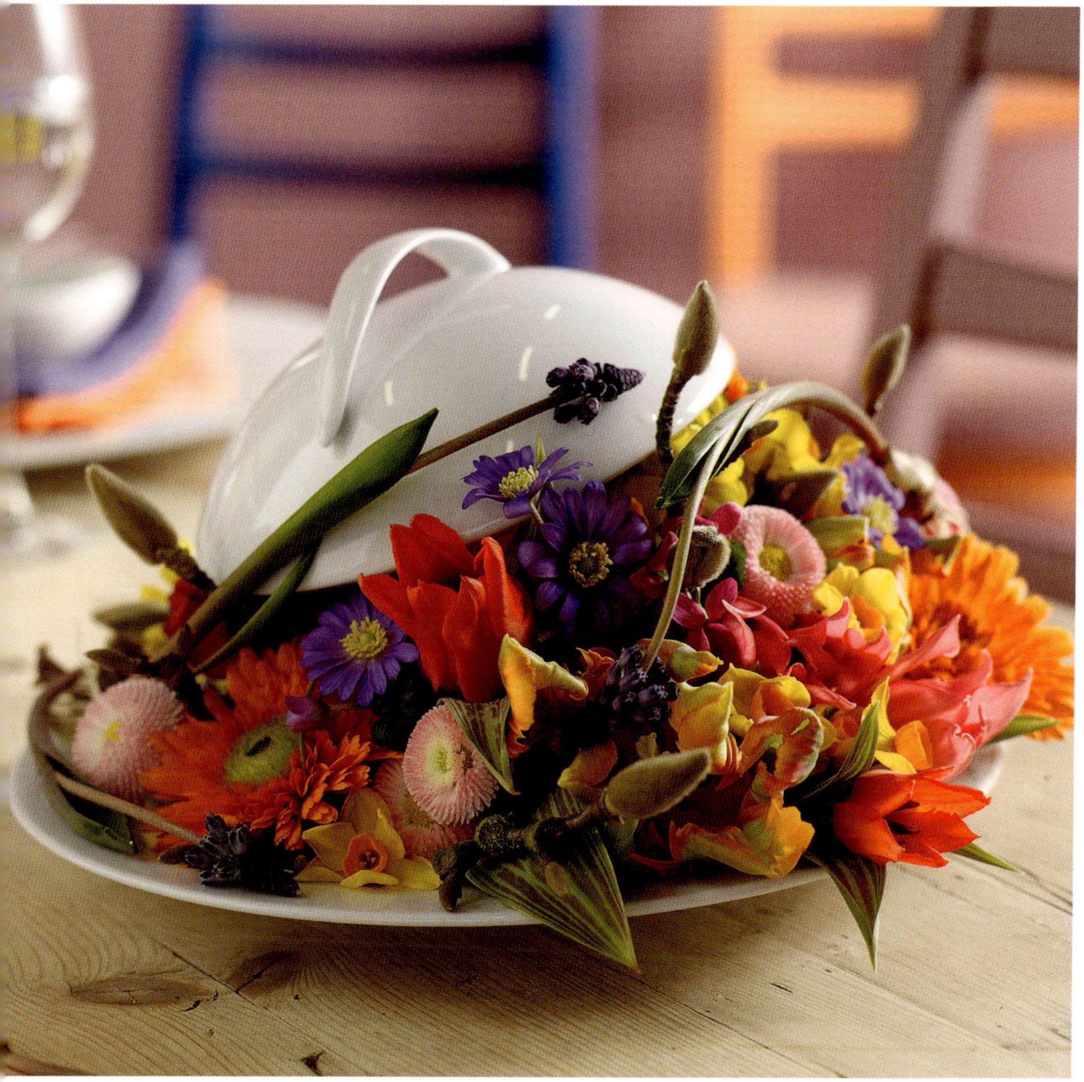

BLÜTENREICH UND FARBENFROH

Frühlingsmenü mal anders. Auf einem schlichten Teller mit eleganter Cloche werden üppige Blüten zum farbenfrohen Augenschmaus. In gewässertem Frischblumensteckschaum bleibt die bunte Pracht frisch und in Form.

MINI-ARRANGEMENT

Einzelne Farbpunkte setzen Hyazinthen, Tulpen und Winterlinge, die mit ihren Zwiebeln oder Knollen zusammen mit Moos in die Schalen gesetzt werden. So lässt sich schnell Farbe auf den Tisch zaubern.

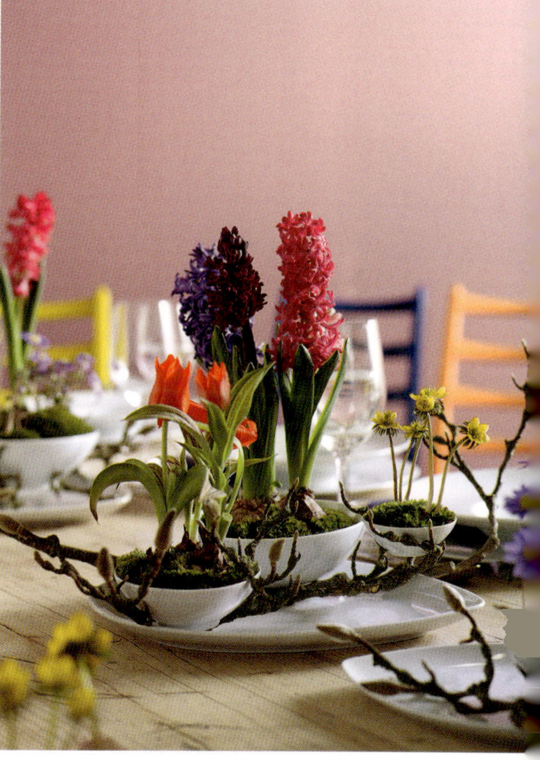

BLAUE BLÜTENBÄLLE

Wie kleine Galaxien wirken die imposanten blauen Blütendolden des Sterns der Peru auf den kräftigen grünen Stängeln. In der Kistenecke bekommt die in ihrer Form an einen Kreisel erinnernde Vase festen Stand.

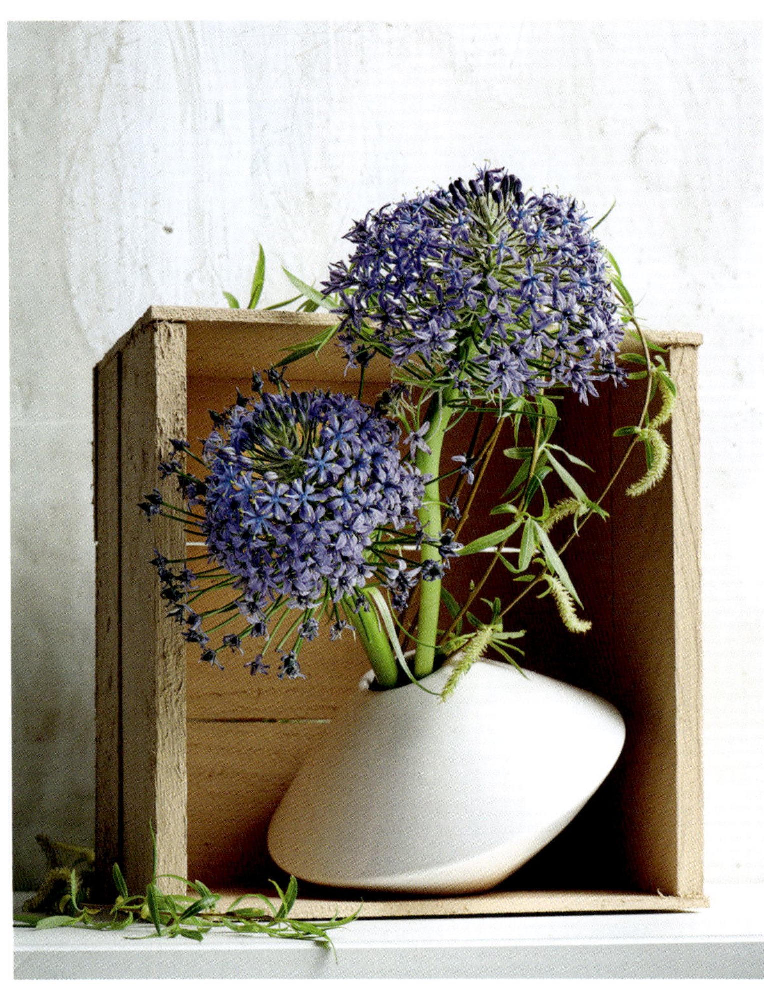

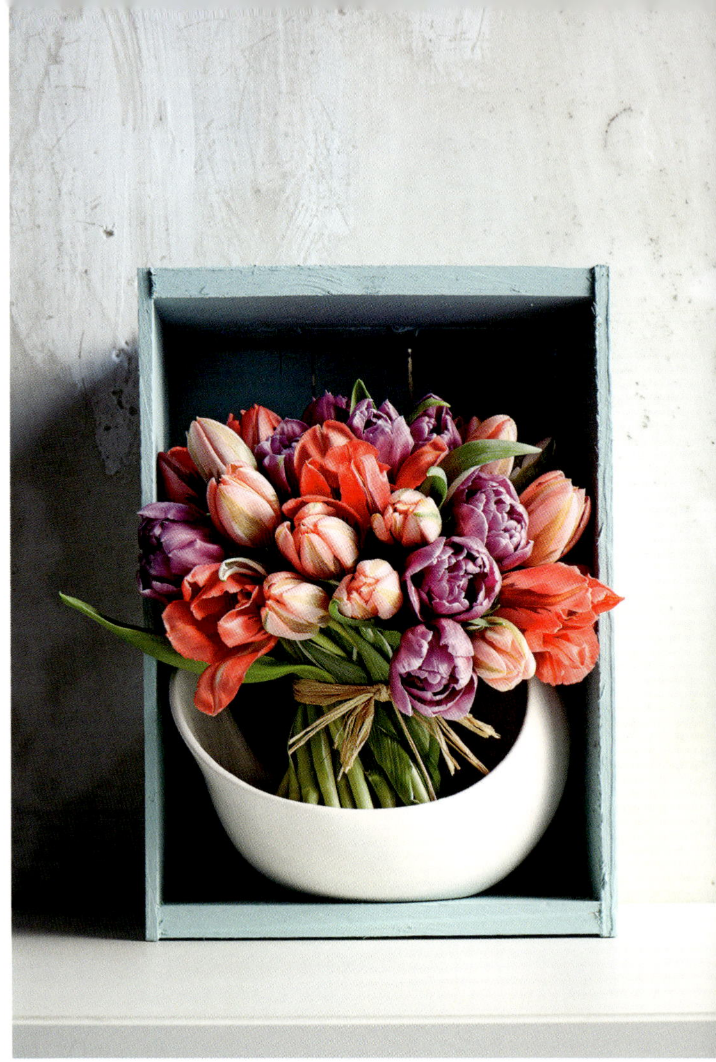

FARBBÜNDEL

Verschiedene bunte Tulpen einfach zum Bündel zusammennehmen, mit Bindebast fixieren und in die Schale stellen. Die schräge Vasenform erfährt in der farbig kolorierten Holzkiste besondere Beachtung.

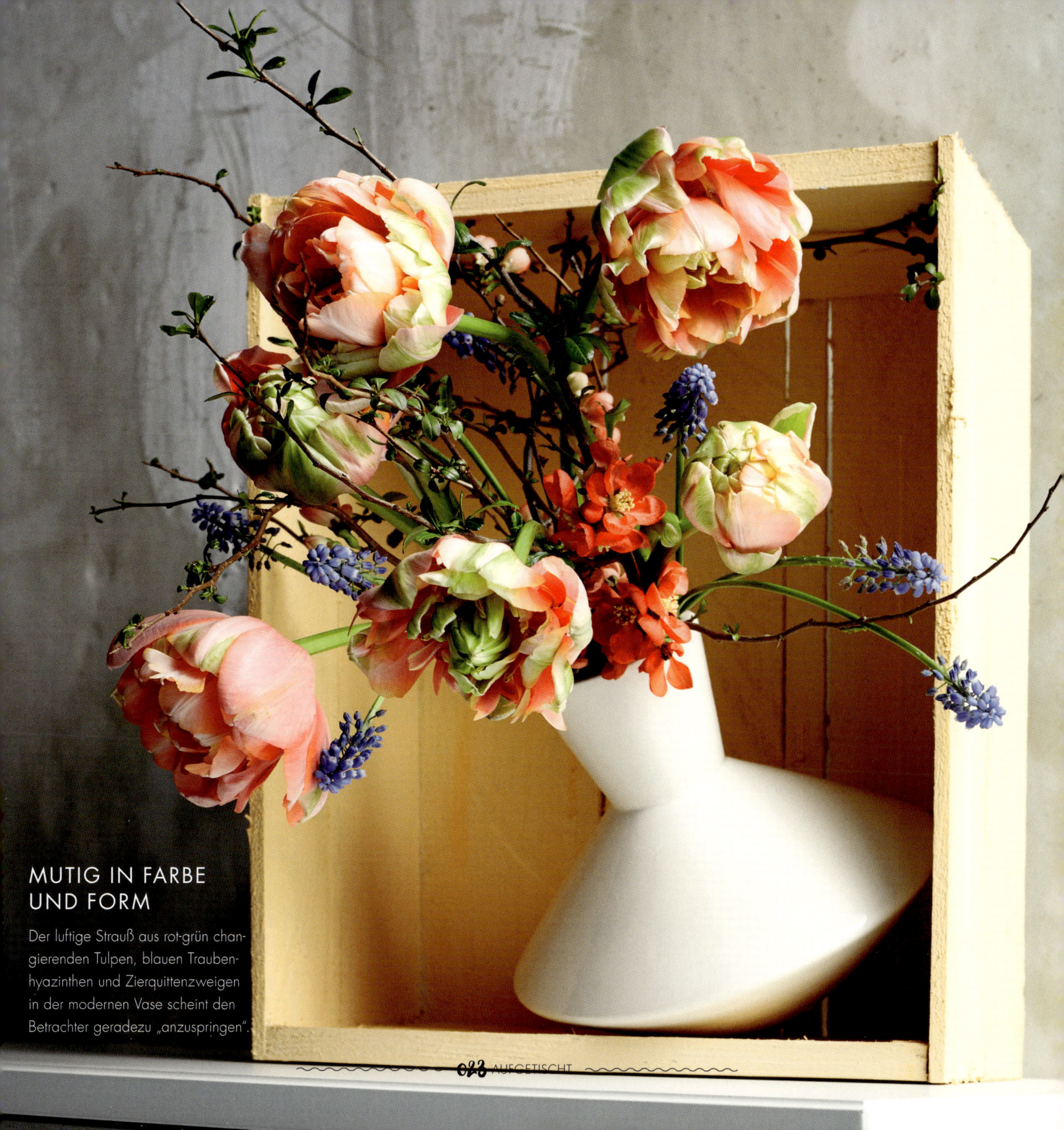

MUTIG IN FARBE UND FORM

Der luftige Strauß aus rot-grün changierenden Tulpen, blauen Traubenhyazinthen und Zierquittenzweigen in der modernen Vase scheint den Betrachter geradezu „anzuspringen".

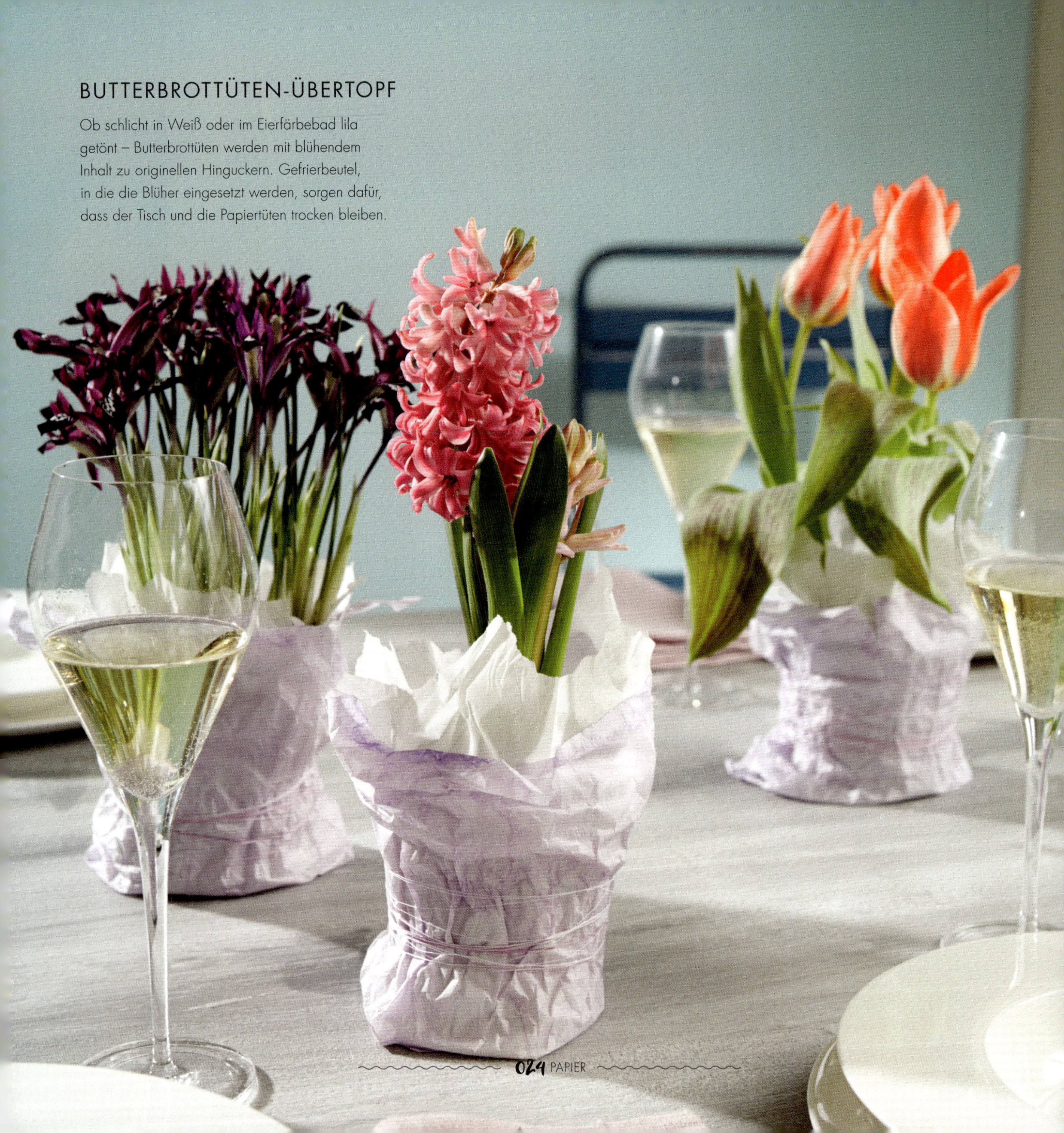

BUTTERBROTTÜTEN-ÜBERTOPF

Ob schlicht in Weiß oder im Eierfärbebad lila getönt – Butterbrottüten werden mit blühendem Inhalt zu originellen Hinguckern. Gefrierbeutel, in die die Blüher eingesetzt werden, sorgen dafür, dass der Tisch und die Papiertüten trocken bleiben.

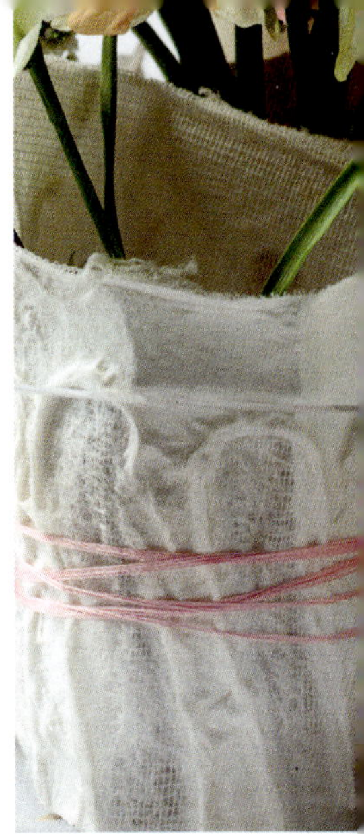

Kreationen mit Papier

Das Material ist für uns ganz allgegenwärtig, doch es kann noch mehr als nur als Tageszeitung zu dienen. Ob als Geschenkverpackung oder als Ummantelung für Topfpflanzen – Papier lässt sich vielseitig verwenden, mit wenig Aufwand für tolle Dekorationen mit Frühlingsblühern einsetzen und ist zudem auch noch preiswert.

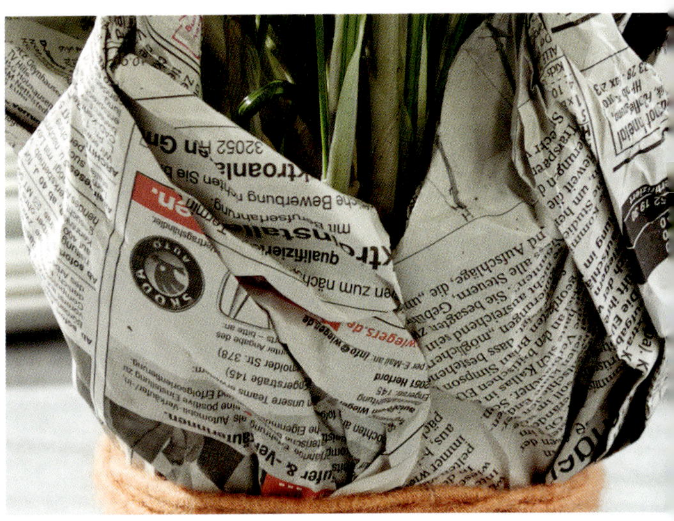

WIE BEIM MARKT EINGEDREHT

Ungeliebte Bücher oder Papier lassen sich raffiniert weiterverwenden, indem sie um Gläser gerollt werden. Gummibänder schaffen Halt und eingestellte Blüten runden das Ensemble ab.

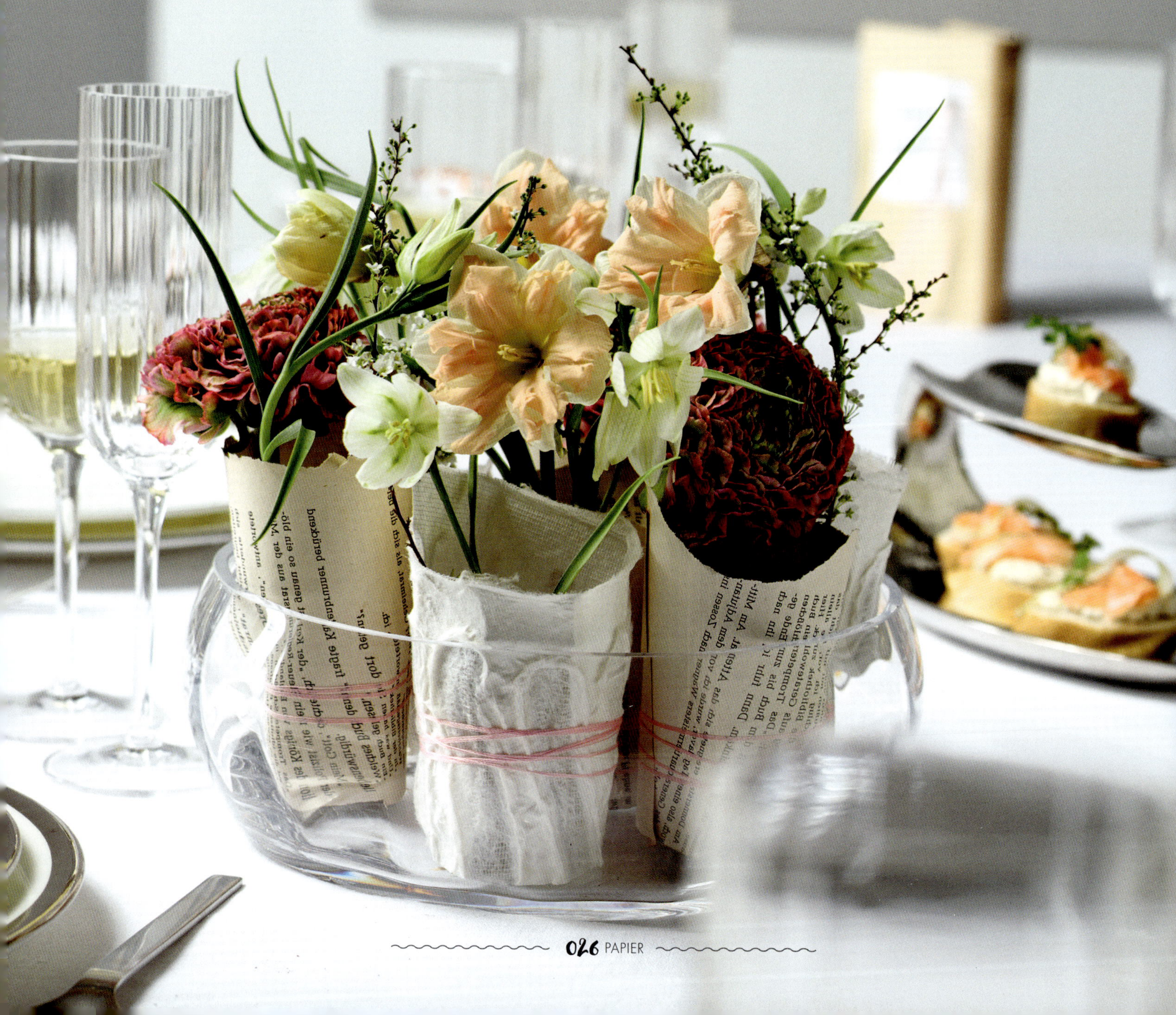

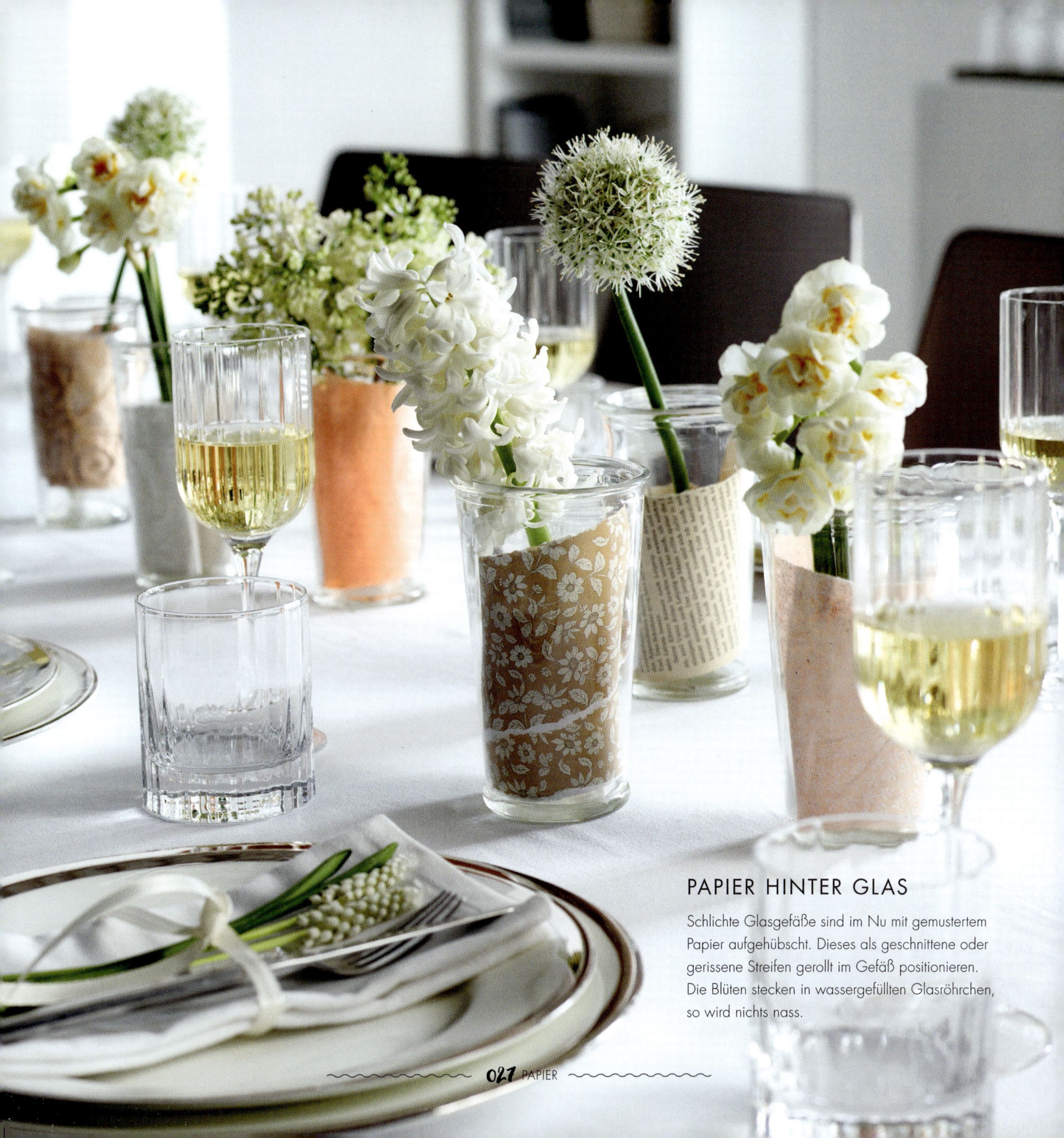

PAPIER HINTER GLAS

Schlichte Glasgefäße sind im Nu mit gemustertem Papier aufgehübscht. Dieses als geschnittene oder gerissene Streifen gerollt im Gefäß positionieren. Die Blüten stecken in wassergefüllten Glasröhrchen, so wird nichts nass.

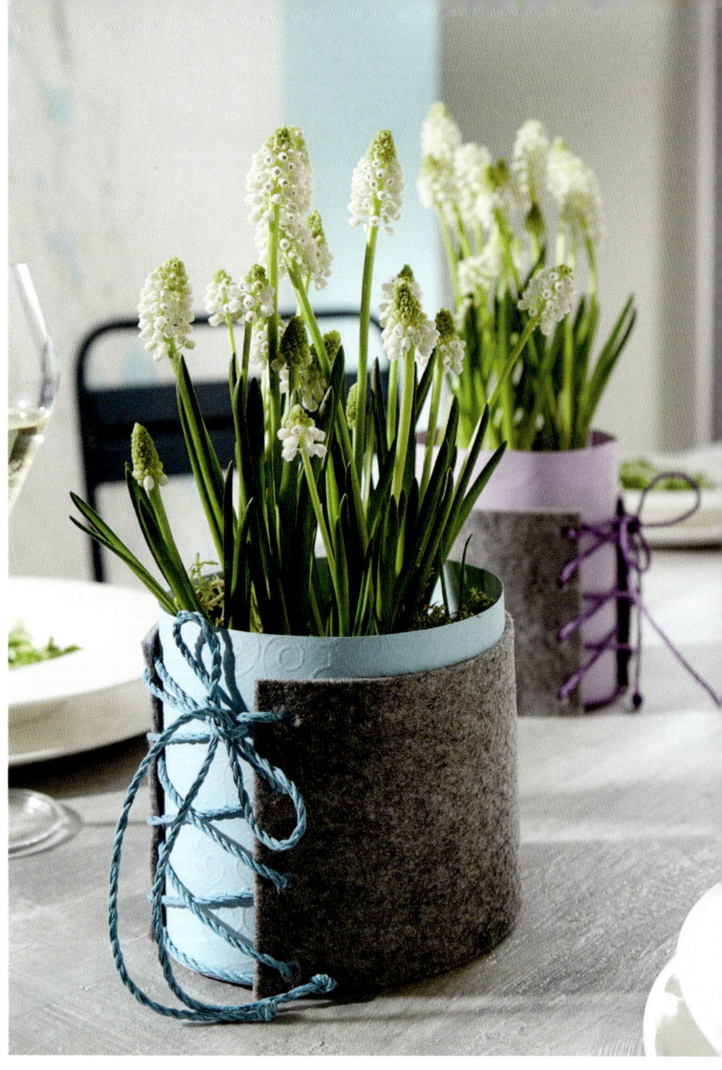

RECYCLING

Zeitungspapier nach dem Lesen in die Tonne werfen? Viel zu Schade! Raffiniert gefaltet und eingedreht verleihen einzelne Seiten den Gefäßen mit leuchtenden Krokussen ein neues Gewand.

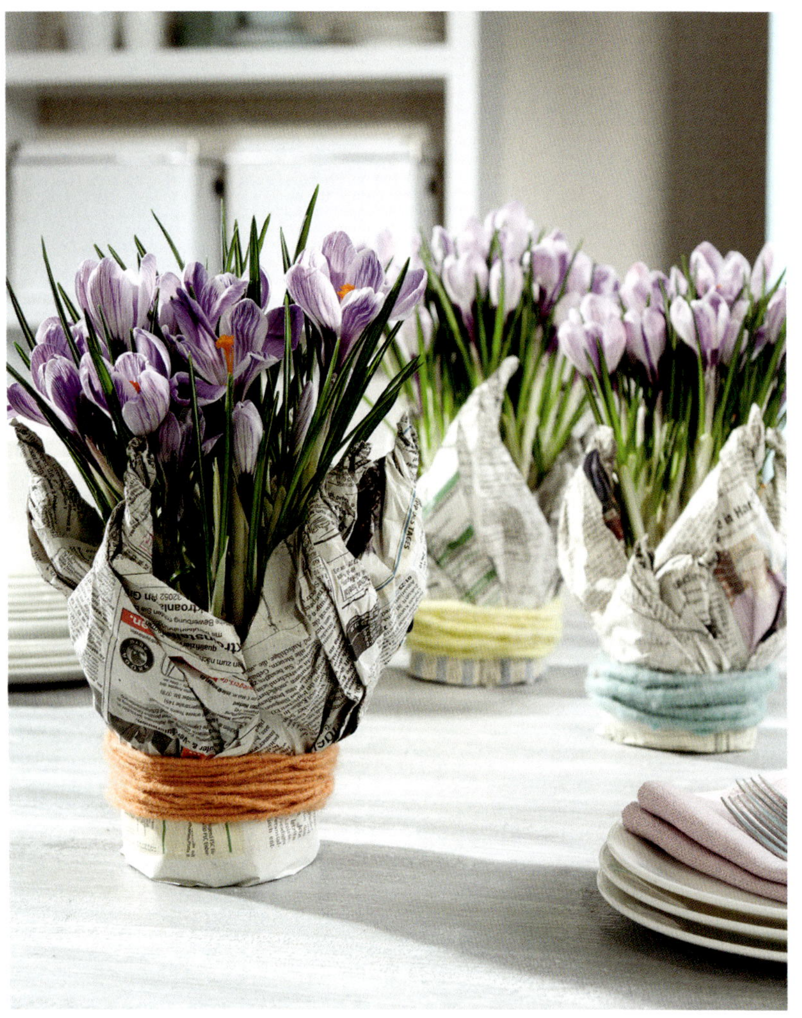

PAPIER- UND FILZMANSCHETTE

Korsagenähnlich umhüllen Papier und Filz die Traubenhyazinthen, die einfach in ausgediente Konserven gesetzt werden. An die Schmalseiten der Filzstreifen werden mithilfe eines Stanzgerätes oder einer Lochzange vier bis sechs Löcher gestanzt. Zuvor die Dose mit einem farblich passenden Stück Tonpapier einfassen.

BOTSCHAFT

Als Etiketten gestaltetes Papier mit Botschaft ziert die zuvor mit Wandfarbe kolorierten Konservendosen, die die Frühlingsblüher in den Töpfen aufnehmen.

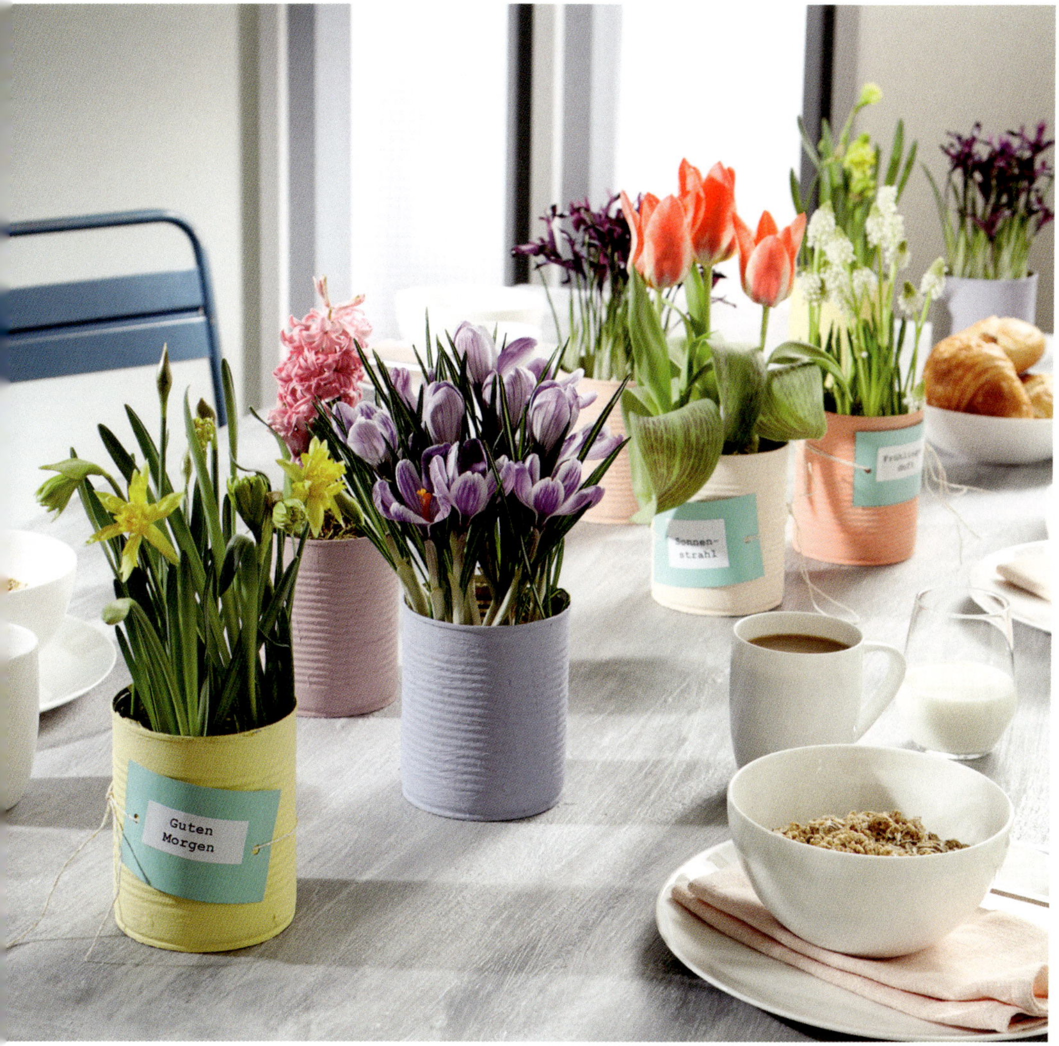

AB IN DIE TÜTE

Umgekrempelte Versandtaschen – ob gebraucht oder neu – sind eine raffinierte Alternative, falls mal kein Übertopf zur Hand ist. Stilecht wird's, wenn die dazugehörigen, aufgespießten Briefmarken die Topfblumen zieren und mit ausgestanzten Ornamenten und einem ausgedruckten Frühlingsgruß daher kommen.

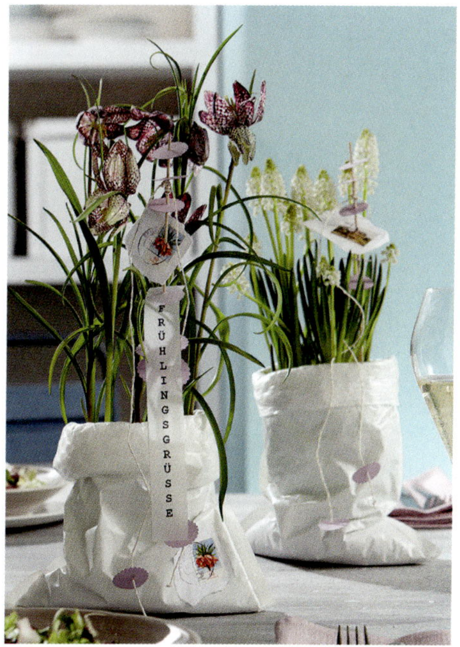

Was du brauchst:

Hellgelbes und sahnegelbes Seidenpapier, Styroporhalbkugel, ausgeblasene Eier, trockene Gräser, Stecknadeln, verschiedene weiße und gelbe Blüten wie z. B. Schachbrettblumen, Primeln, Mühlenbeckien, Ranunkeln, Hornveilchen

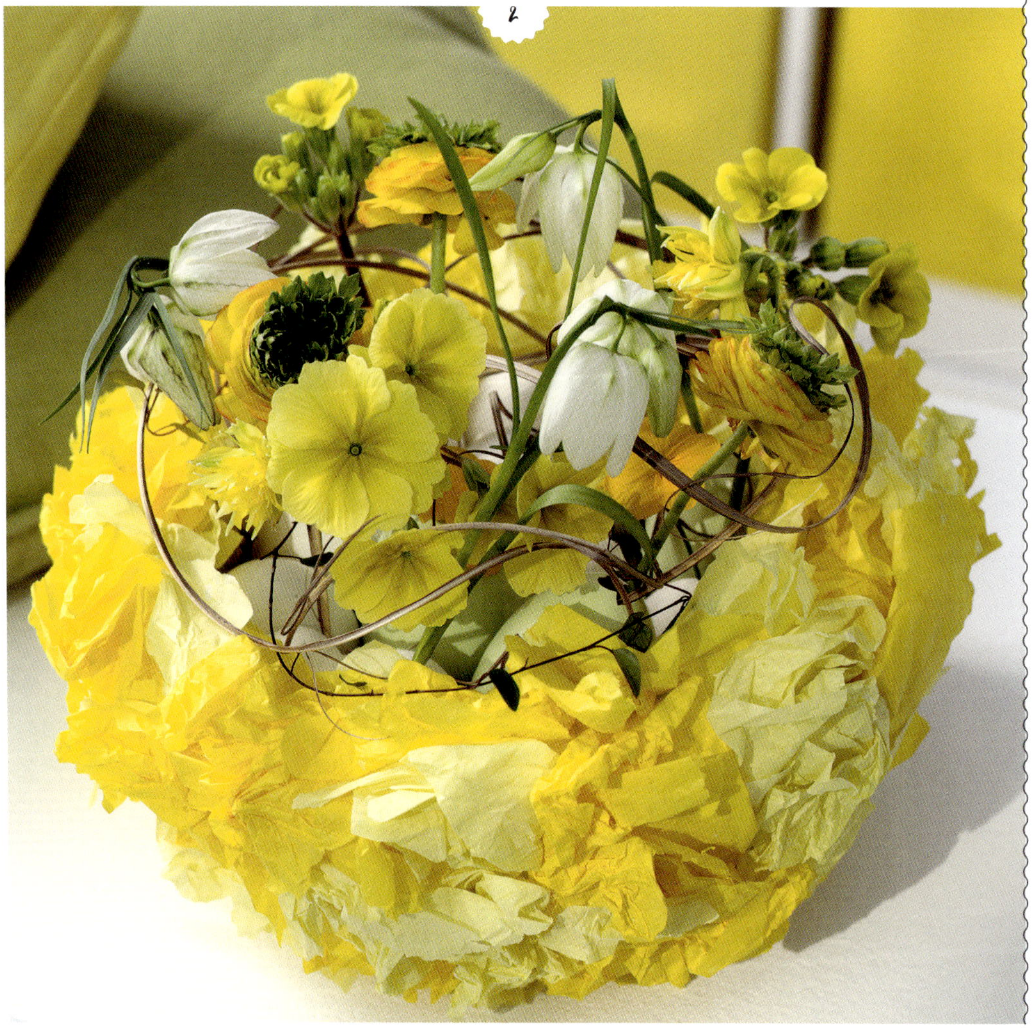

1. Das Seidenpapier in kleine Stücke reißen und als Knäuel mit Stecknadeln auf die Styroporschale stecken.

2. Gewässerten Frischblumensteckschaum in die Halbschale füllen, Blüten locker in unterschiedlichen Höhen einstecken, in die Freiräume Eierschalen einfügen. Zum Schluss mit Trockengräsern versehen.

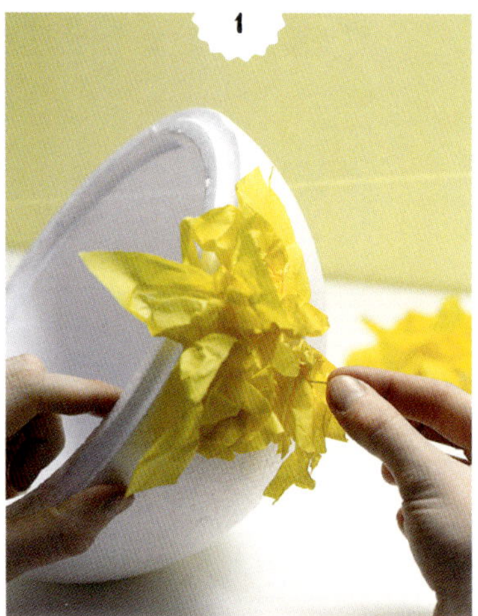

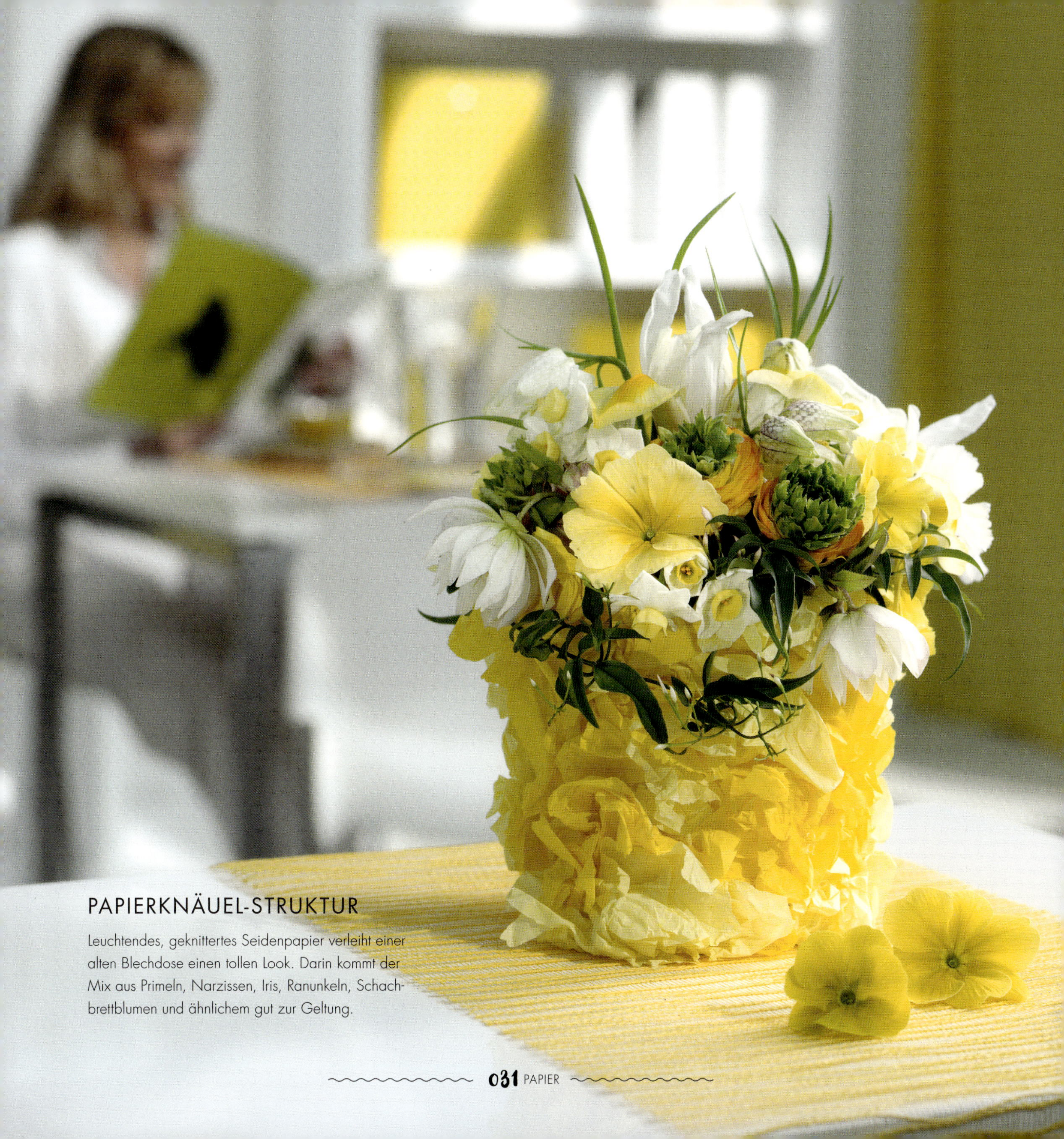

PAPIERKNÄUEL-STRUKTUR

Leuchtendes, geknittertes Seidenpapier verleiht einer alten Blechdose einen tollen Look. Darin kommt der Mix aus Primeln, Narzissen, Iris, Ranunkeln, Schachbrettblumen und ähnlichem gut zur Geltung.

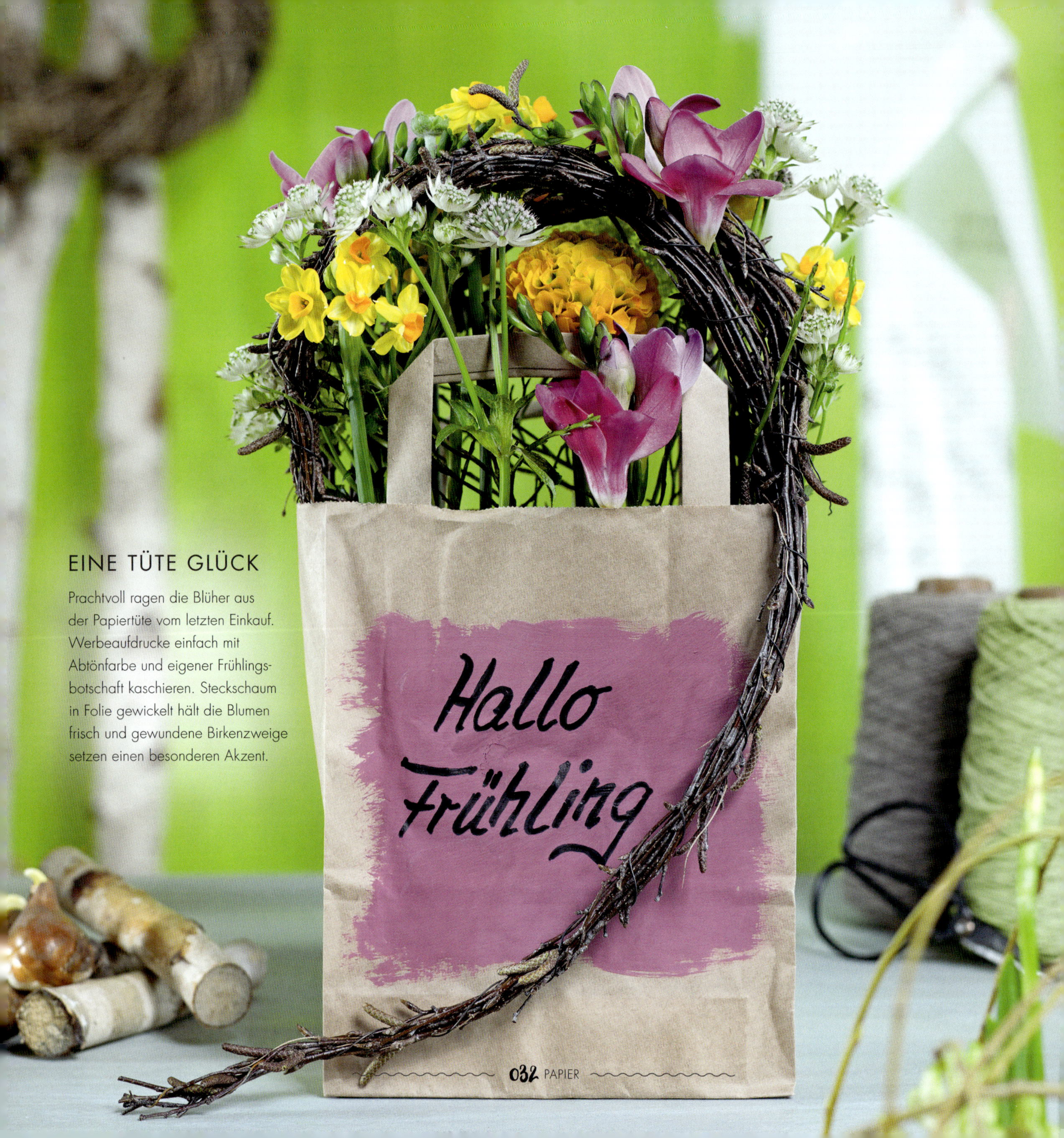

EINE TÜTE GLÜCK

Prachtvoll ragen die Blüher aus der Papiertüte vom letzten Einkauf. Werbeaufdrucke einfach mit Abtönfarbe und eigener Frühlingsbotschaft kaschieren. Steckschaum in Folie gewickelt hält die Blumen frisch und gewundene Birkenzweige setzen einen besonderen Akzent.

ALTER KARTON NEU INSZENIERT

Wellenartig ausgeschnittene Pappe aus alten Paketen im unteren Teil mit Abtönfarbe kolorieren und als Ummantelung mit Heißkleber um einen Topf kleben. So kommen eingestellte Narzissen, Tulpen und Hyazinthen gut zur Geltung.

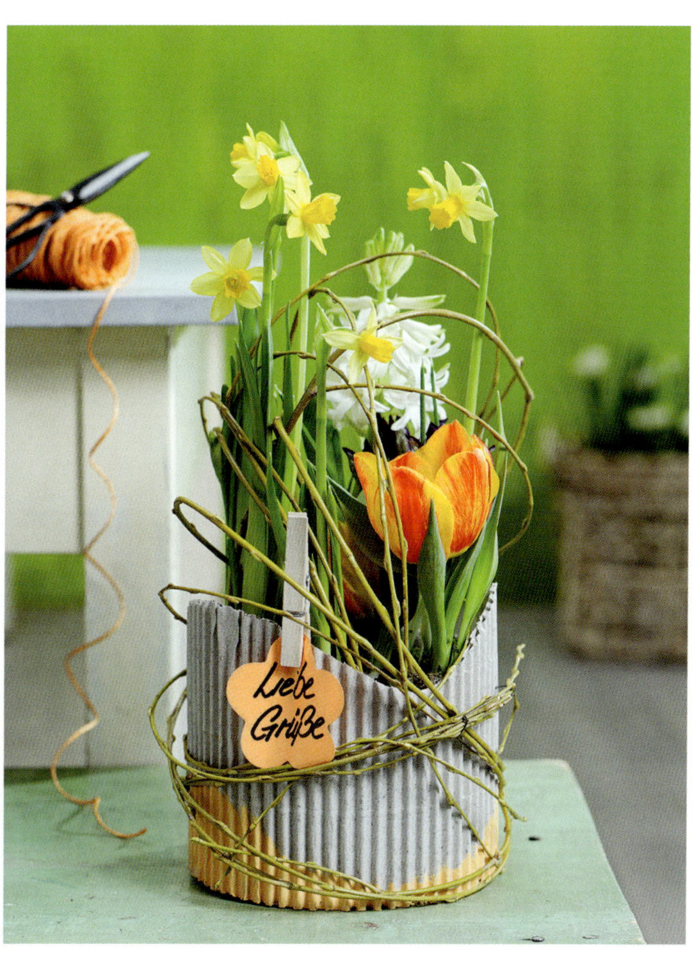

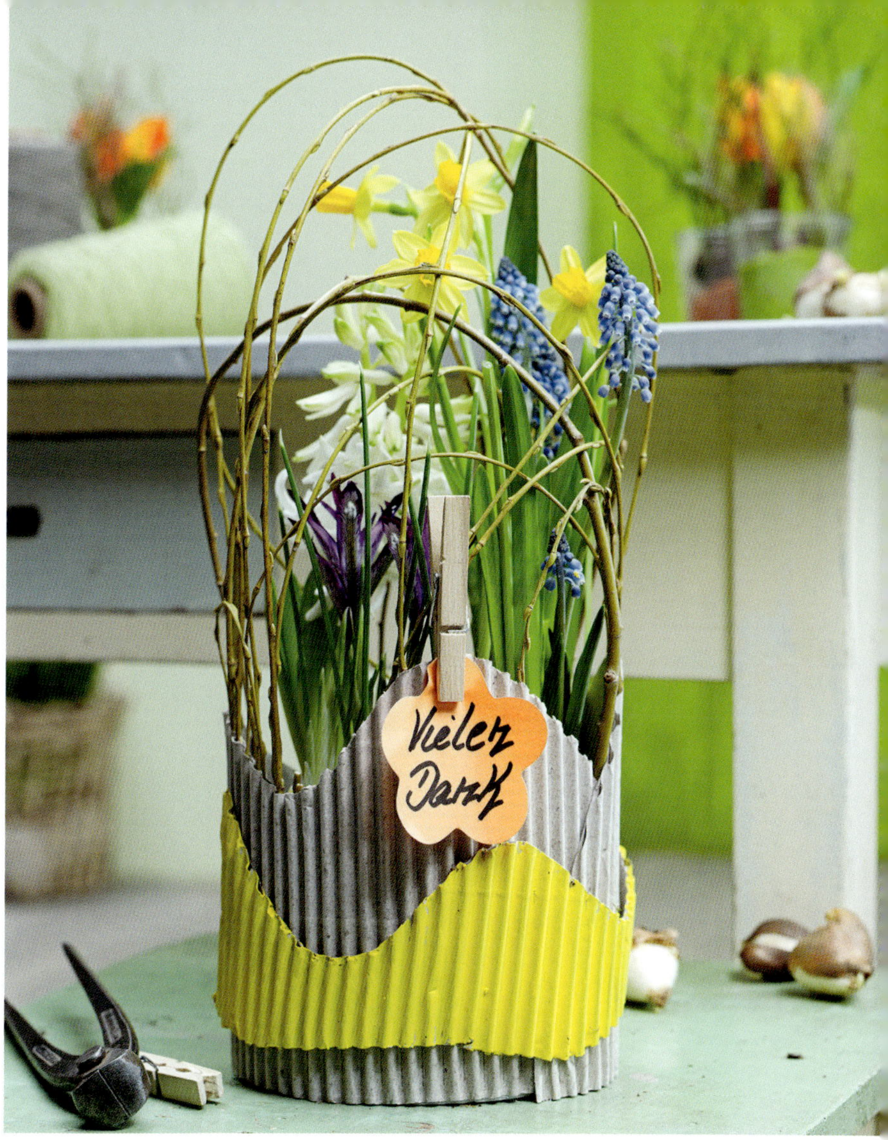

POSTSENDUNG RECYCELT

Wellpappe von der letzten Paketzusendung übriggeblieben, dient dem Blütenbouquet als Manschette. Erstere in Wellenform geschnitten und durch ein weiteres gelbes zugeschnittenes Stück Pappe ergänzt, wird mit Heißkleber um das Gefäß gelegt und befestigt.

MIT LIEBE VERPACKT

Botschaften, die von Herzen kommen, lassen sich ganz leicht aus einem Stück Papier und einem Stempel kreieren. Auf saugfähigem Papier siehts besonders schön aus. Das einfache Wasserglas als Vase wird in Transparentpapier eingepackt und mit einem Streifen Masking Tape versehen.

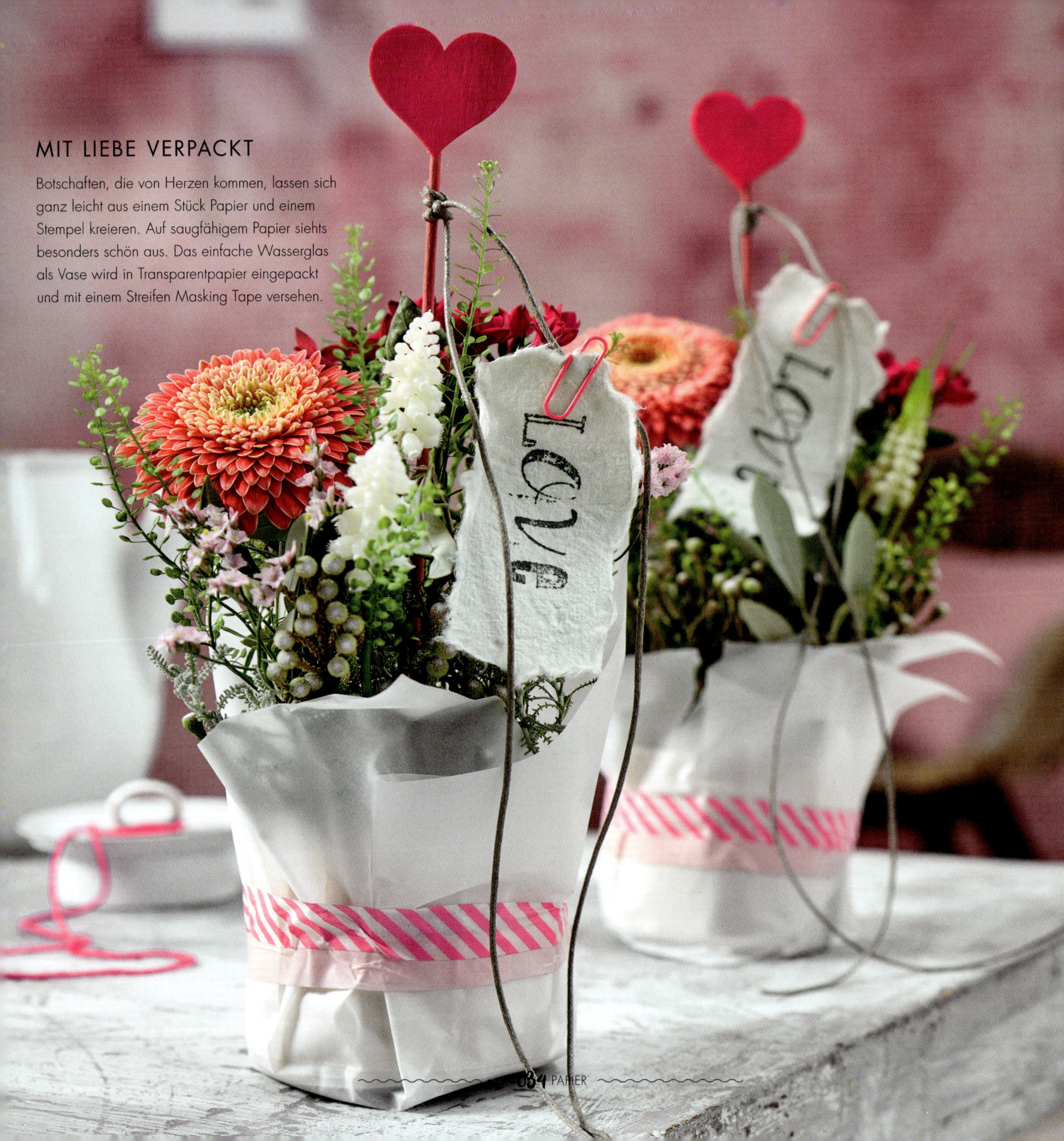

GESCHICKT WIEDERVERWENDET

Mit Papier, das einmal eingeschlagen und um die Kunsstoffschale gewickelt wird, lässt sich die Geschenkidee hübsch herausputzen. Dabei macht's auch nichts, dass das bereits gebrauchte Restpapier ziemlich verknautscht ist!

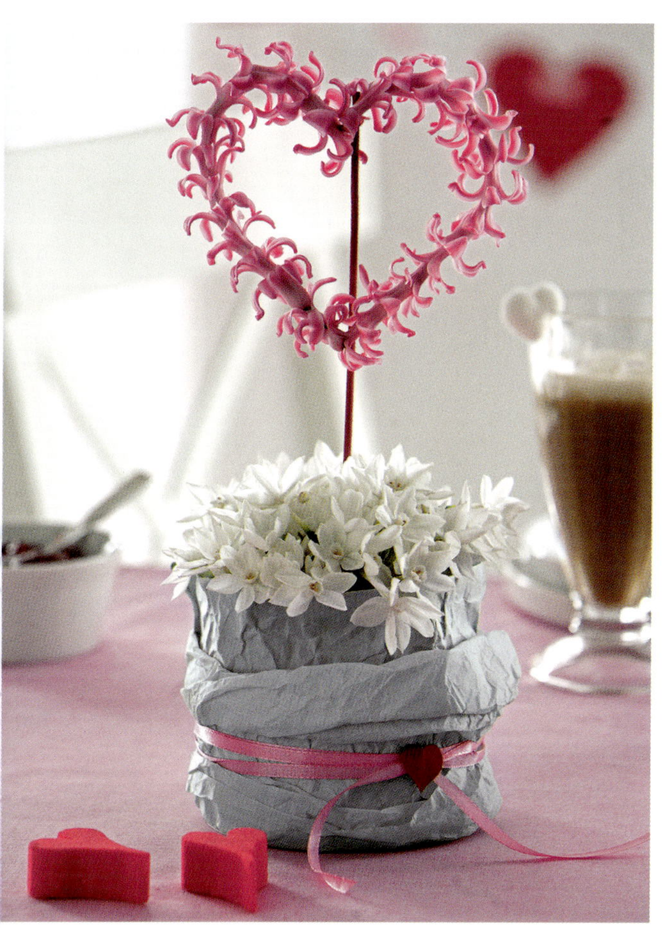

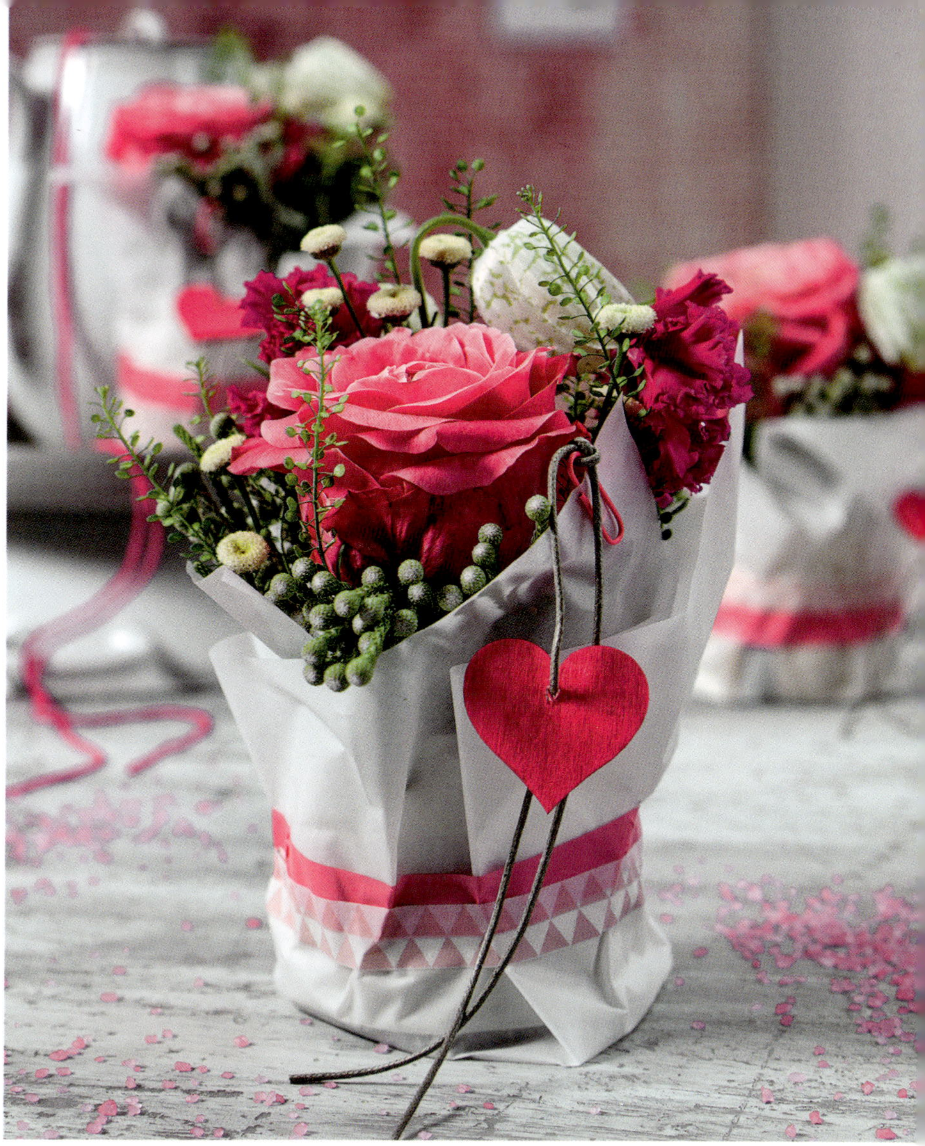

GESCHENKVERZIERUNG

Architektenpapier wird mithilfe eines Glases in Form gebracht. Pinkes Masking Tape hält die Manschette in Form. Als Basis für das niedliche Präsent dient ein Steckschaumzylinder, der in Folie eingeschlagen wurde. Die dort eingestellten Blüher machen den Look komplett.

Was du brauchst:

Farbiges Papier, Kunststoffgefäß, doppelseitiges Klebeband, Schultafelband, Stanzgerät, Kreidestift, Kordel, Ösen, Gardinenklemmen, Steckschaum, verschiedene rosa und violett blühende Blüher, wie Rosen, Alpenveilchen, Perlhyazinthe etc.

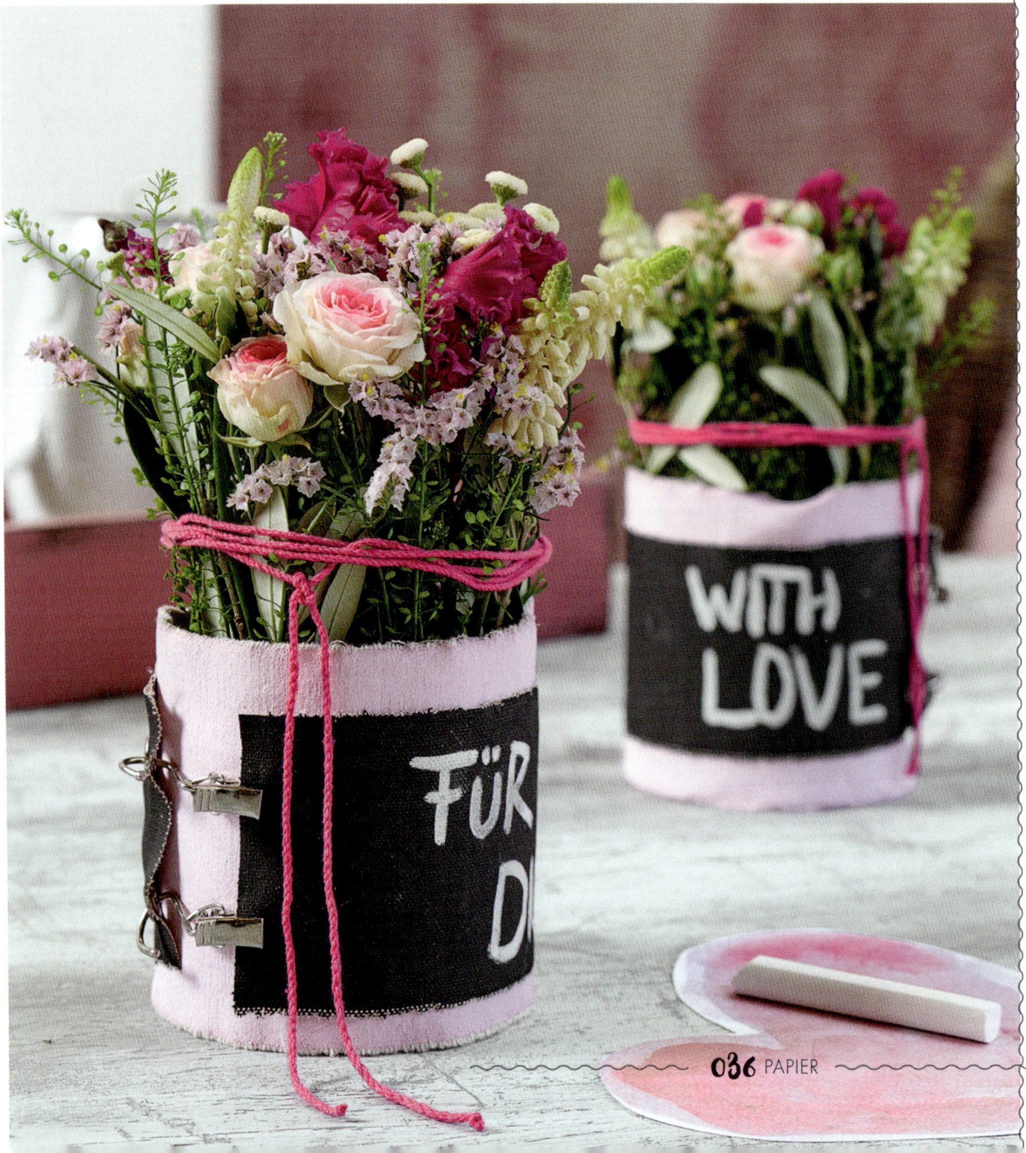

1. Den Steckschaum wässern und in die Form geben. Das Papier mithilfe von doppelseitigem Klebeband um das Gefäß kleben.

2. Ösenreihe in die Schmalseiten des zurechtgeschnittenen Schultafelbands stanzen. Das Band mit einem Kreidestift beschriften, Gardinenklemmen in die Ösen einhaken und damit an der Schale befestigen. Anschließend die Blüher einstecken.

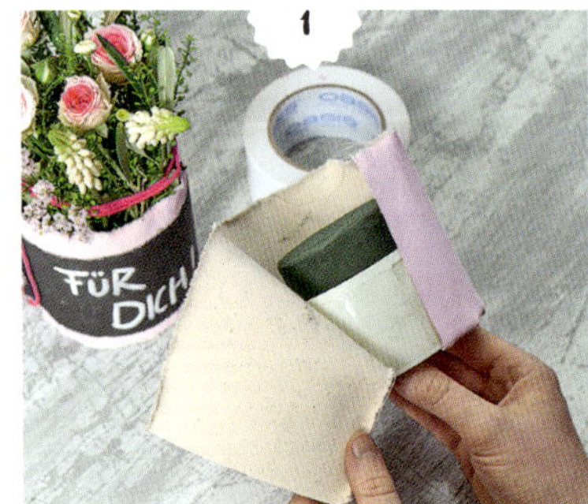

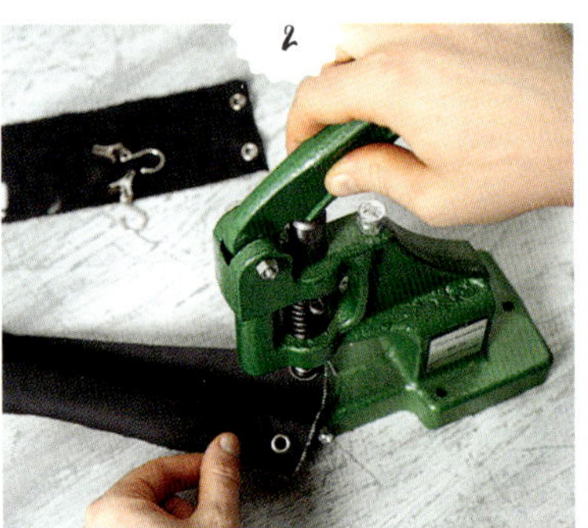

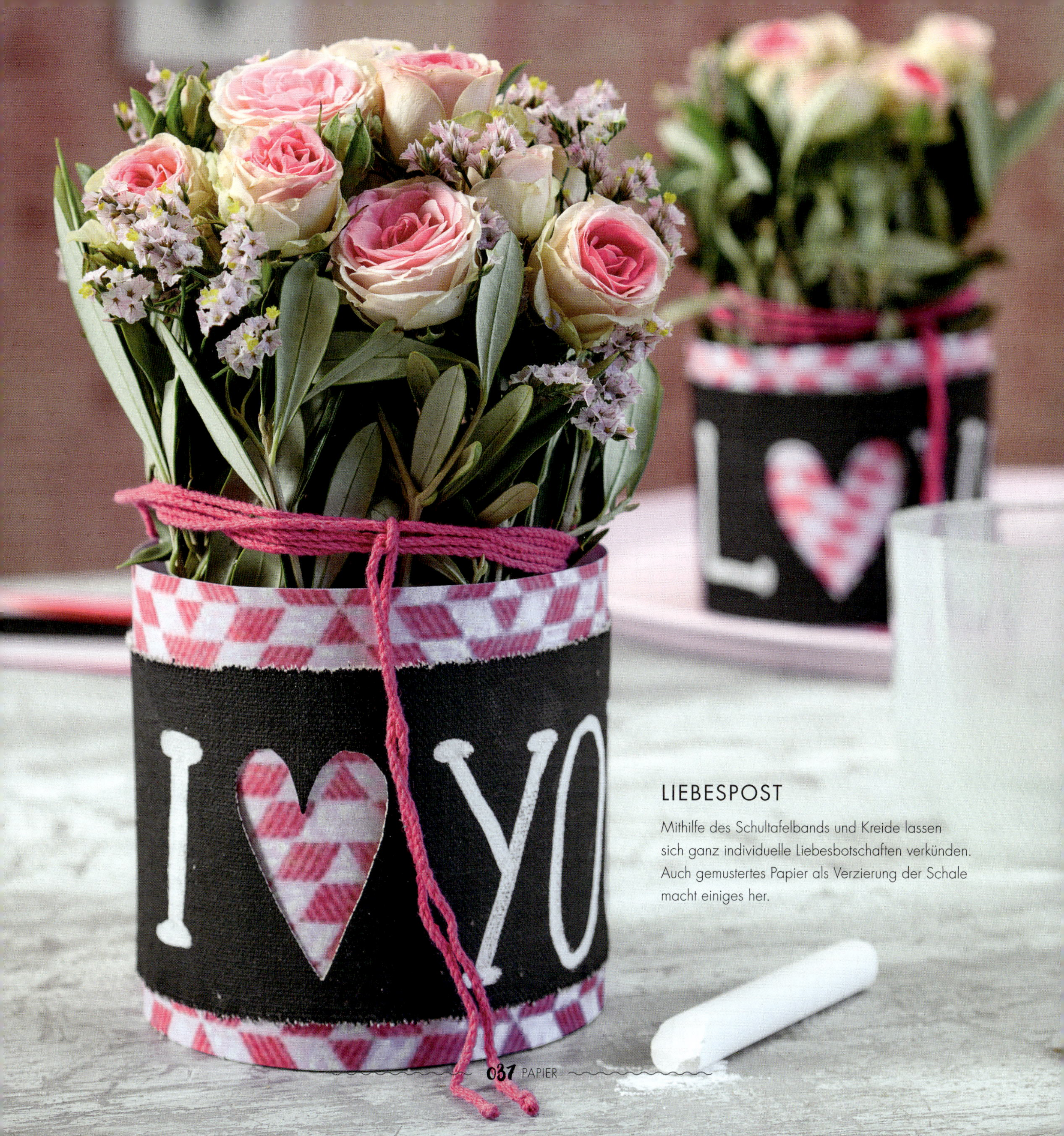

LIEBESPOST

Mithilfe des Schultafelbands und Kreide lassen sich ganz individuelle Liebesbotschaften verkünden. Auch gemustertes Papier als Verzierung der Schale macht einiges her.

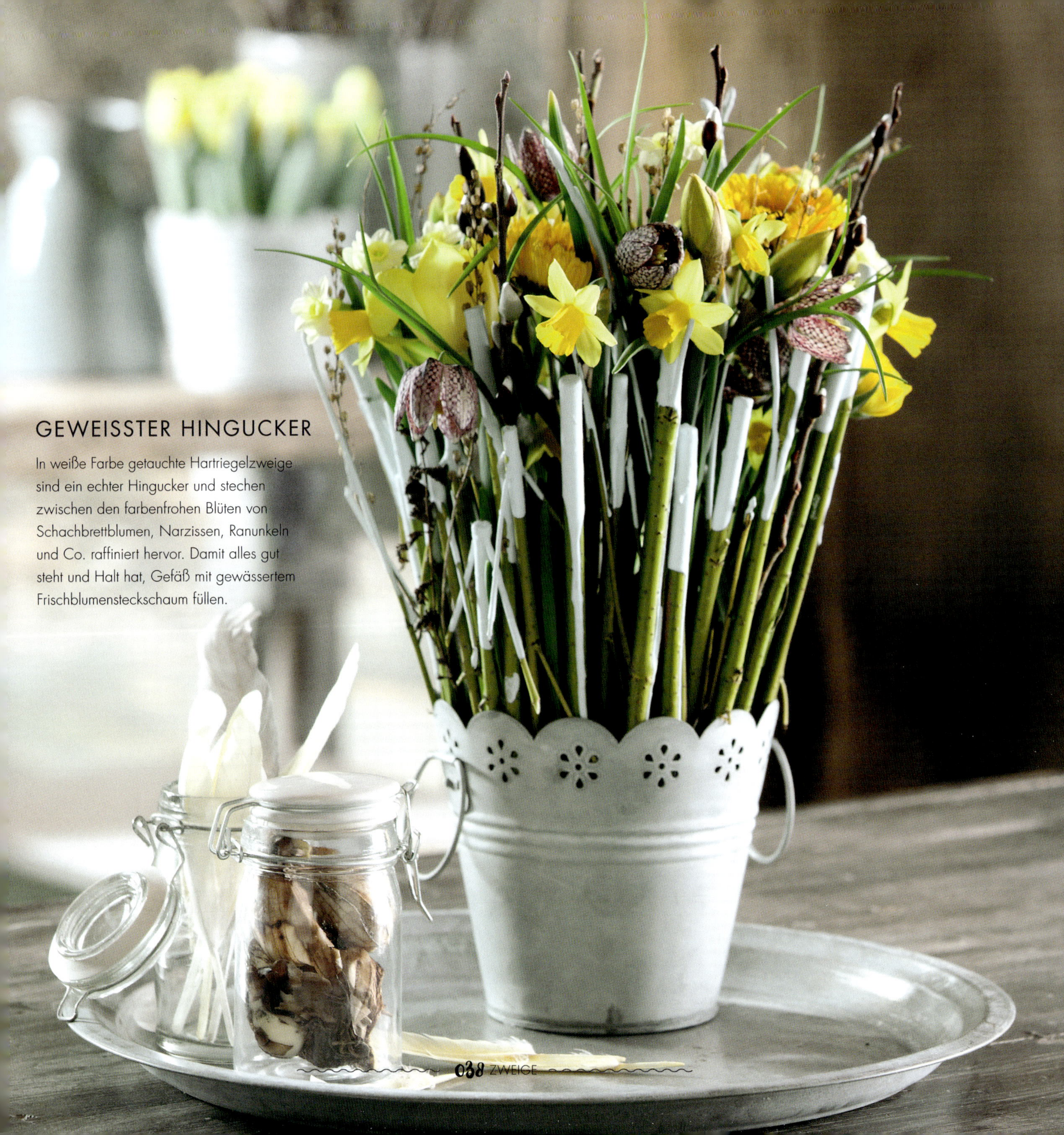

GEWEISSTER HINGUCKER

In weiße Farbe getauchte Hartriegelzweige sind ein echter Hingucker und stechen zwischen den farbenfrohen Blüten von Schachbrettblumen, Narzissen, Ranunkeln und Co. raffiniert hervor. Damit alles gut steht und Halt hat, Gefäß mit gewässertem Frischblumensteckschaum füllen.

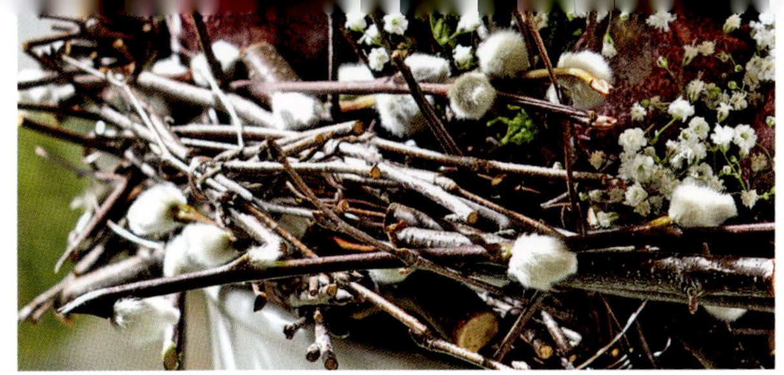

Zweige ins Haus geholt

Raus aus der Natur, rein ins Haus. Das gilt für Zweige jeglicher Art. Sowohl zarte Weidenäste, als auch massive Treibholzstücke lassen sich im Nu in florale Dekoideen einarbeiten. Dabei können ganz verschiedene Techniken angewendet werden, die immer wieder neue Varianten hervorzaubern.

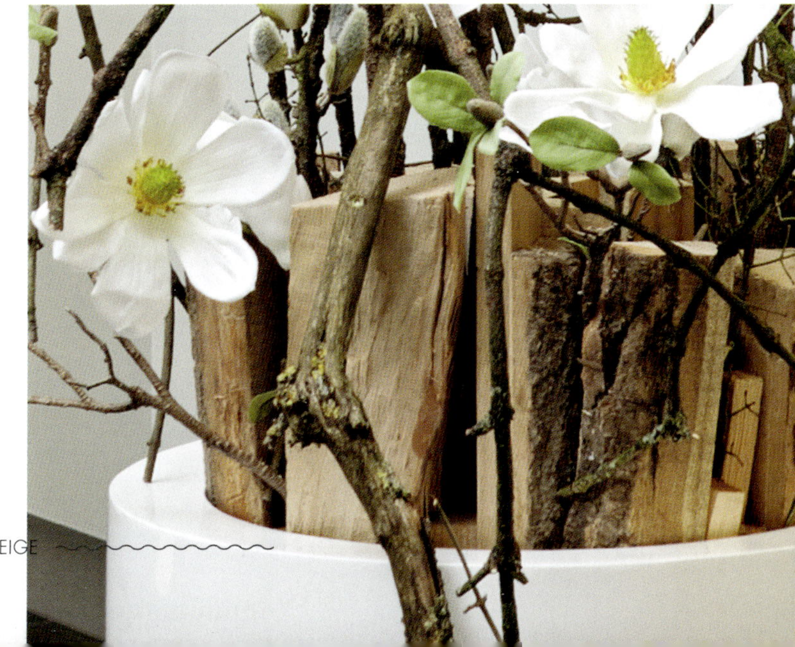

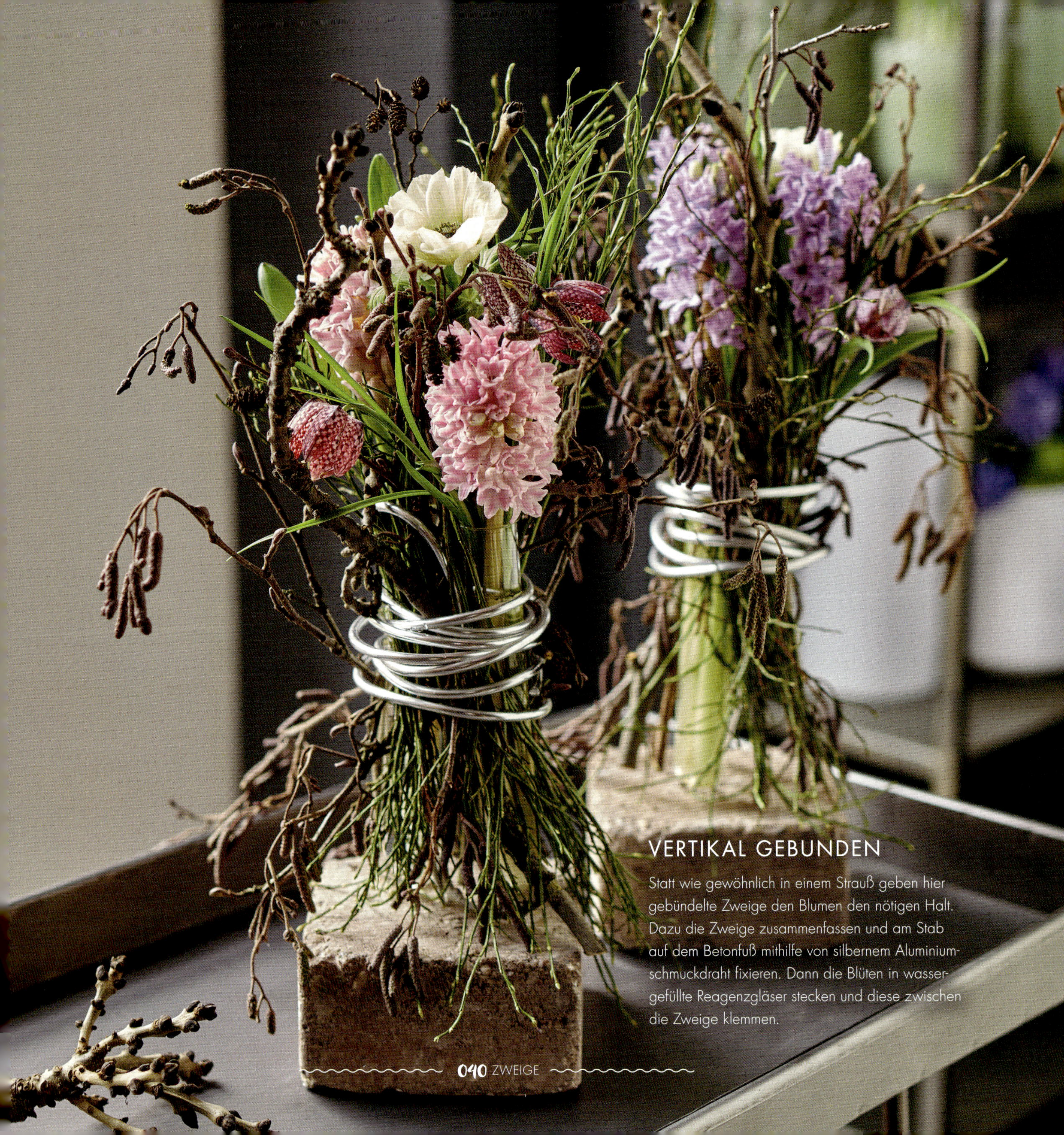

VERTIKAL GEBUNDEN

Statt wie gewöhnlich in einem Strauß geben hier gebündelte Zweige den Blumen den nötigen Halt. Dazu die Zweige zusammenfassen und am Stab auf dem Betonfuß mithilfe von silbernem Aluminiumschmuckdraht fixieren. Dann die Blüten in wassergefüllte Reagenzgläser stecken und diese zwischen die Zweige klemmen.

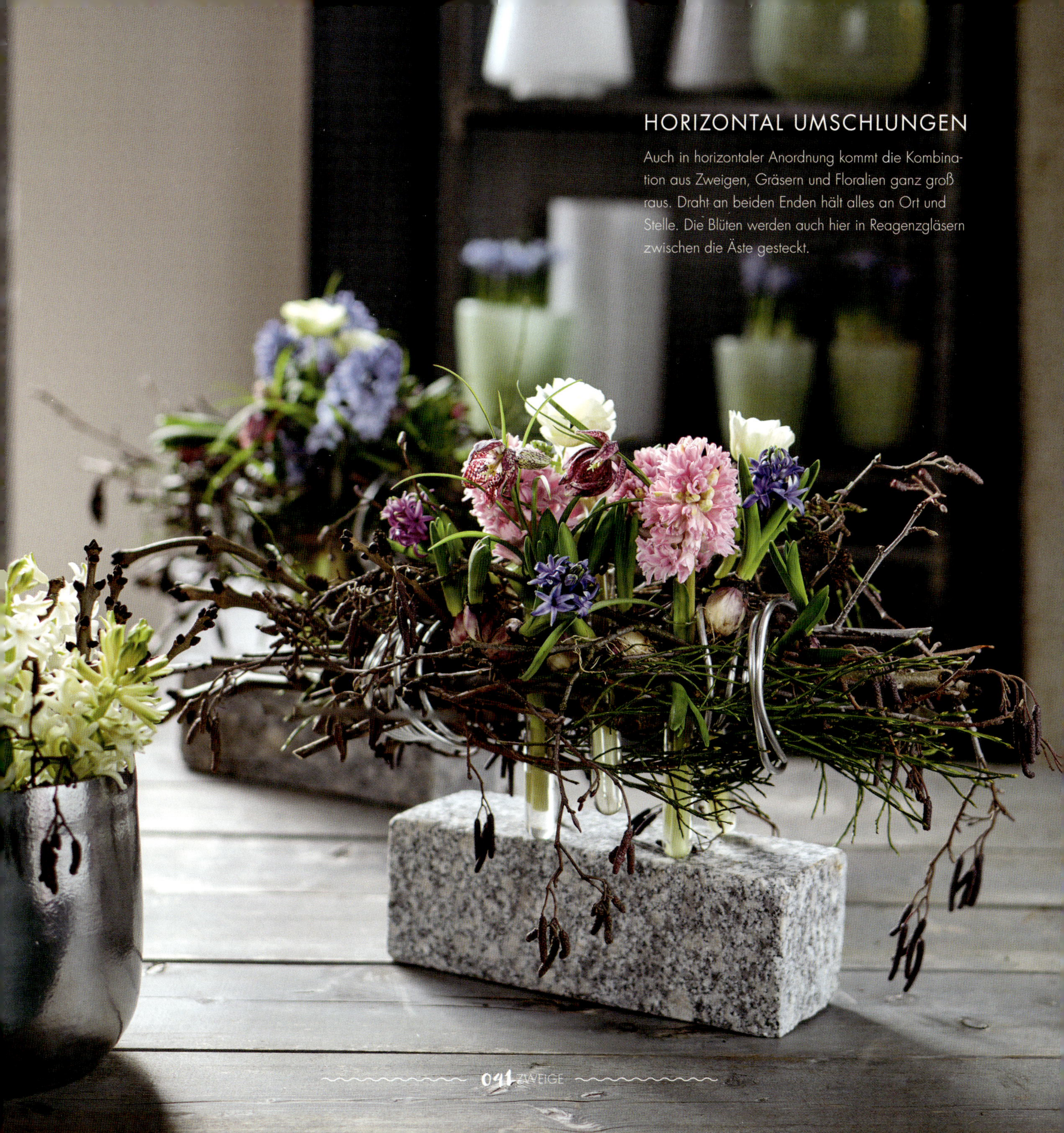

HORIZONTAL UMSCHLUNGEN

Auch in horizontaler Anordnung kommt die Kombination aus Zweigen, Gräsern und Floralien ganz groß raus. Draht an beiden Enden hält alles an Ort und Stelle. Die Blüten werden auch hier in Reagenzgläsern zwischen die Äste gesteckt.

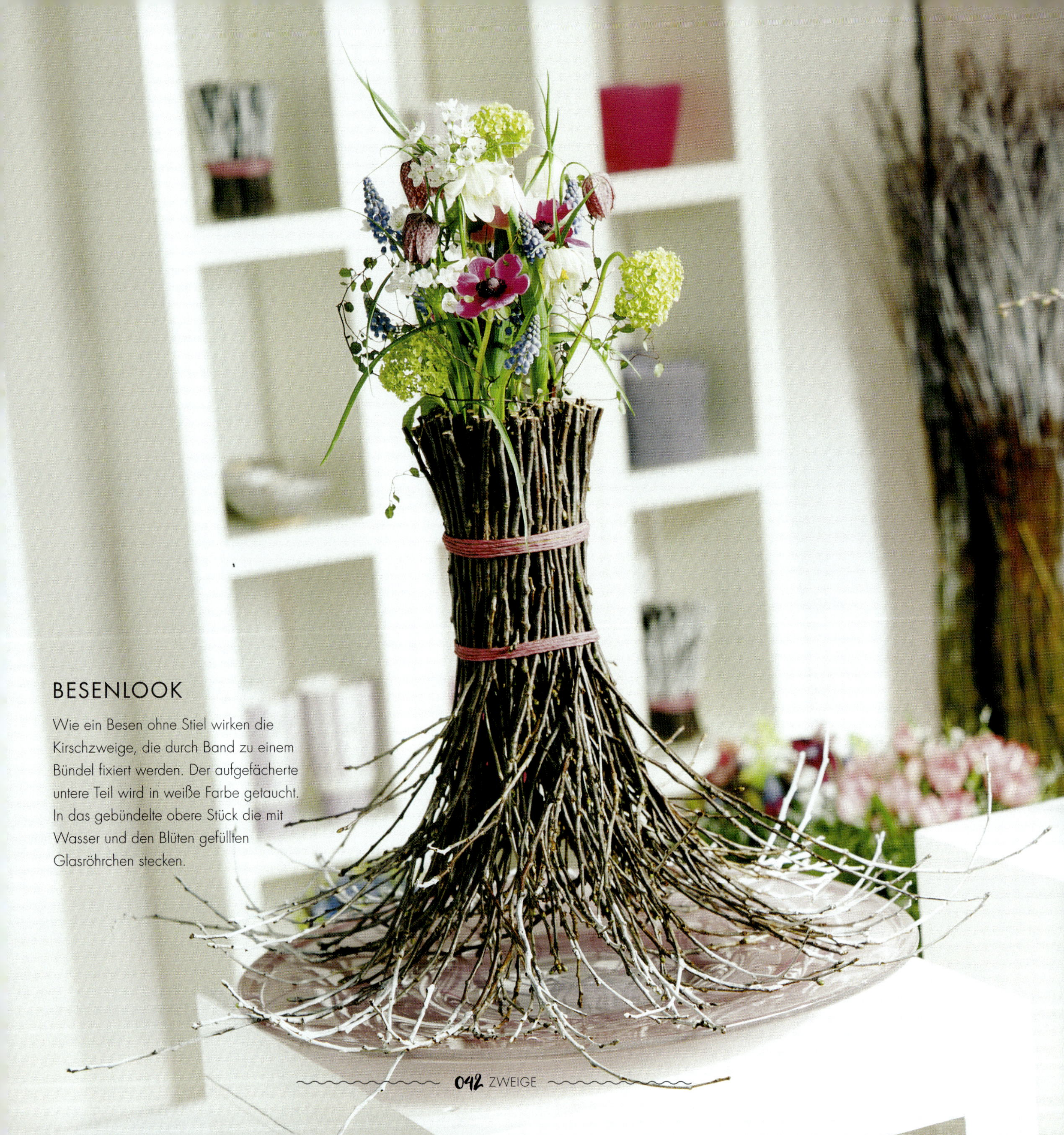

BESENLOOK

Wie ein Besen ohne Stiel wirken die Kirschzweige, die durch Band zu einem Bündel fixiert werden. Der aufgefächerte untere Teil wird in weiße Farbe getaucht. In das gebündelte obere Stück die mit Wasser und den Blüten gefüllten Glasröhrchen stecken.

BLÜTEN-ZWEIGBÜNDEL

Klein und kompakt werden die Zweige von Moorbirke und Kirsche zusammengefasst und um ein niedriges Glas mit Blütenfüllung herum angeordnet. Band hält alles an seinem Platz.

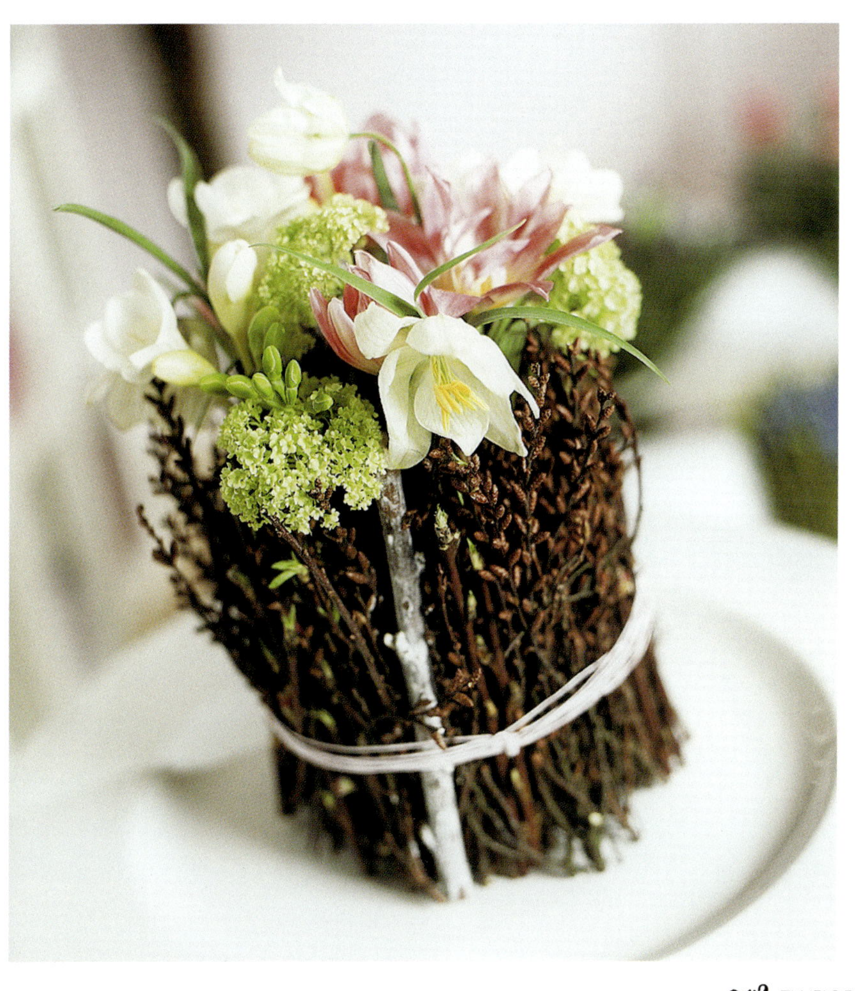

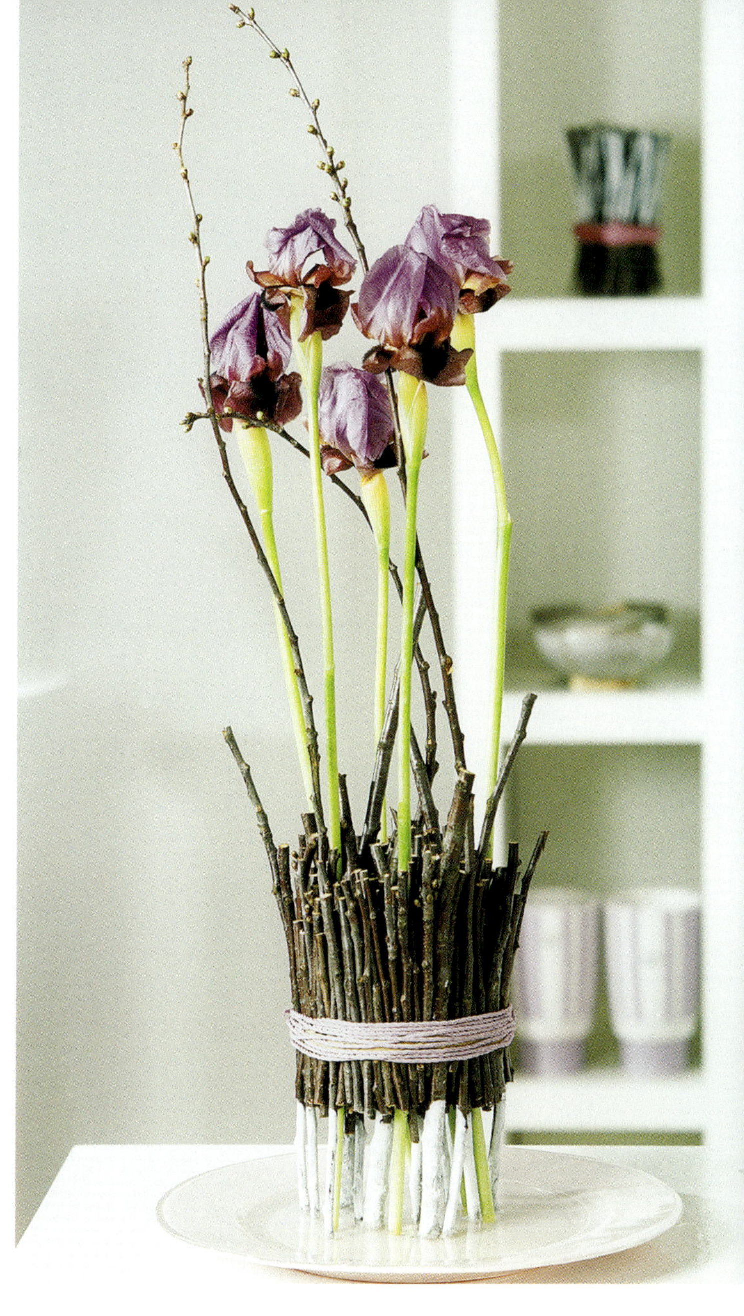

STELZENPOSITION

Kirschbaumzweige auf gleiche Länge schneiden, mit dem unteren Drittel in weiße Farbe tauchen und trocknen lassen. Iris in Wasser gefüllte Glasröhrchen stecken, zusammen mit den Zweigen bündeln und mit Gummiband fixieren.

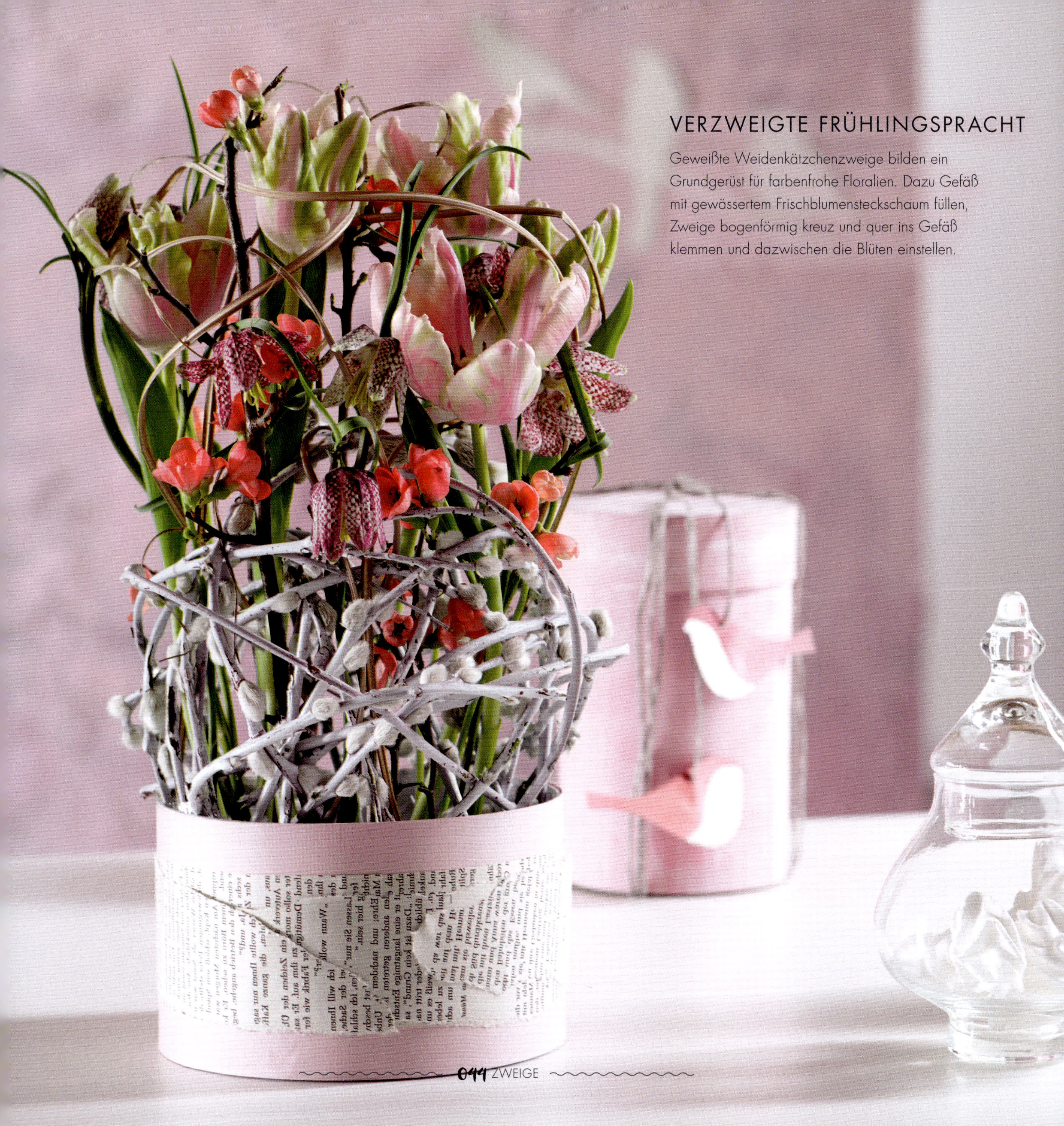

VERZWEIGTE FRÜHLINGSPRACHT

Geweißte Weidenkätzchenzweige bilden ein Grundgerüst für farbenfrohe Floralien. Dazu Gefäß mit gewässertem Frischblumensteckschaum füllen, Zweige bogenförmig kreuz und quer ins Gefäß klemmen und dazwischen die Blüten einstellen.

Was du brauchst:

Korb, Frischblumensteckschaum, Folie, Zweige von Olive, Kätzchenweide und Thymian, Blüten

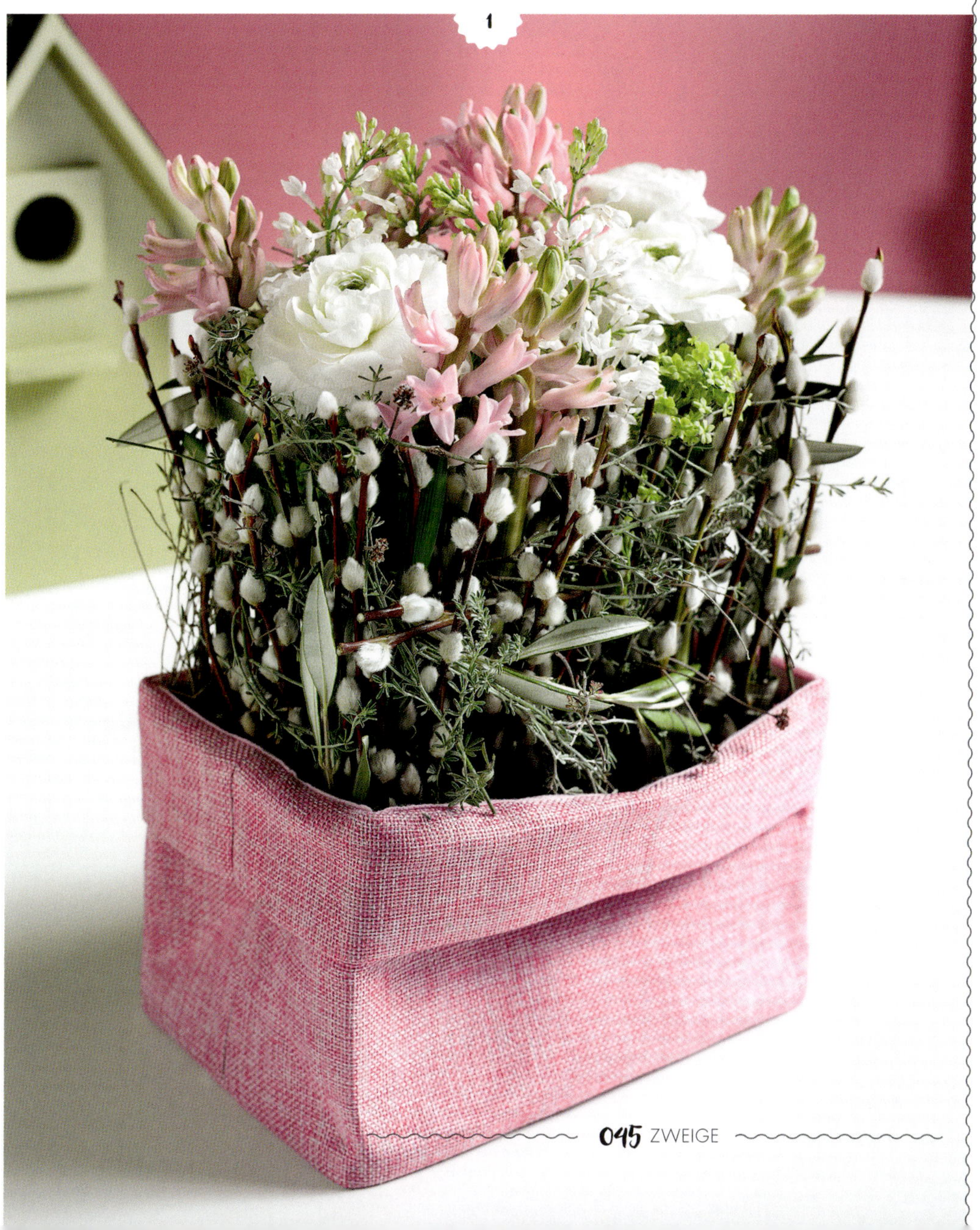

1. Gewässerten und in Folie eingeschlagenen Steckschaum in den Korb legen und dicht mit Weidenzweigen ausstecken.

2. Nun die Blüten einstecken und Oliven- und Thymianzweige locker zwischen die Stiele ziehen.

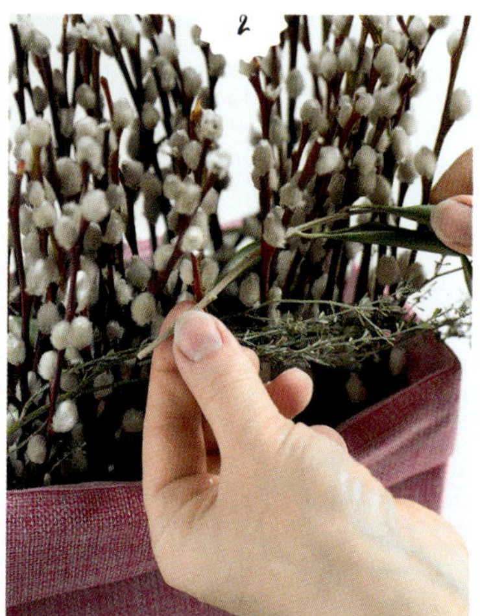

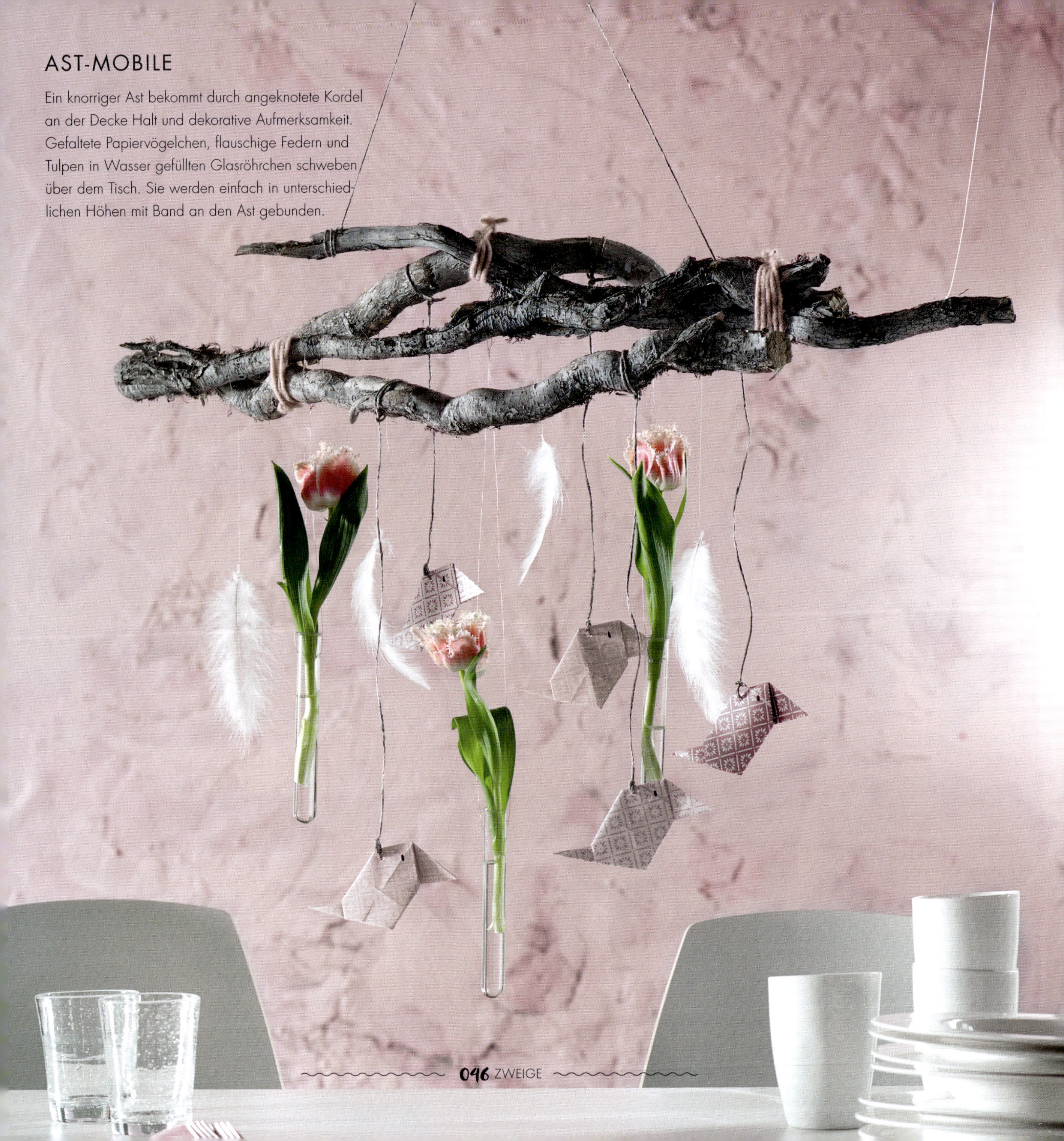

AST-MOBILE

Ein knorriger Ast bekommt durch angeknotete Kordel an der Decke Halt und dekorative Aufmerksamkeit. Gefaltete Papiervögelchen, flauschige Federn und Tulpen in Wasser gefüllten Glasröhrchen schweben über dem Tisch. Sie werden einfach in unterschiedlichen Höhen mit Band an den Ast gebunden.

DIY-BÄUMCHEN

Mini-Bilderrahmen finden an blühenden Quittenzweige ihren Platz. Dazu die kleinen Bilder mit einem Bindfaden anhängen.

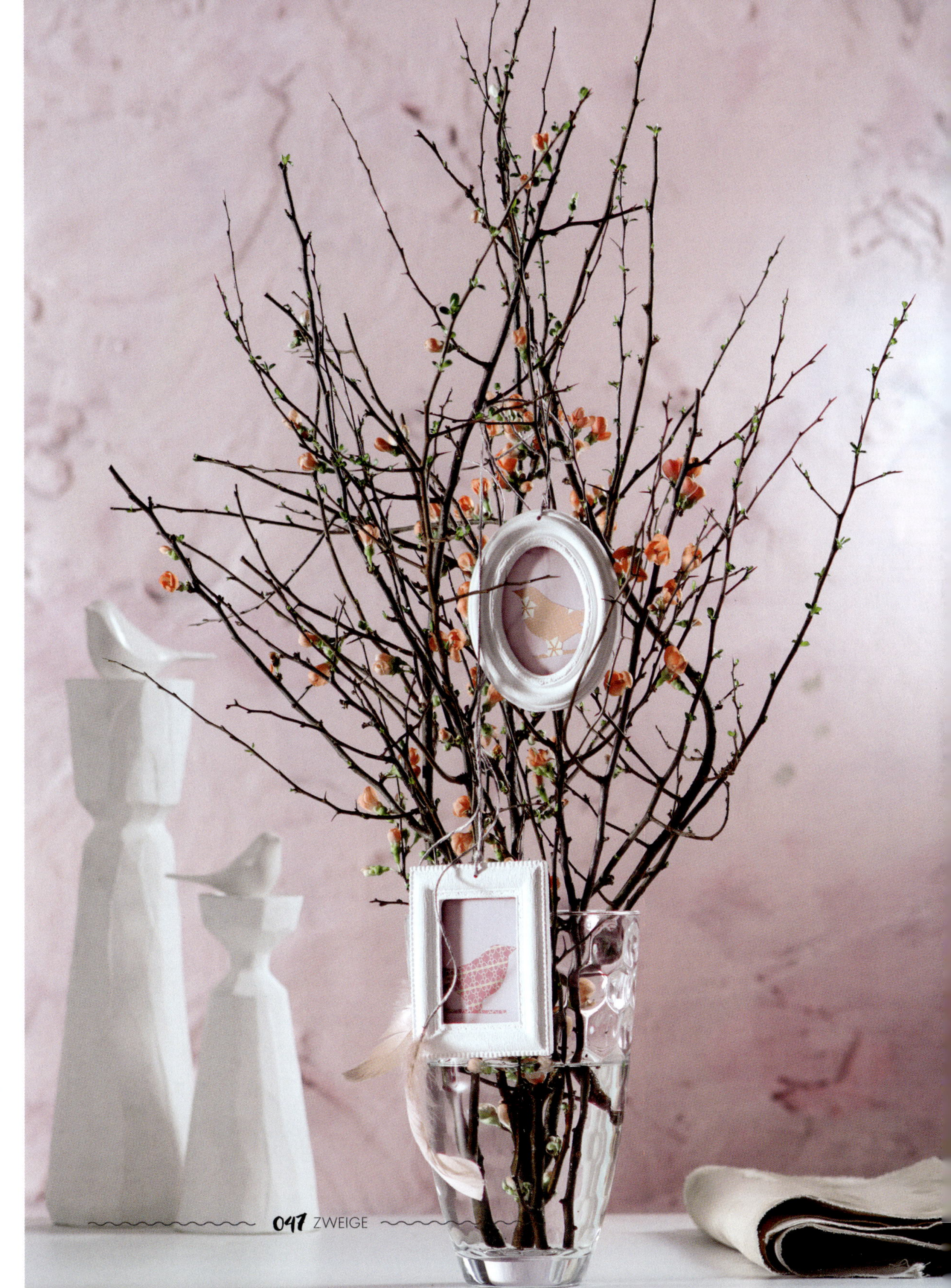

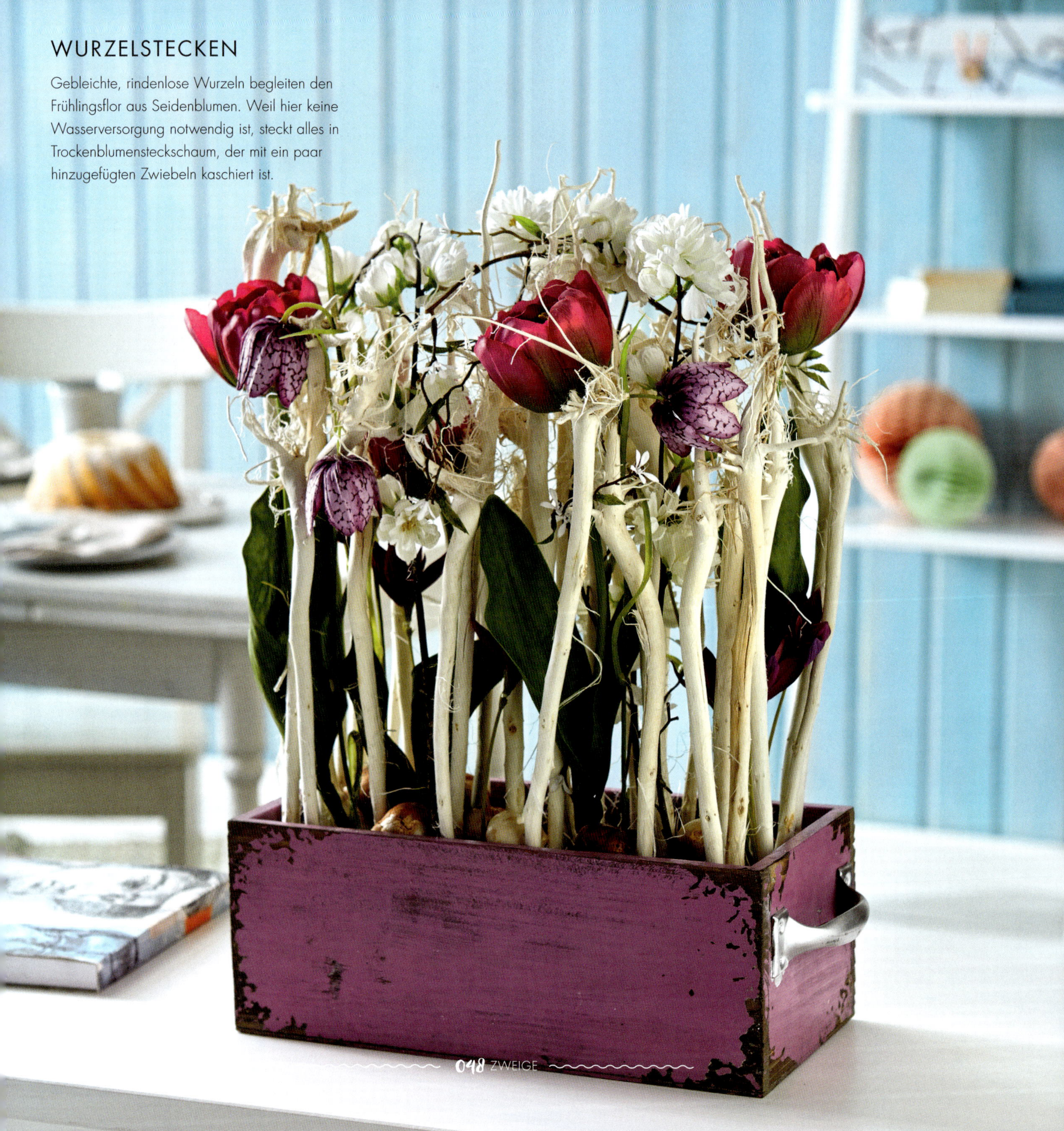

WURZELSTECKEN

Gebleichte, rindenlose Wurzeln begleiten den Frühlingsflor aus Seidenblumen. Weil hier keine Wasserversorgung notwendig ist, steckt alles in Trockenblumensteckschaum, der mit ein paar hinzugefügten Zwiebeln kaschiert ist.

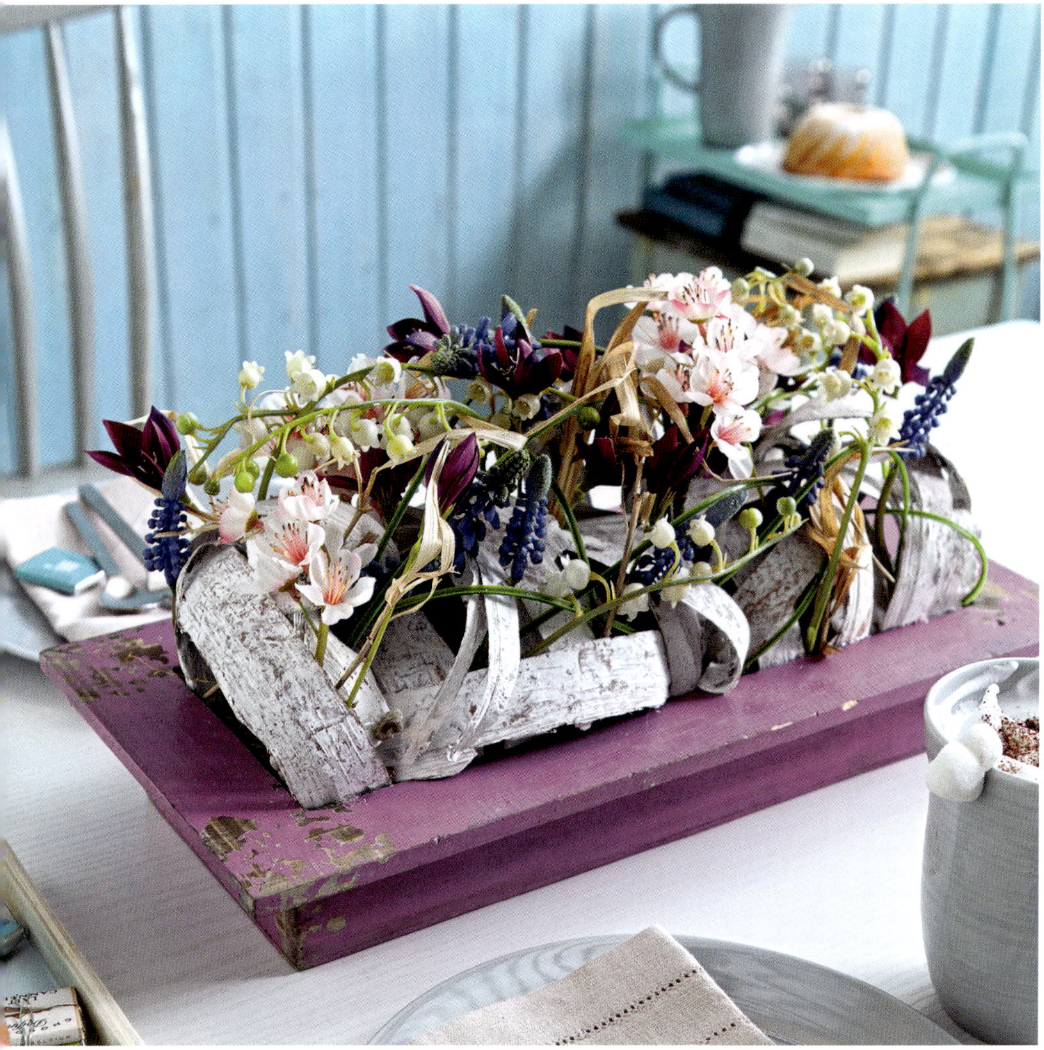

HOCHGESTÄBT

Hinzugesteckte Zweige lassen das Arrangement aus Seidenblumen noch fülliger erscheinen. Alles steckt in Trockensteckschaum, der die auf „shabby" getrimmte Holzschublade ausfüllt.

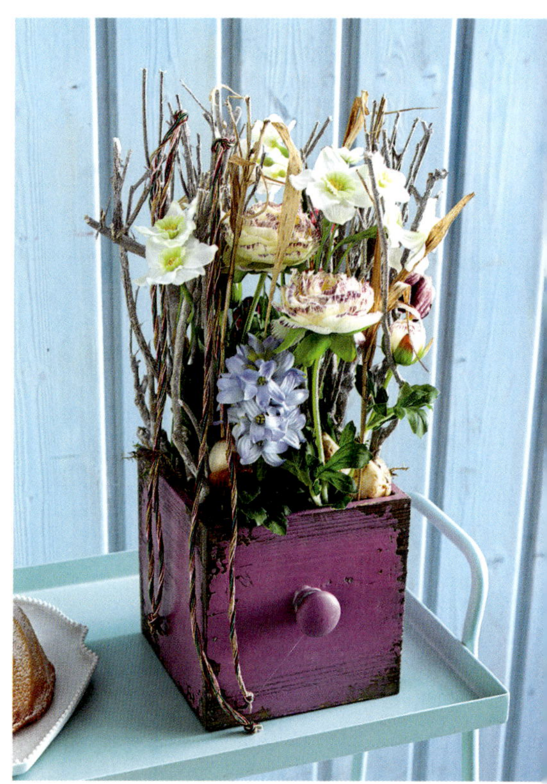

RINDEN-TISCHFRIES

Zwischen breiteren und gefärbten Rindenstreifen lugt hier der Frühlingsflor aus dauerhaften Seidenblumen hervor. Sie kaschieren damit wirkungsvoll den darunterliegenden Trockenblumensteckschaum.

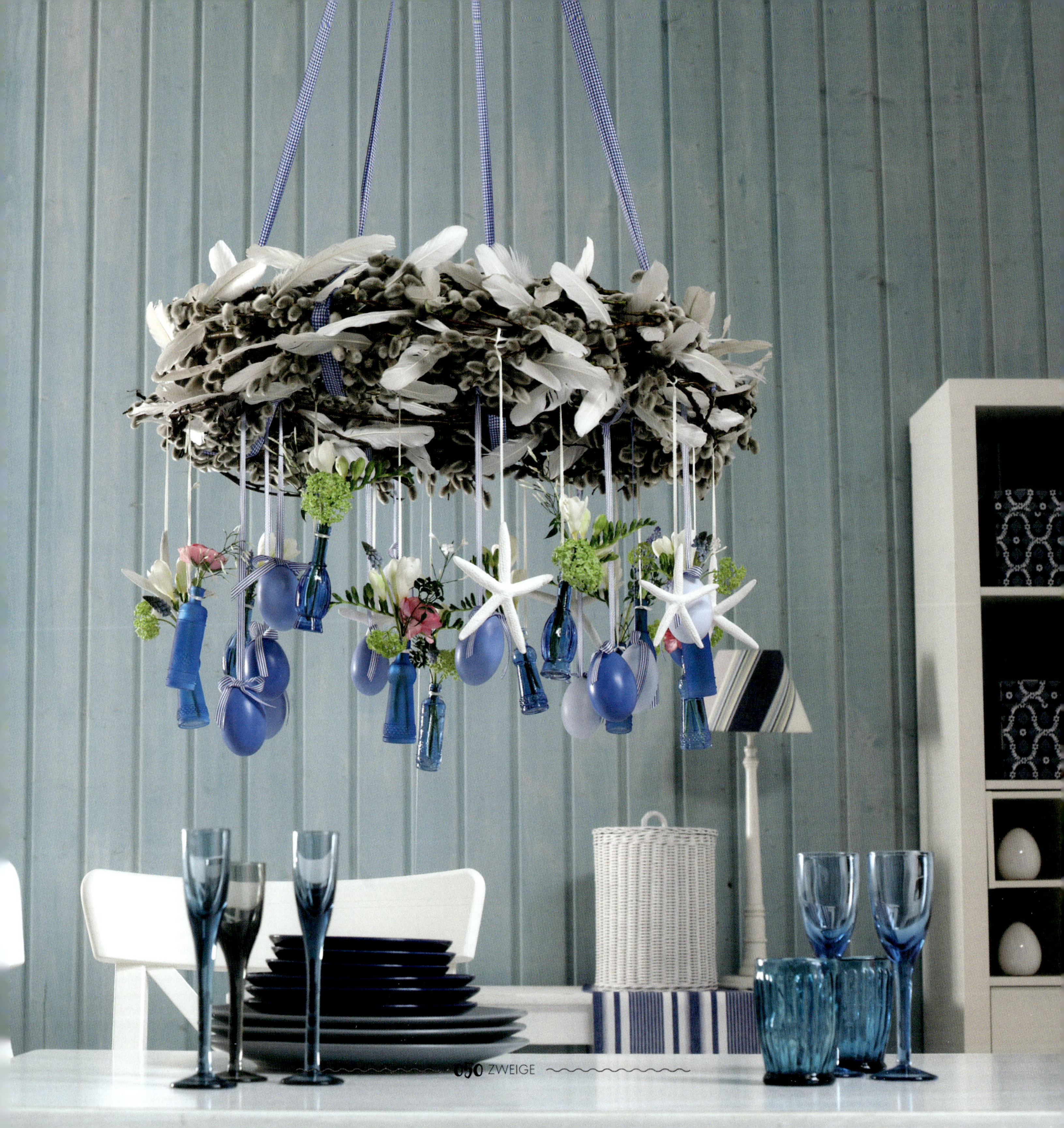

ZWEIGKRONE

Weidenkätzchenzweige kranzförmig zusammenlegen und mehrfach aneinander mit Draht fixieren. Bänder zum Aufhängen einknoten, Federn rundum einstecken und unten Glasväschen mit Wasser- und Blütenfüllung anhängen.

ZWEIGE-EI

Lange und mit Wandfarbe geweißte Kirschbaumzweige mithilfe von Draht zur Eiform biegen. Schmückendes Schleifenband anbringen und mittig in eine Tasse gepflanztes Stiefmütterchen platzieren. Federn, Zwiebelblüher und Eier dazu dekorieren.

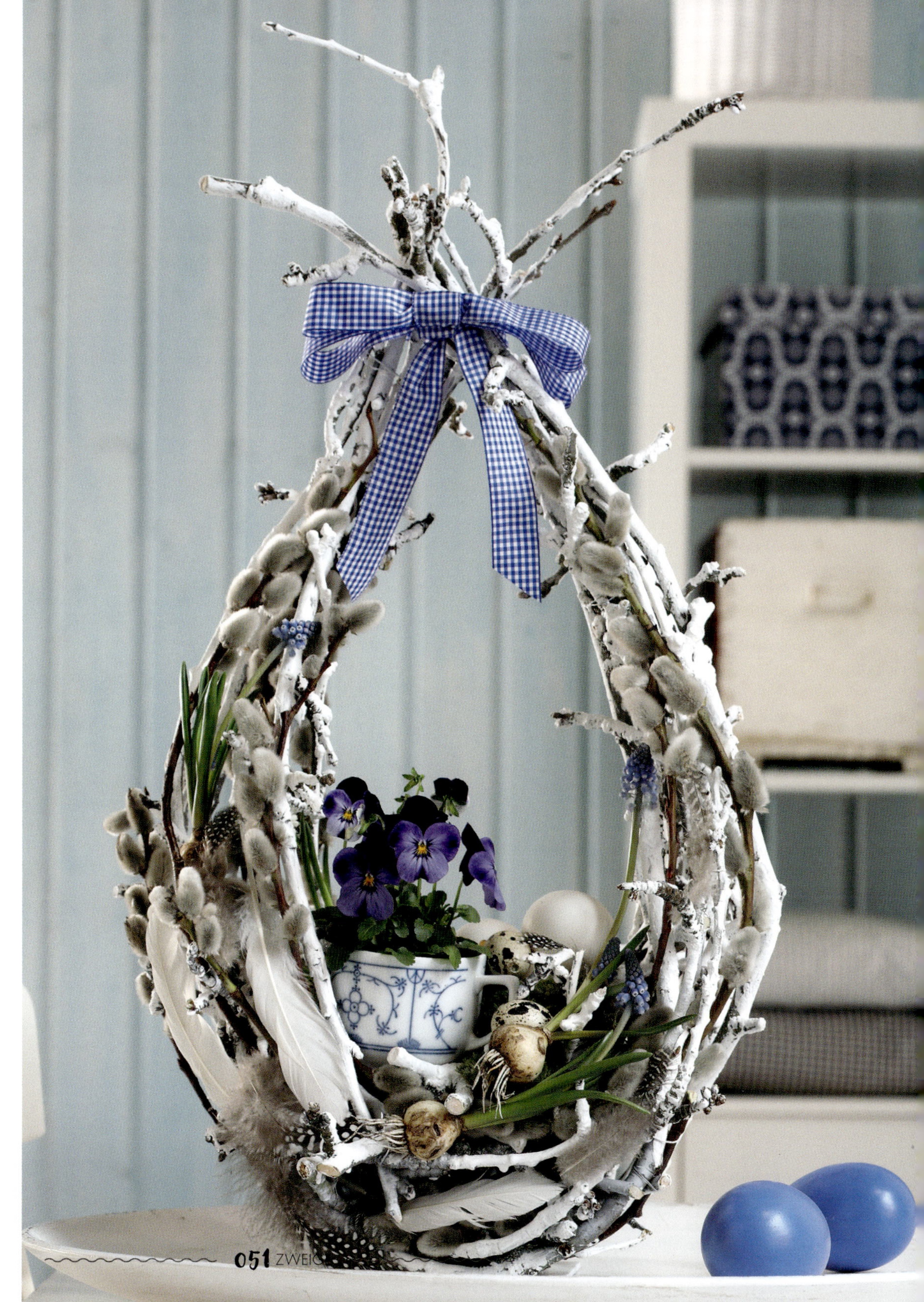

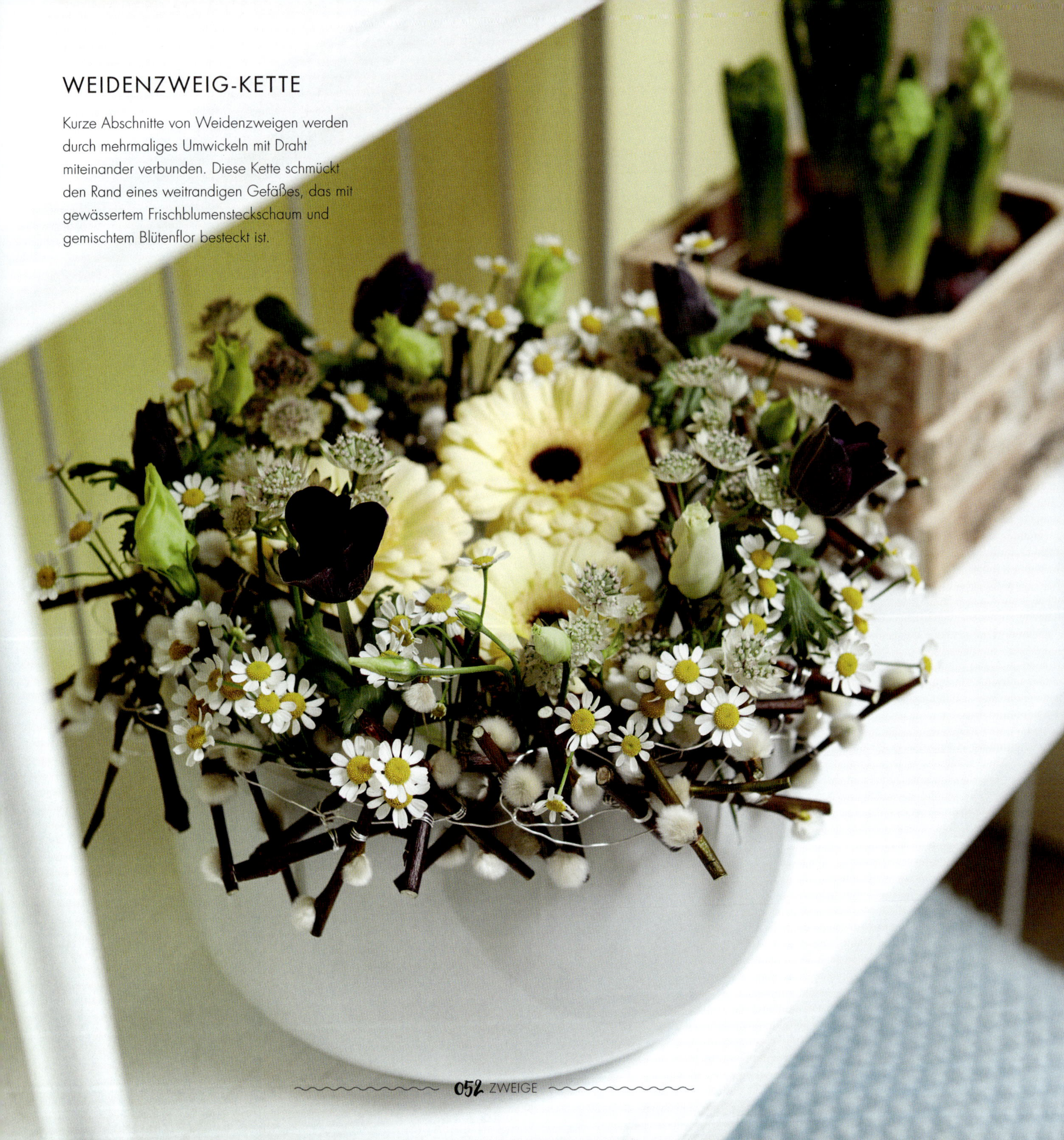

WEIDENZWEIG-KETTE

Kurze Abschnitte von Weidenzweigen werden durch mehrmaliges Umwickeln mit Draht miteinander verbunden. Diese Kette schmückt den Rand eines weitrandigen Gefäßes, das mit gewässertem Frischblumensteckschaum und gemischtem Blütenflor besteckt ist.

KÄTZCHEN-KRAGEN

Weidenkätzchenzweige, die mit Draht durch mehrmaliges Umwickeln zu einem Kranz verwoben werden, bilden einen schmuckvollen Rahmen. Prachtvoll präsentiert sich dazu der Strauß mit Frühlingsblumen in der Vase.

ZWEIG-BUCHSTABEN

Zweige verschiedener Strauch- und Baumarten zu mehreren mithilfe von Draht in Form von Buchstaben zusammenfügen. Kreuzungspunkte zusätzlich mit Bandumwicklungen versehen. Dabei sind unter anderem Kätzchenweide, Drachenweide, Birke, grün- und rotrindiger Hartriegel.

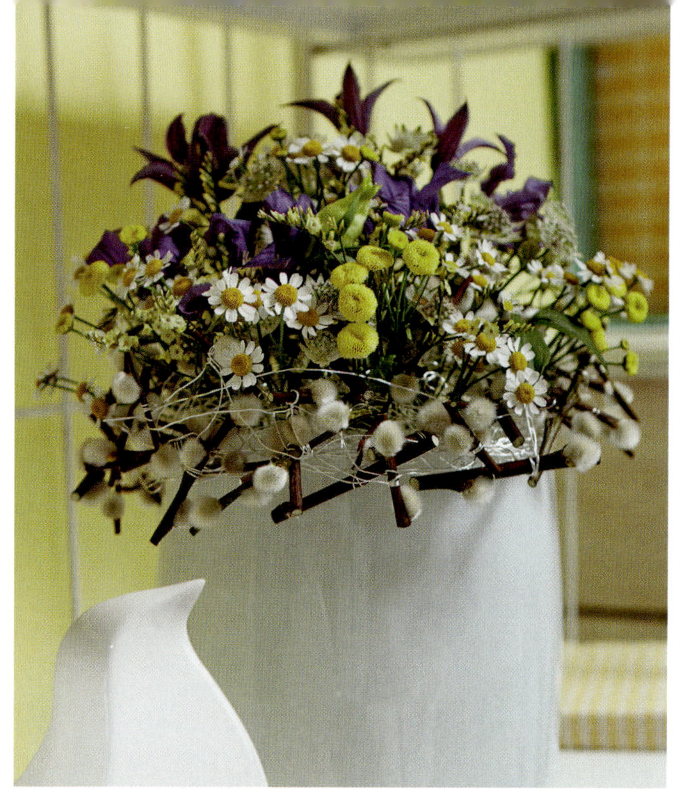

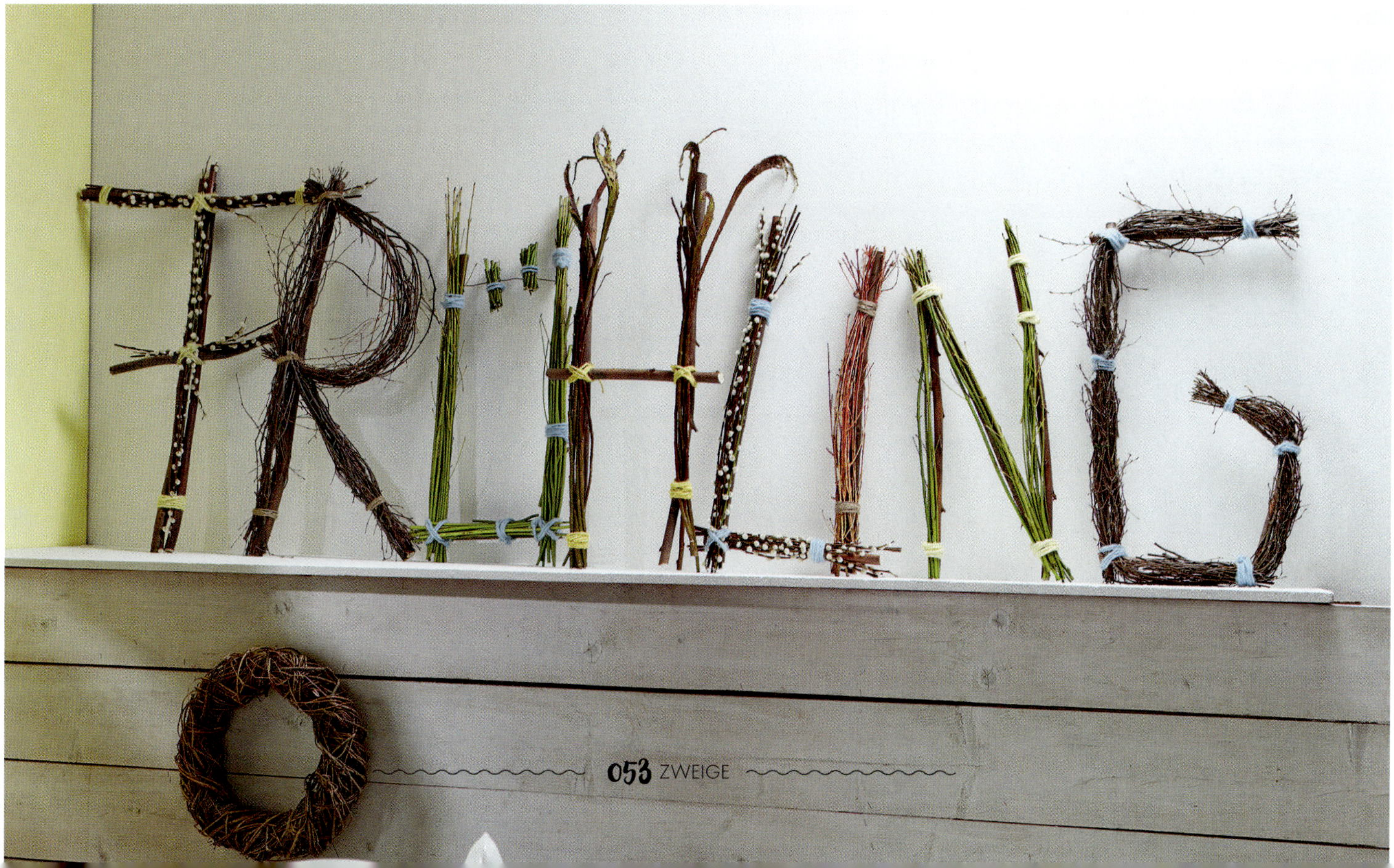

Was du brauchst:

Treibholz, Holzspieße, Trockenblumensteckschaum, Heißkleber, Gefäß, Band, Sand, künstliche Blüten

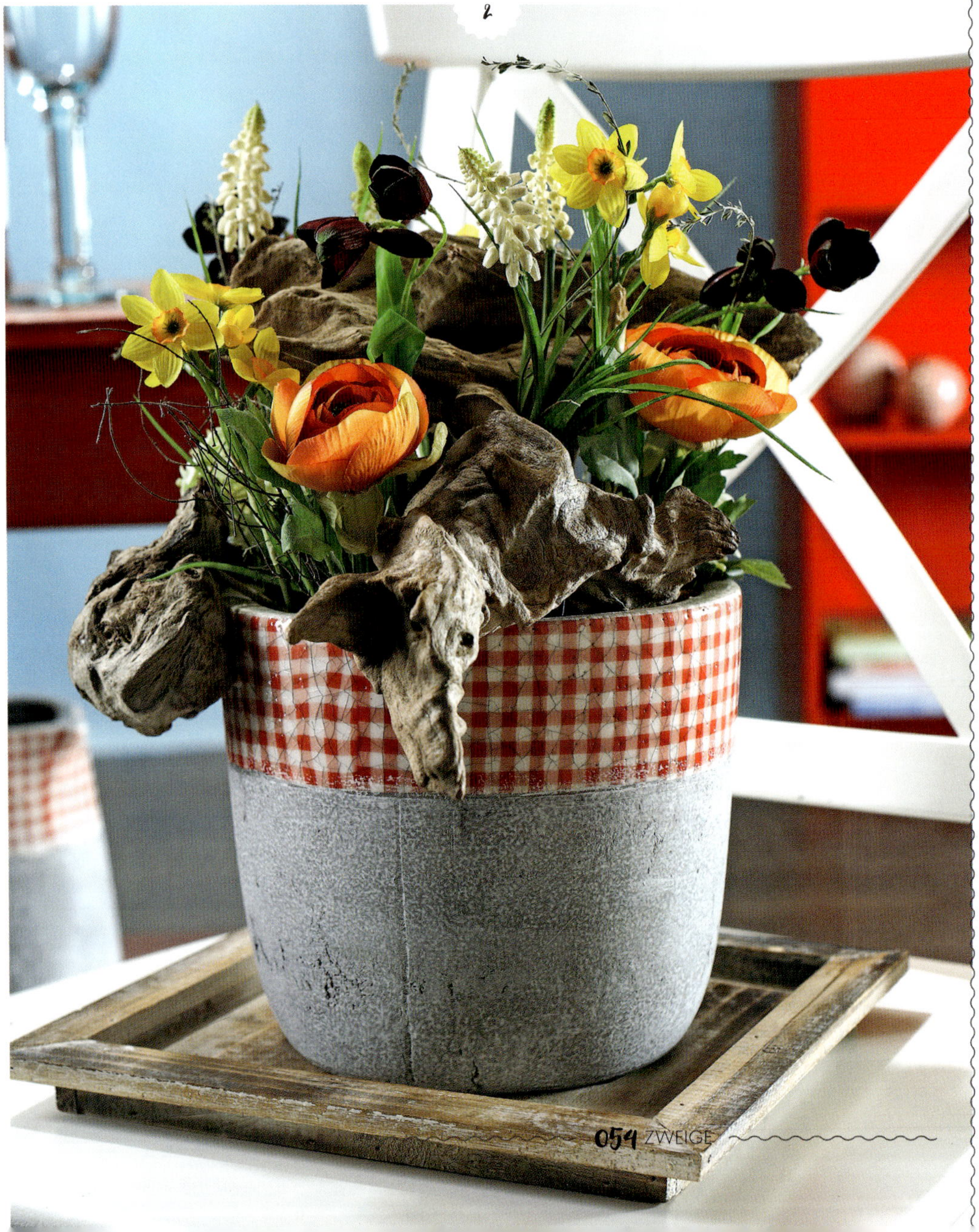

2

1. Das mit Band umwickelte Gefäß mit Steckschaum befüllen und rundherum mit Sand auffüllen.

2. Treibholz anbohren, Holzstab einstecken und ggf. festkleben und in den Steckschaum stecken. Mehrere überlappend anordnen und Blumen dazwischen einfügen.

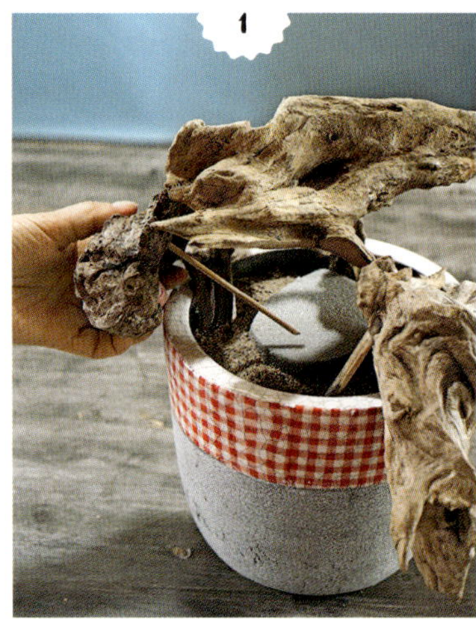

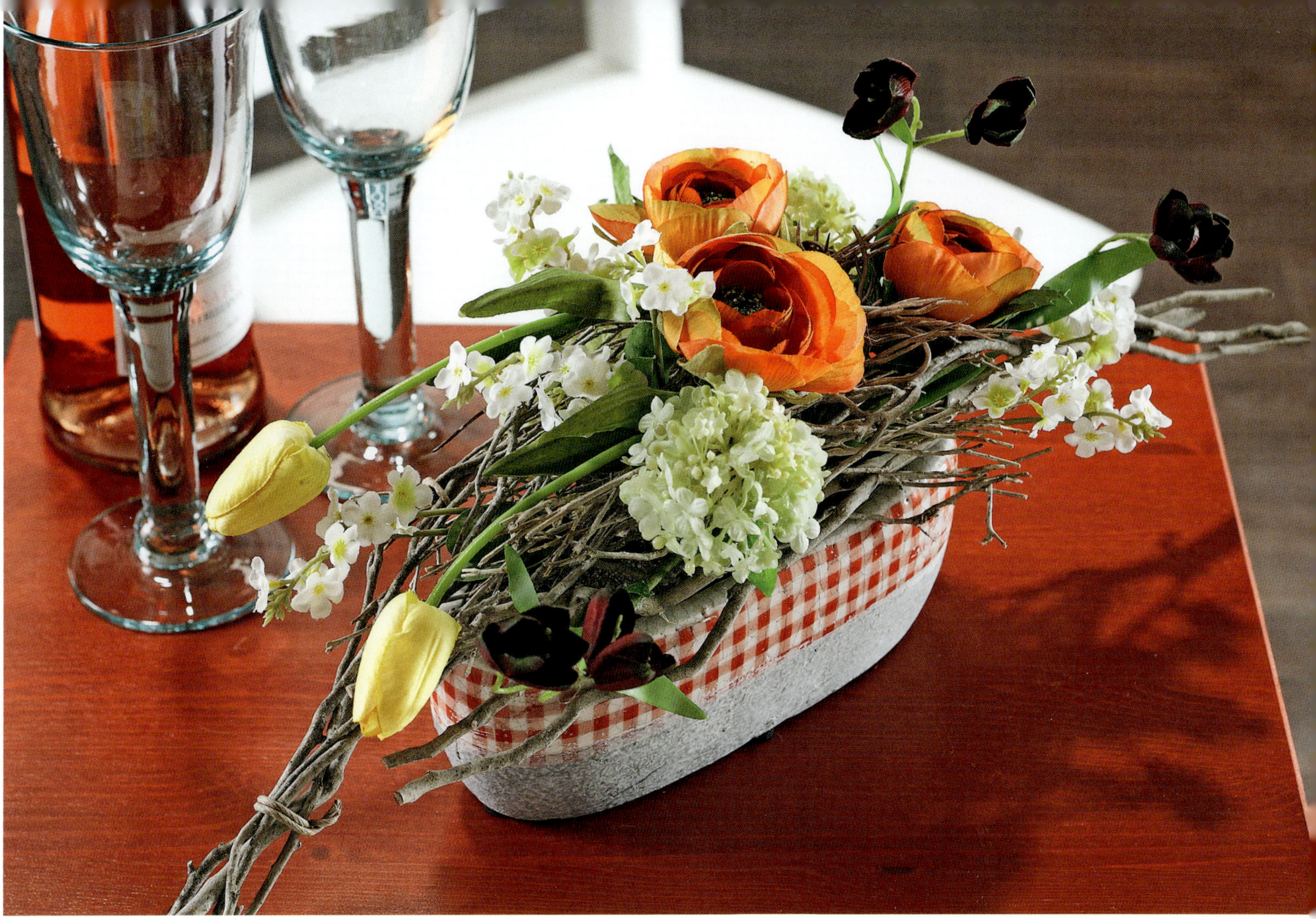

ZWEIG-GERÜST

Längliches Gefäß mit Trockenblumensteckschaum füllen, hierauf das zuvor zusammen gebundene Zweigbündel mit Drahtkrampen fixieren. Dann die künstlichen Blumen einstecken.

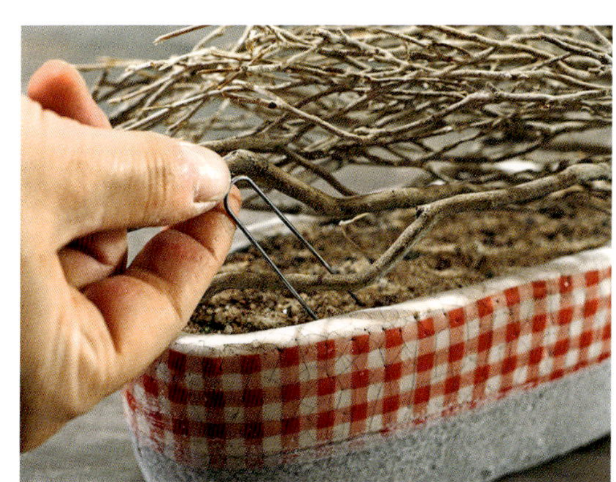

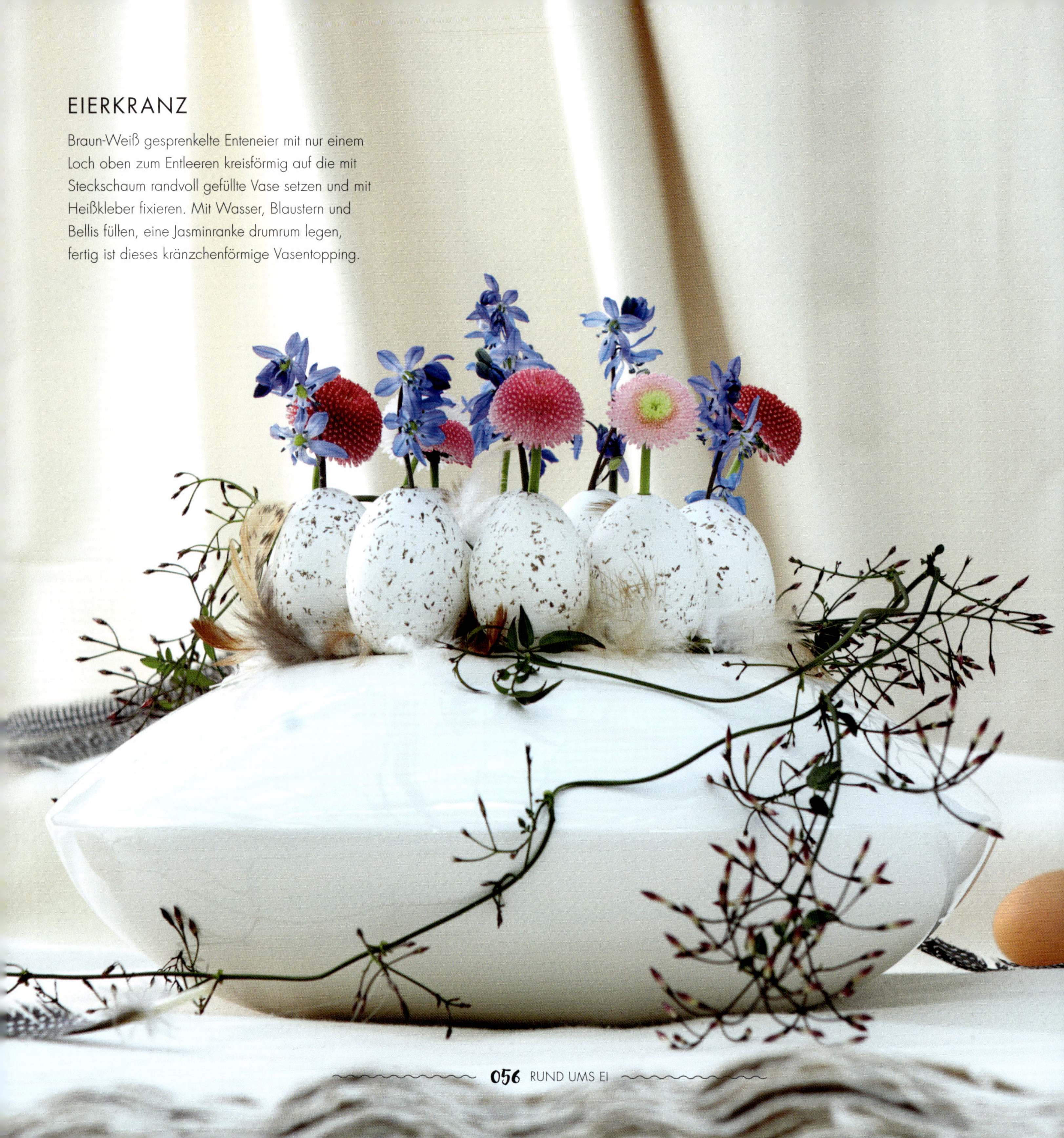

EIERKRANZ

Braun-Weiß gesprenkelte Enteneier mit nur einem Loch oben zum Entleeren kreisförmig auf die mit Steckschaum randvoll gefüllte Vase setzen und mit Heißkleber fixieren. Mit Wasser, Blaustern und Bellis füllen, eine Jasminranke drumrum legen, fertig ist dieses kränzchenförmige Vasentopping.

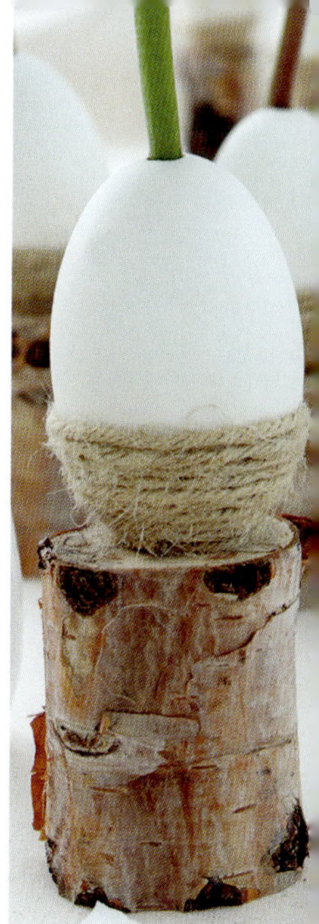

Rund ums Ei

Osterzeit ist Eierzeit! Ob klein oder groß, ob beklebt, genäht oder als Vase verwendet – in Kombination mit farbenfrohen Frühlingsblühern kommen die fragilen Klassiker jetzt ganz natürlich daher. Deshalb gilt es, frühzeitig Eier auszupusten, Eierschalen zu sammeln und auch mal dem Wachtel- oder Gänseei die Aufmerksamkeit zu schenken.

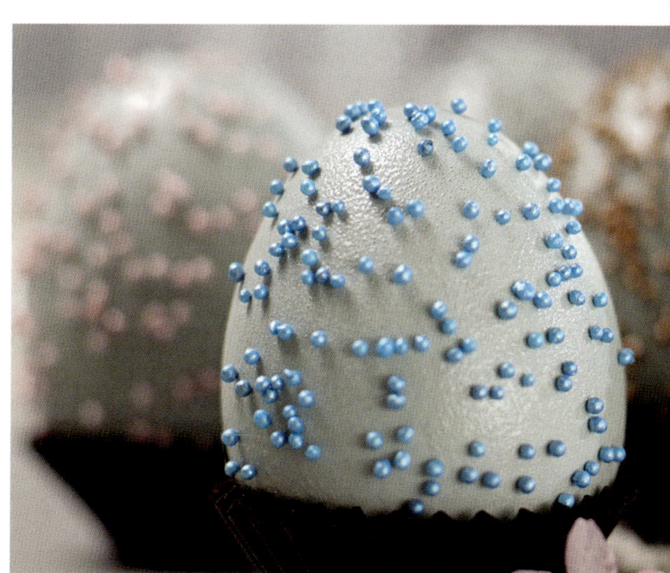

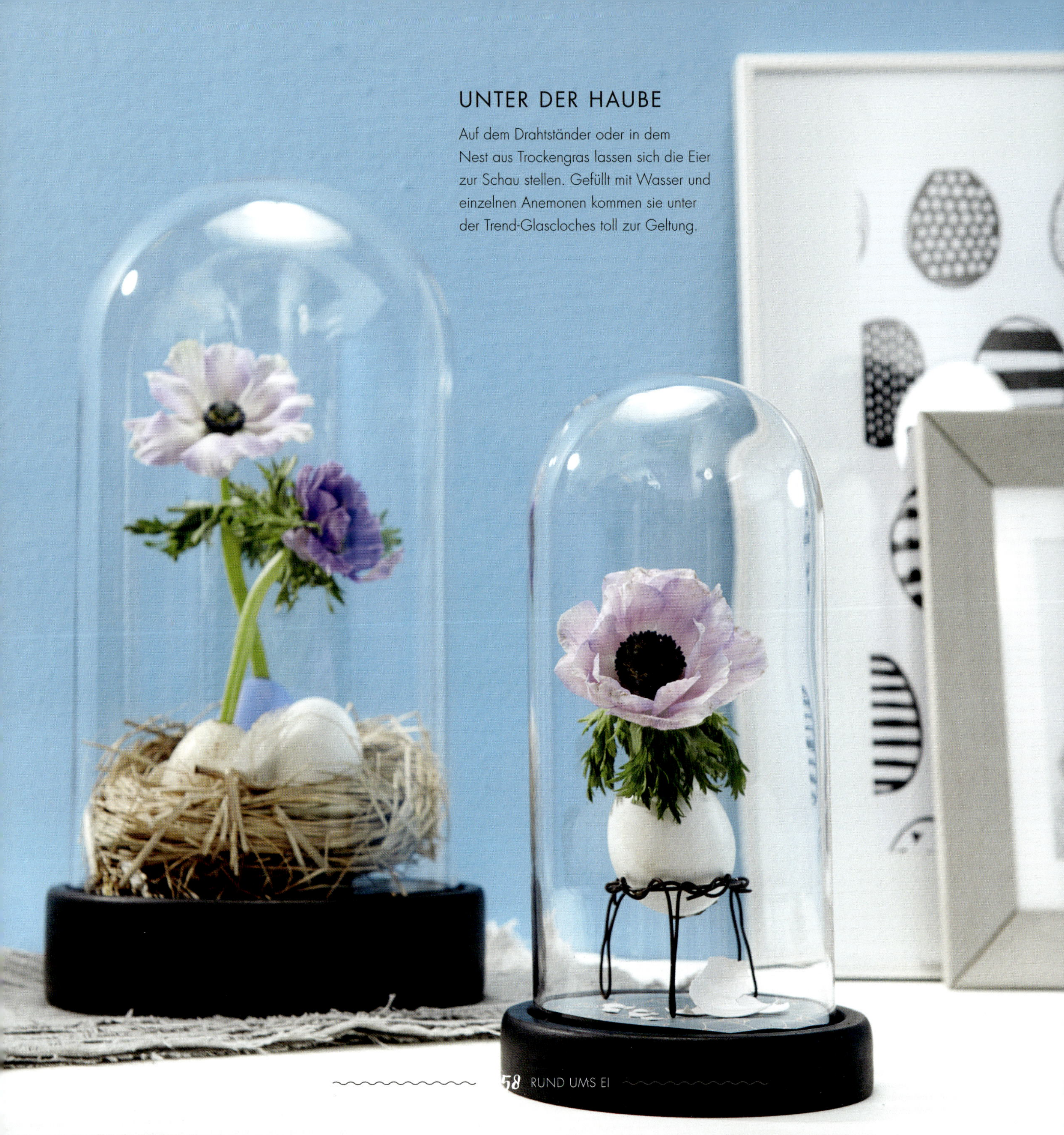

UNTER DER HAUBE

Auf dem Drahtständer oder in dem Nest aus Trockengras lassen sich die Eier zur Schau stellen. Gefüllt mit Wasser und einzelnen Anemonen kommen sie unter der Trend-Glascloches toll zur Geltung.

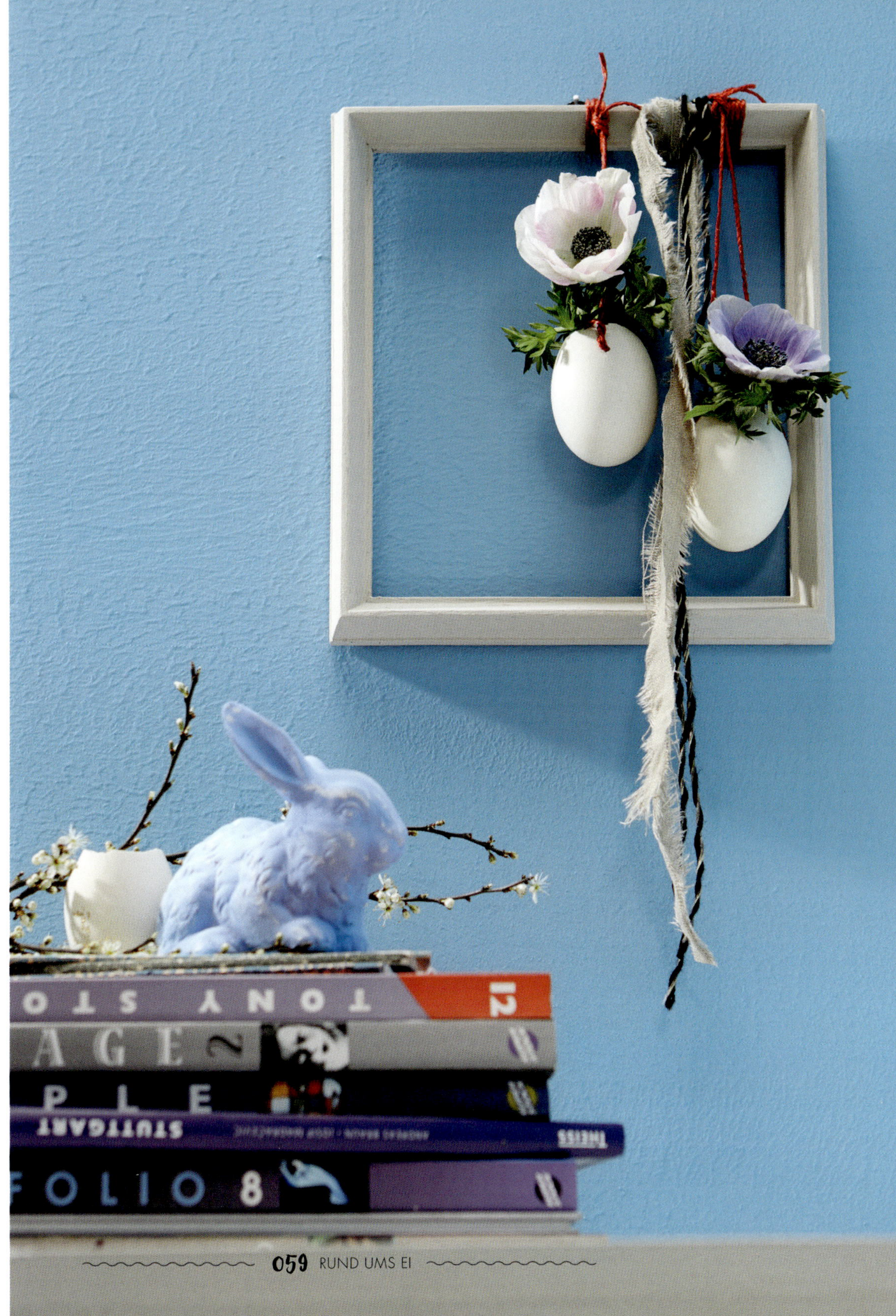

HÄNGEVASEN

Diese Eier fallen nicht aus dem Rahmen! Die zwei Löcher für die Aufhängung oben seitlich, sowie ein größeres mittig als Vasenöffnung und zum Entleeren der Eier mit dem Akkubohrer bohren. Nun Bänder zum Aufhängen am Rahmenrand durchziehen und mit Wasser und Blüten füllen.

EIER IM PAILLETTENKLEID

Im glitzernden Pailettenkleid passen die ausgeblasenen Eier perfekt zu den extravaganten, mehrfarbigen und gefüllten Tulpen. Die Eier im unteren Bereich mit Sprühkleber benetzen und in Pailetten tunken. Die geknotete Kordel schafft einen tollen Kontrast zum glamourösen Look.

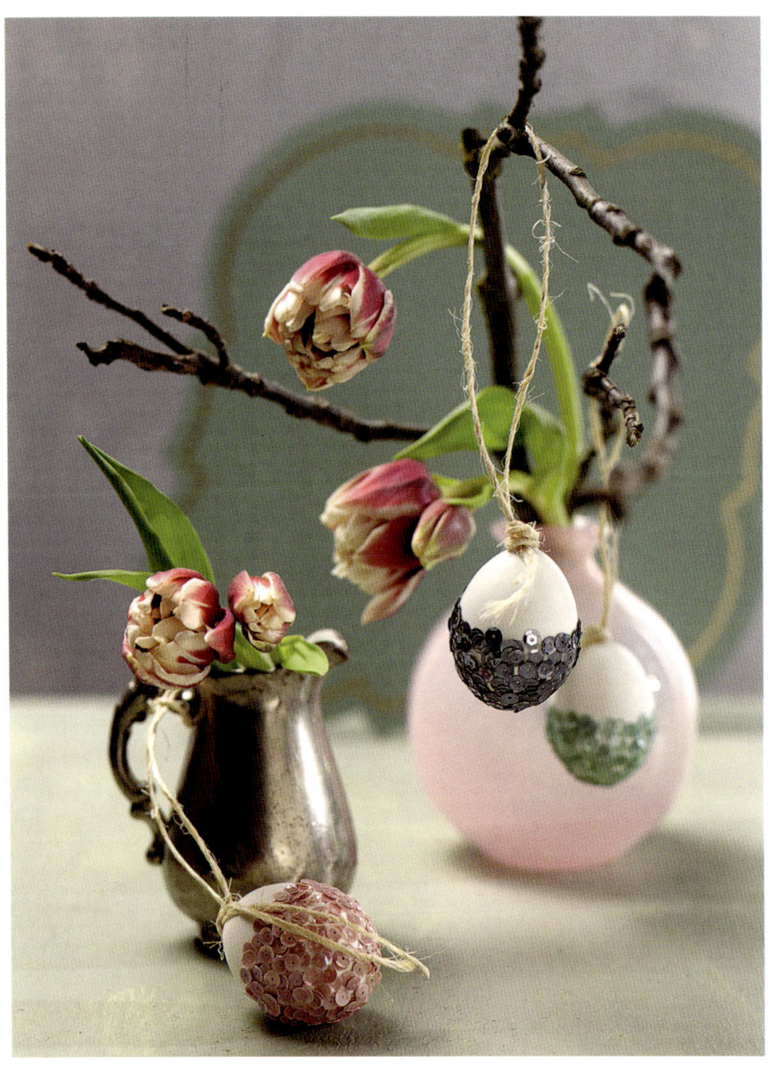

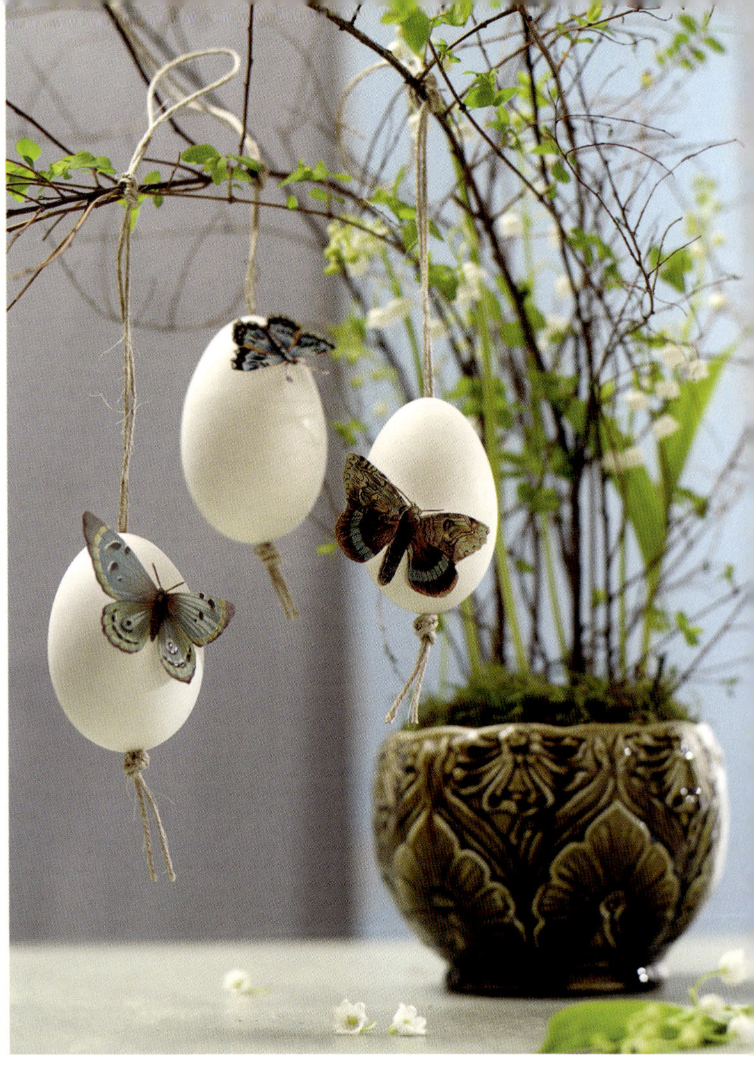

LANDEPLATZ

Schmetterlinge aus Papier haben sich auf den ausgeblasenen Hühnereiern niedergelassen. Dazu im Internet nach naturgetreuen Abbildungen suchen, diese ausdrucken, ausschneiden und auf die Eier kleben. Rustikale Paketkordel durch die Eier ziehen, verknoten und daran aufhängen.

STICHFEST

Damit der Kreuzstich in den Schalen gelingt und diese nicht in die Brüche gehen, werden die Löcher zuvor behutsam mit einem Gravurstift gebohrt. Eine größere Aussparung auf der Rückseite hilft beim Durchfädeln und zuvor beim Entleeren der Eier.

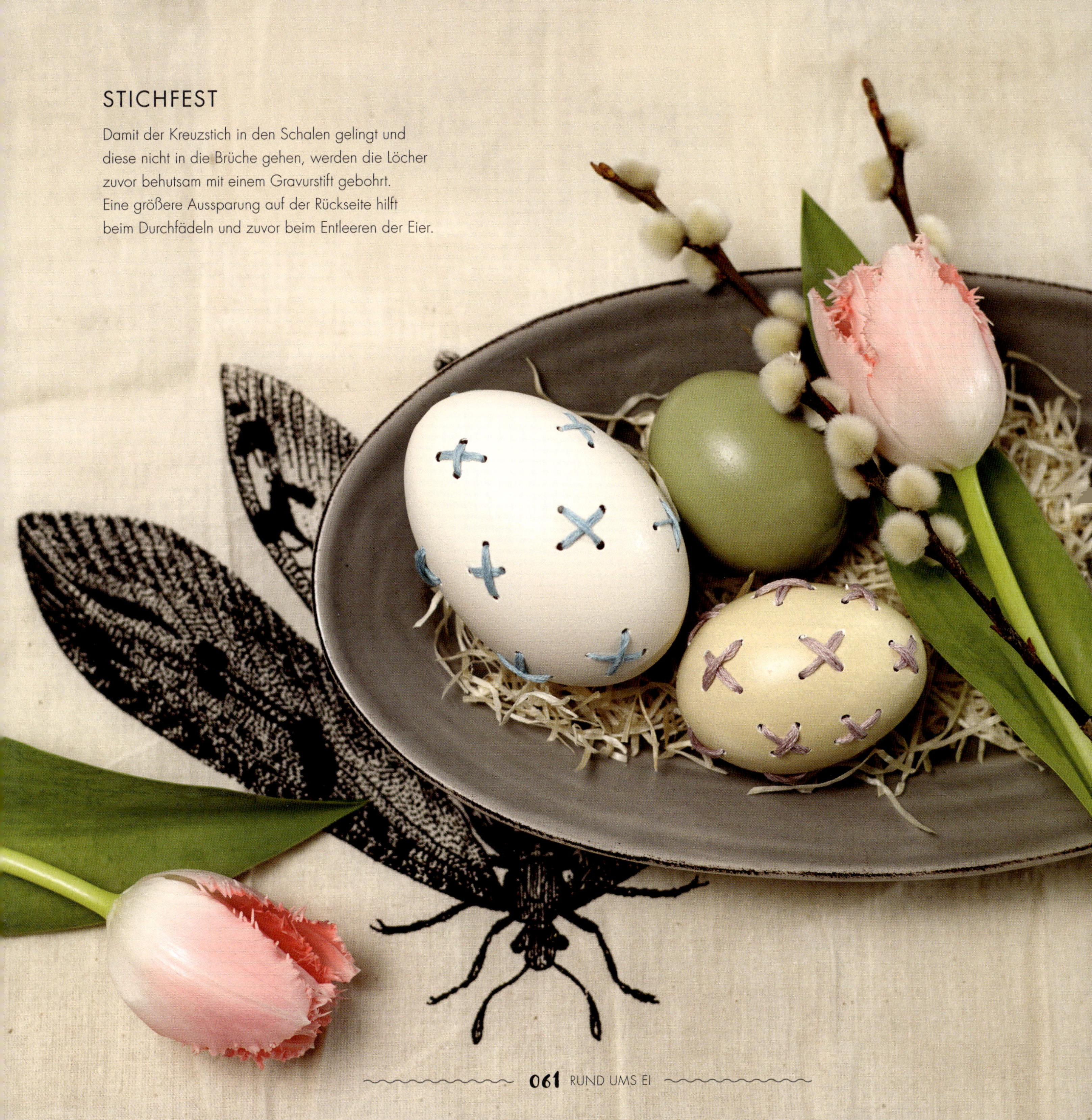

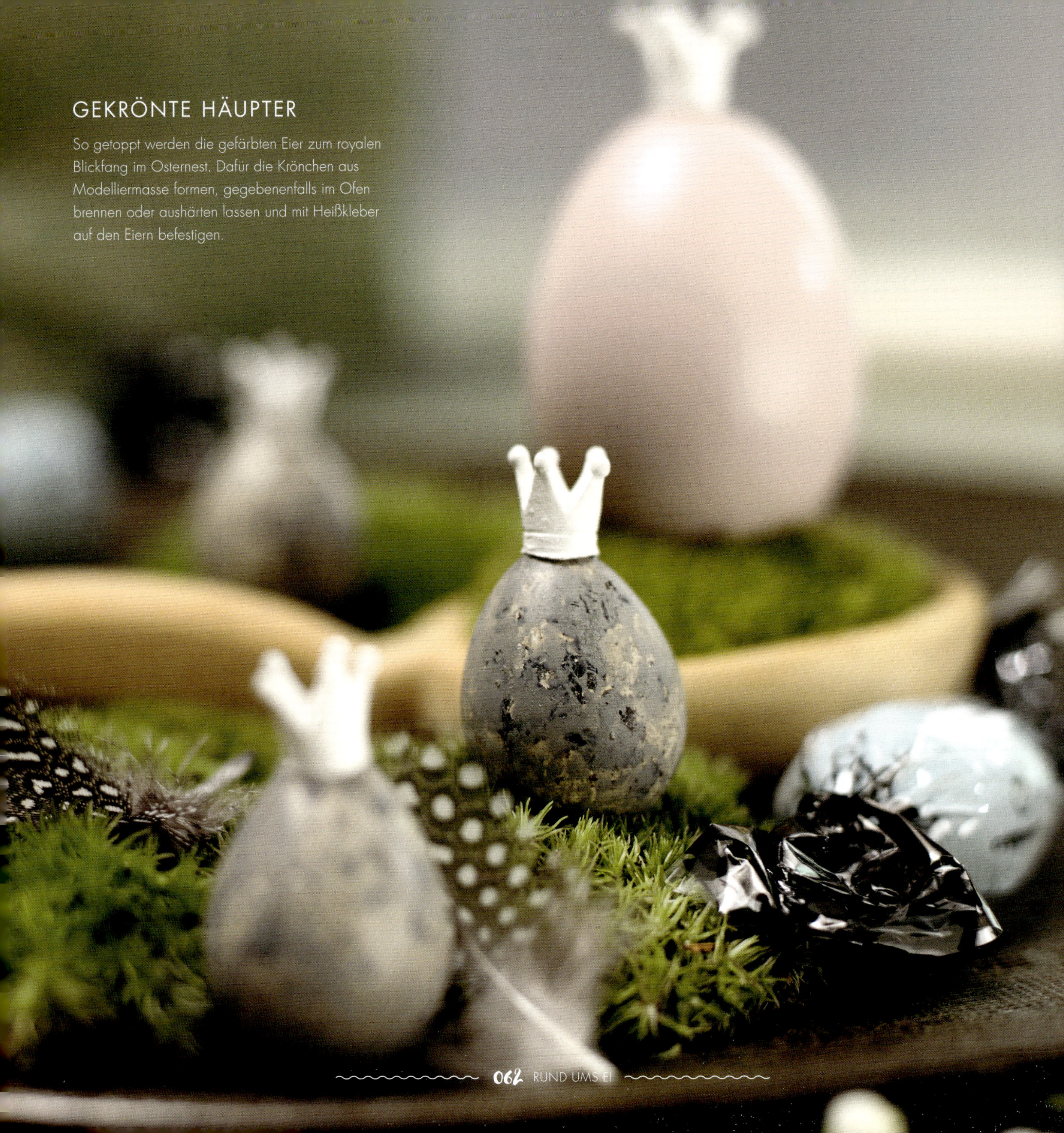

GEKRÖNTE HÄUPTER

So getoppt werden die gefärbten Eier zum royalen Blickfang im Osternest. Dafür die Krönchen aus Modelliermasse formen, gegebenenfalls im Ofen brennen oder aushärten lassen und mit Heißkleber auf den Eiern befestigen.

HALTUNGSHELFER

Durch die ausgeblasenen und in lichtem Grün kolorierten Hühnereier werden die Stängel der Frühlingsblüher gesteckt, die somit aufrechten Halt in Omas Kristallgläsern erlangen.

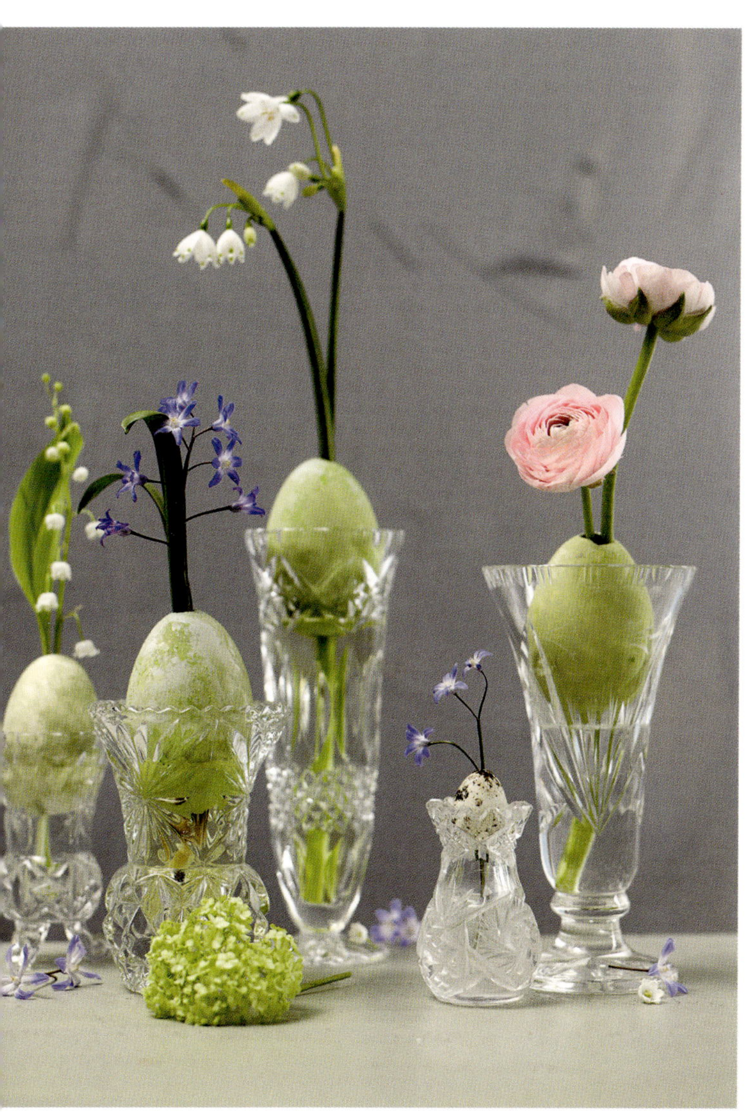

EINFACH SPITZE

Als kleine Vasen setzen die gefärbten Osterklassiker Tausendschön und Schachbrettblumen gekonnt in Szene. Zum Entleeren deshalb nur oben ein Loch in die Eier bohren. Spitzenband hält sie in Reih und Glied und wirkt romantisch.

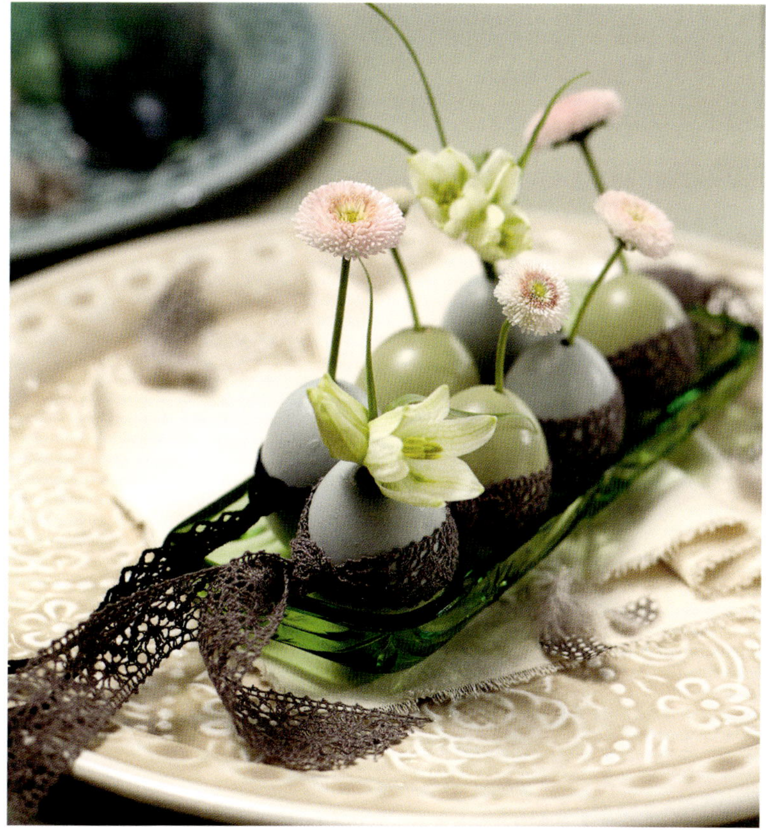

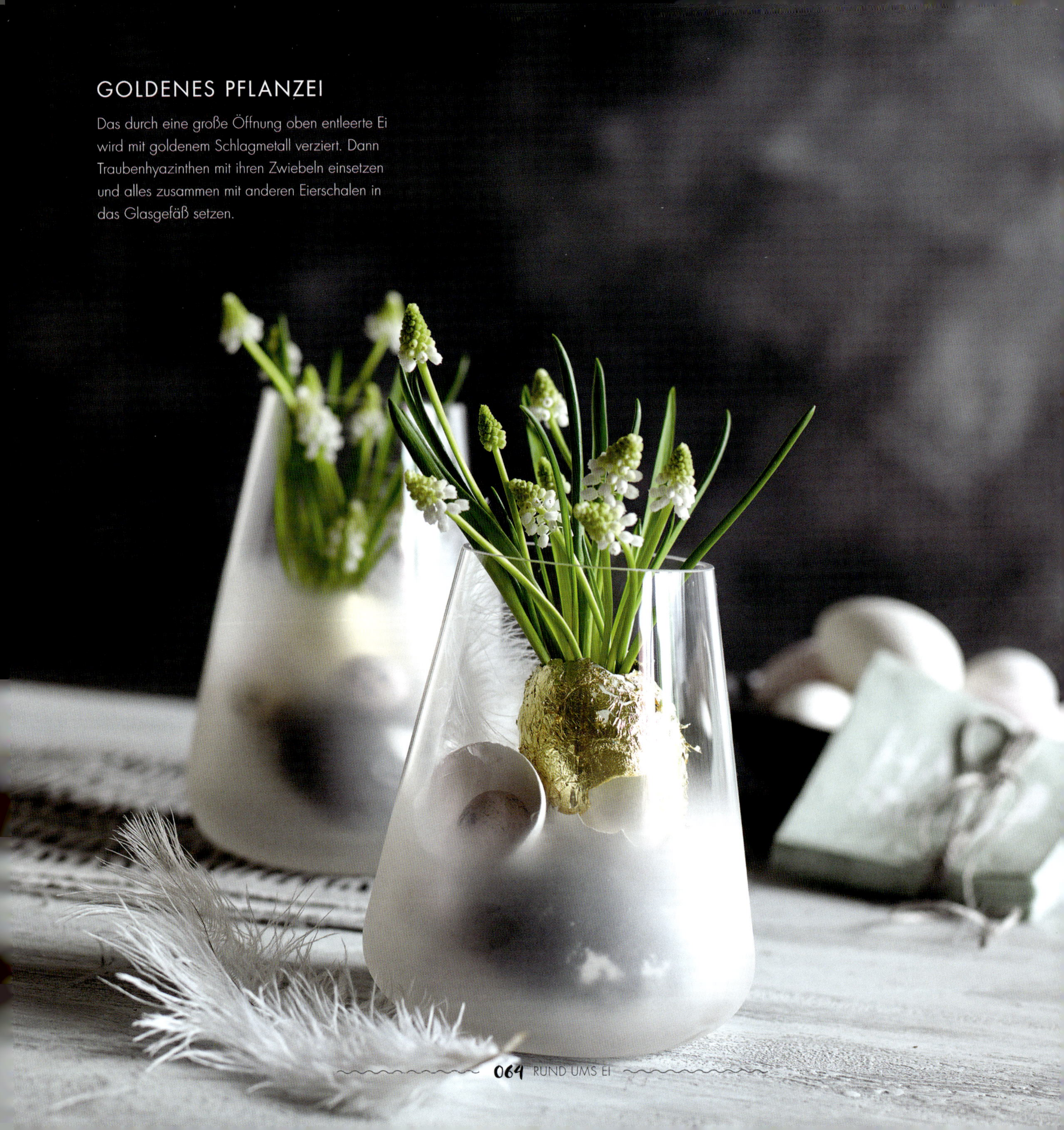

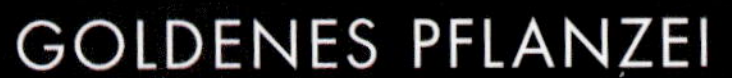

GOLDENES PFLANZEI

Das durch eine große Öffnung oben entleerte Ei wird mit goldenem Schlagmetall verziert. Dann Traubenhyazinthen mit ihren Zwiebeln einsetzen und alles zusammen mit anderen Eierschalen in das Glasgefäß setzen.

GOLDEN EYE

Vergoldetes ist auch zu Ostern ein Blickfang. Dazu einzelne Eierschalen von Hühnern oder Wachteln mit Schlagmetall vergolden oder in dünne Goldfolie wickeln. Im Nest aus Birkenzweigen, mit den Traubenhyazinthen, Federn und dem Porzellan zum stimmungsvollen Stillleben arrangieren.

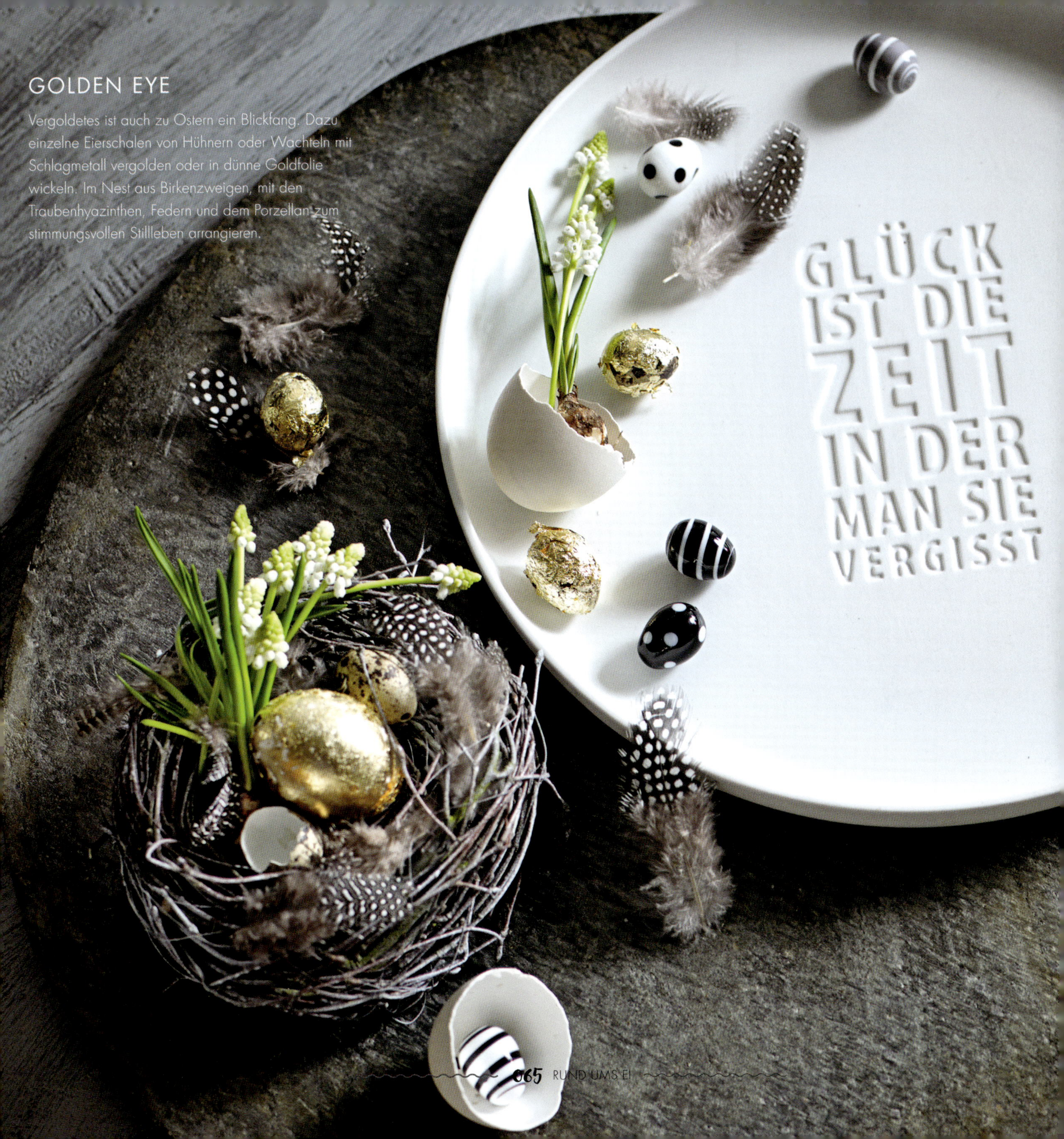

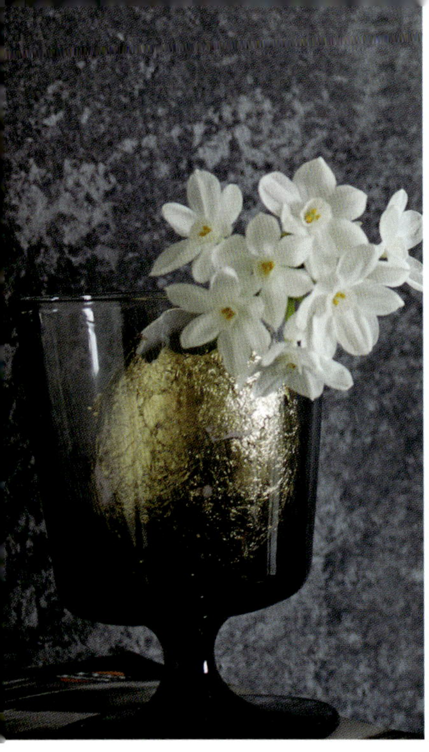

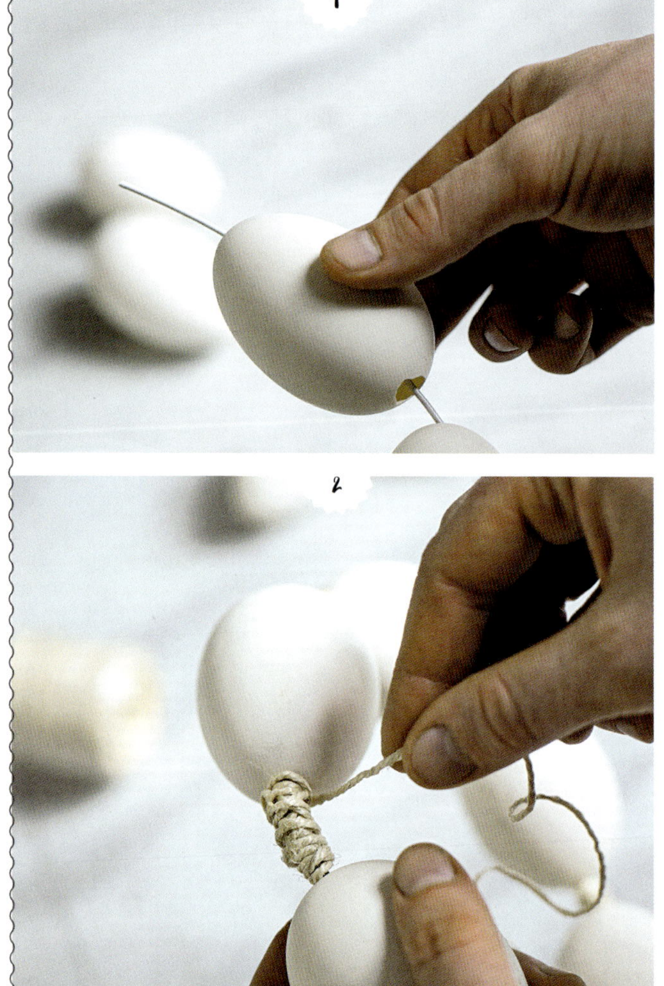

Was du brauchst:

Ausgepustete, weiße Gänseeier, Zierdraht, Kordel, weiße Federn, Aluminiumdraht, weiße Farbe, schwarzes Band

1. Ausgeblasene Eier auf Aluminiumdraht aufziehen und zum Kranz formen. Die Zwischenräume mit Kordel umwickeln und so die Eier fixieren.

2. Einen Ast mit weißer Farbe bestreichen, einzelne Bereiche mit schwarzer Kordel umwickeln oder mit Schlagmetall versehen und in eine Vase stellen. Den Eierkranz mit Kordel am Ast befestigen, Federn mit Zierdraht umbinden und ebenfalls am Ast fixieren.

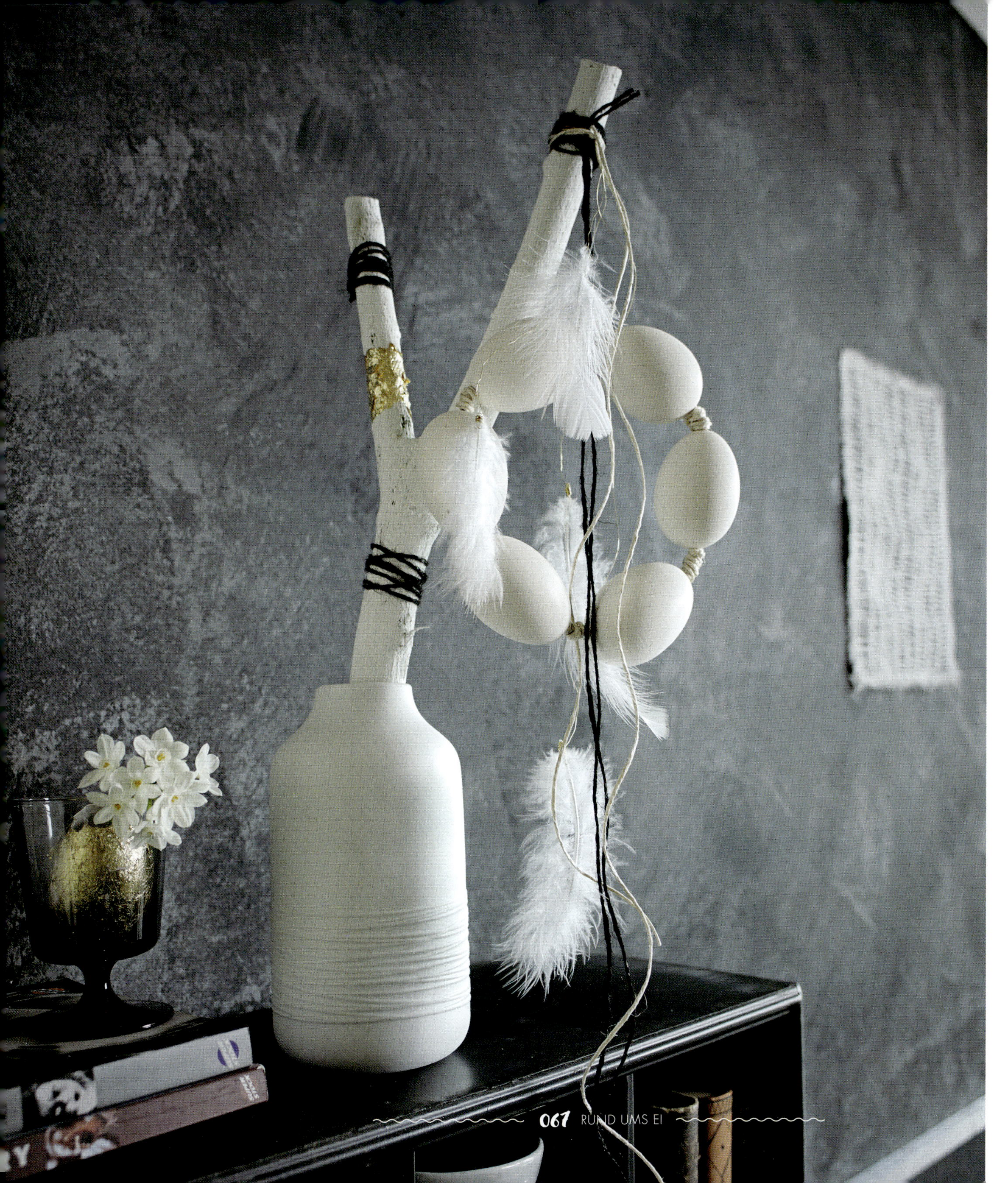

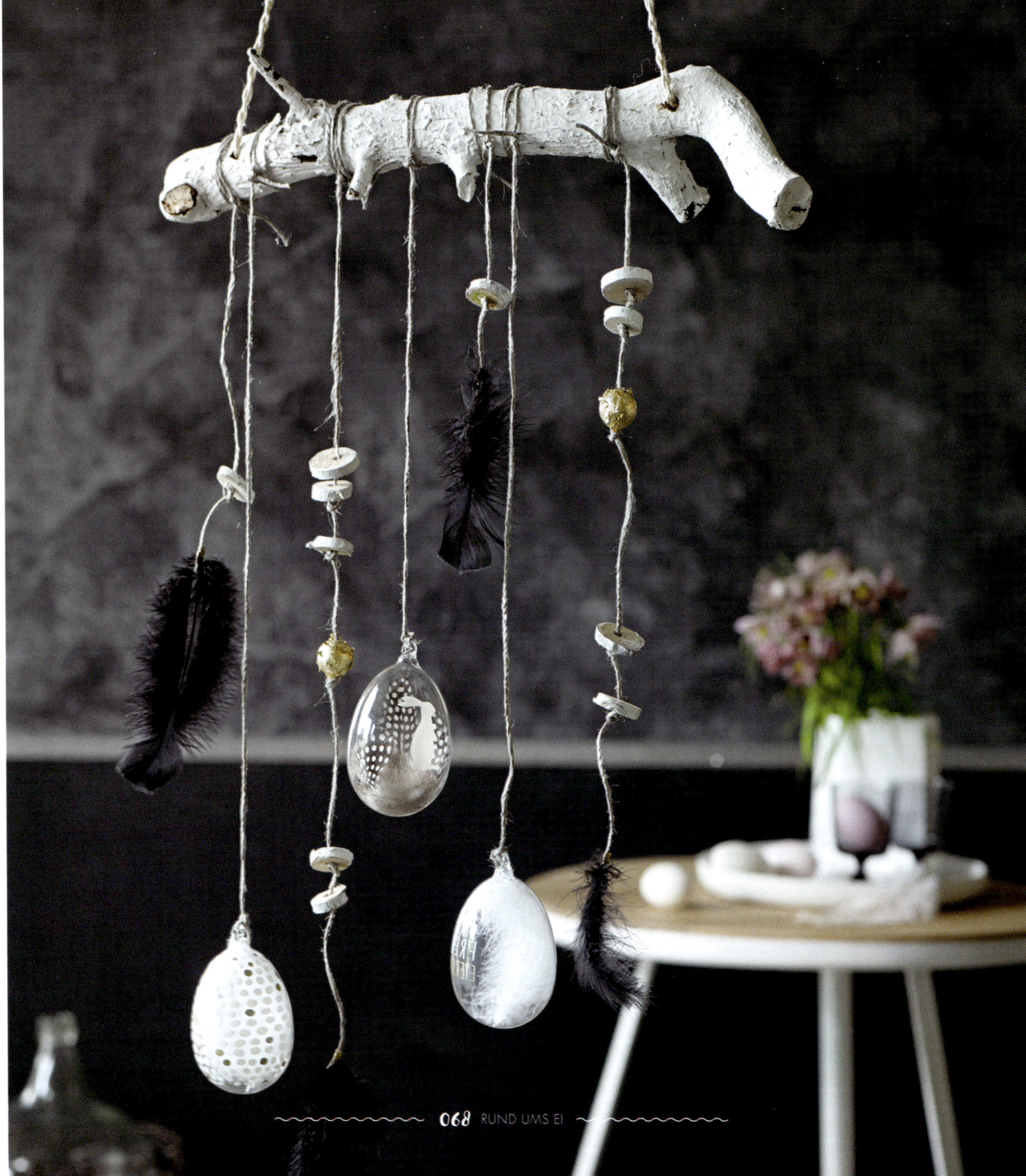

GLASEI-MOBILE

Mit Federn gefüllten gläsernen Eiern aus dem Handel lässt sich ein schmuckes Mobile gestalten. Die Eier zusammen mit schwarzen Federn, vergoldeten Kugeln und Holzscheiben auffädeln und an einen geweißten Ast binden.

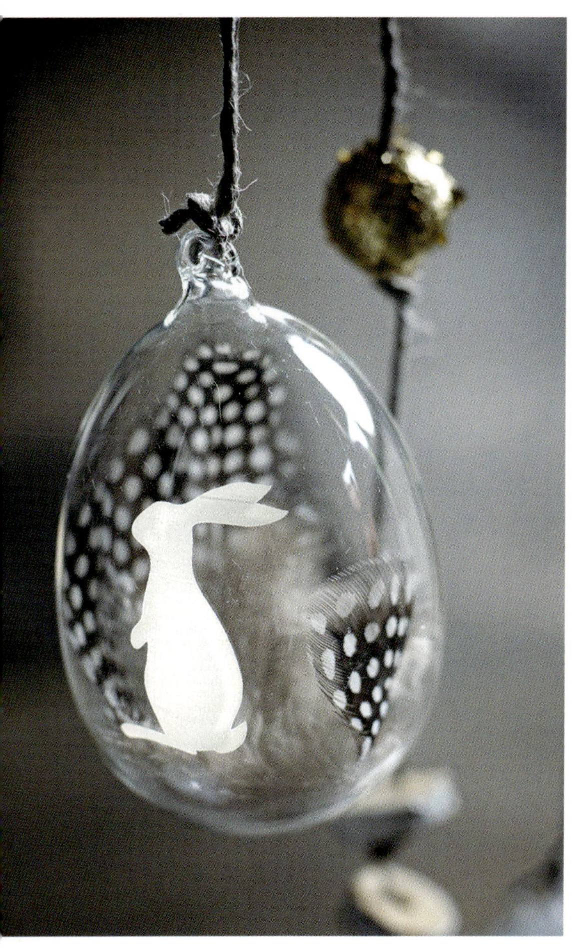

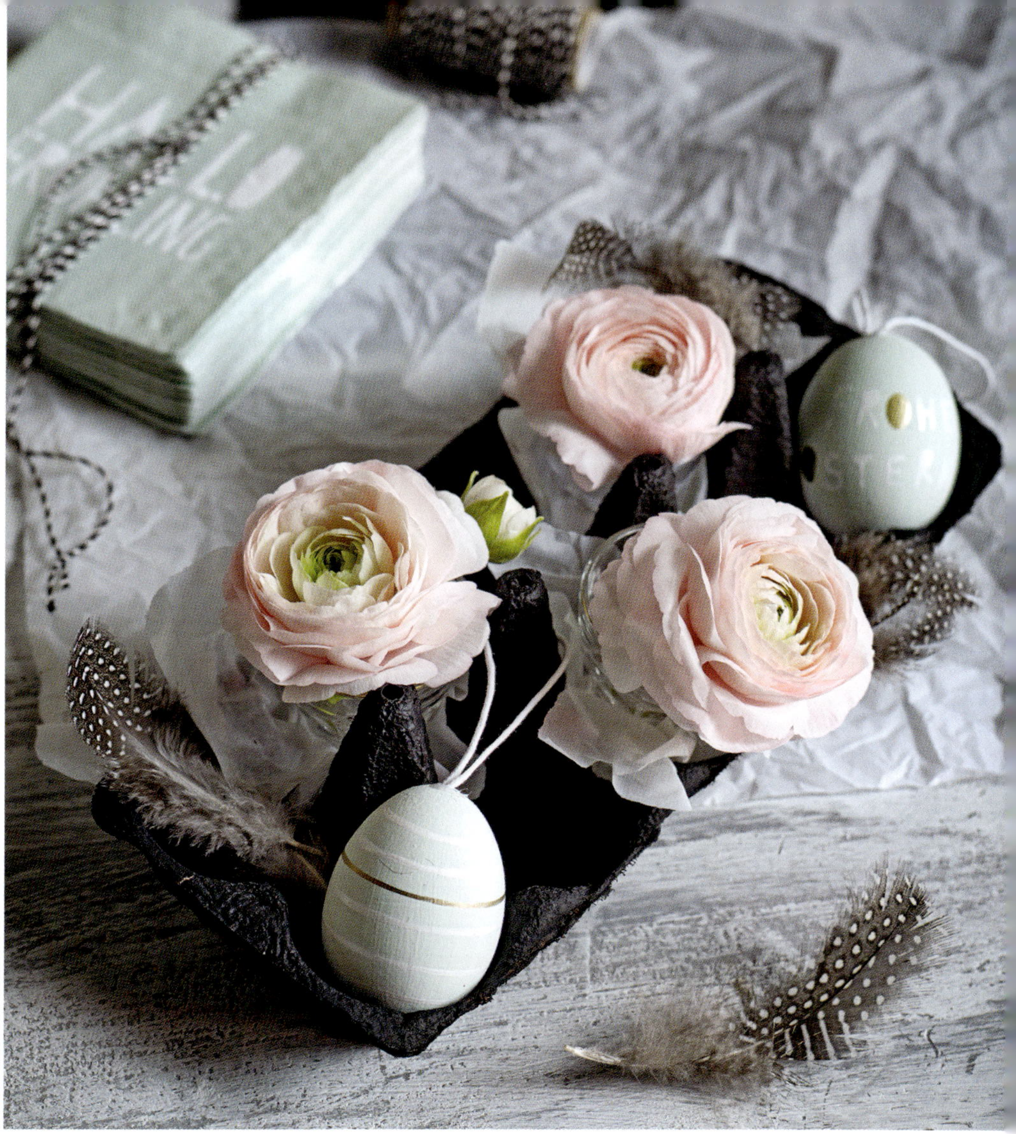

EIERKARTON RECYCLING

Den Karton wegwerfen? Nein! Lieber verwandeln wir ihn mit schwarzer Farbe in eine Schale für die in Mintgrün angemalten Ostereier. Dazwischen einige Eierschalen als Blumenvase setzen und mit rosa Ranunkeln füllen. Seidenpapier sorgt für sicheren Stand.

NATURGEFÄRBTES EI

Mithilfe eines Nylonstrumpfes, der stramm über die Eier gezogen wird, um damit auf der Schale platzierte Gräser oder Blättchen zu fixieren, werden diese im Zwiebelsud gefärbt. Dazu zwei Zwiebeln zum Kochen bringen, Eier ins kochende Wasser legen und dann abkühlen lassen. Die Floralien zeichnen sich dann als Schattenriss ab.

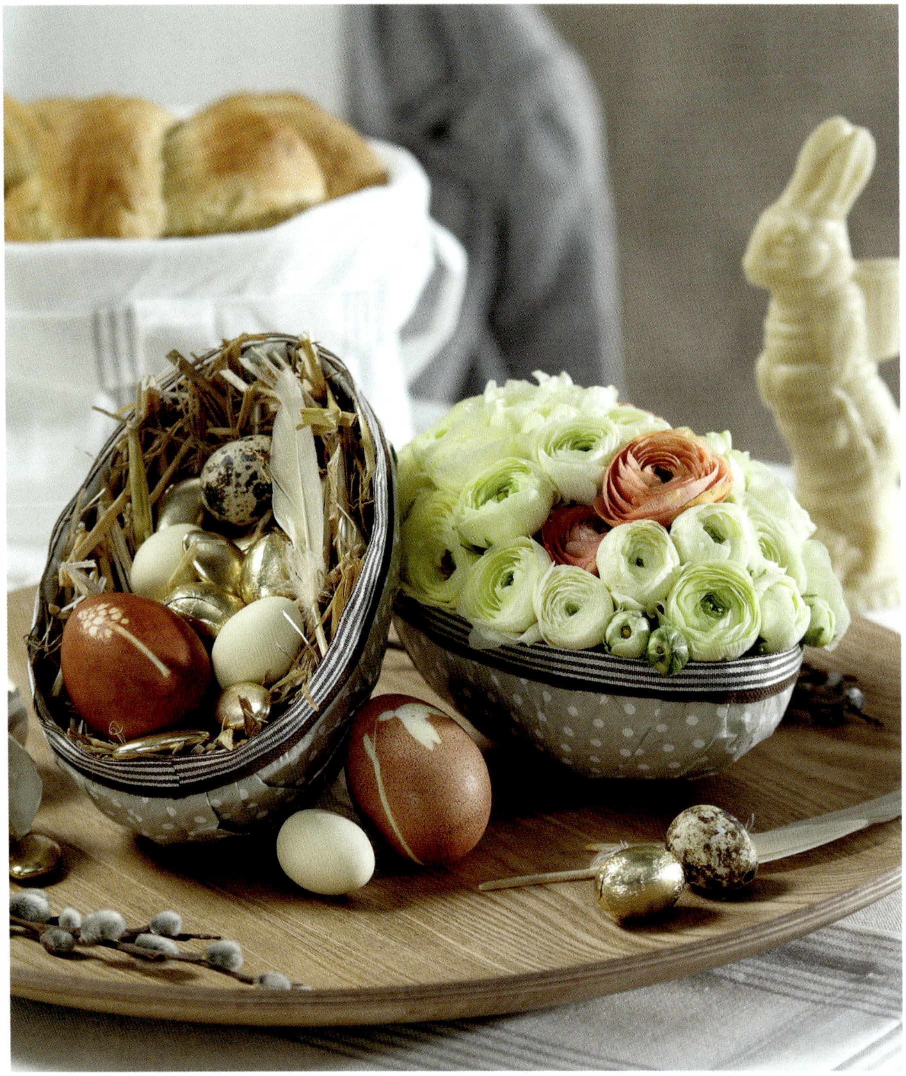

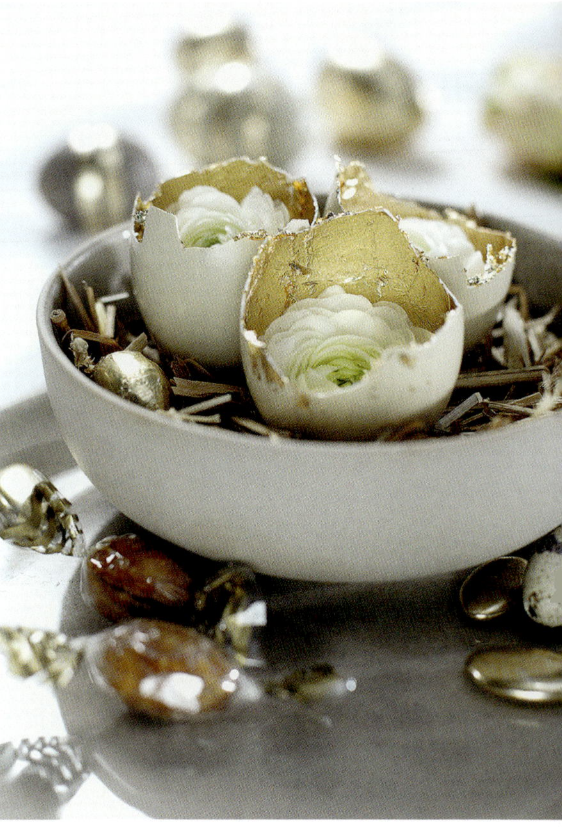

GLANZVOLLE MOMENTE

Die aufgebrochenen und von innen mit Schlagmetall vergoldeten Eier kommen mit weißen Ranunkeln geschmückt und in einer mit Stroh ausgelegten Schale ganz groß raus.

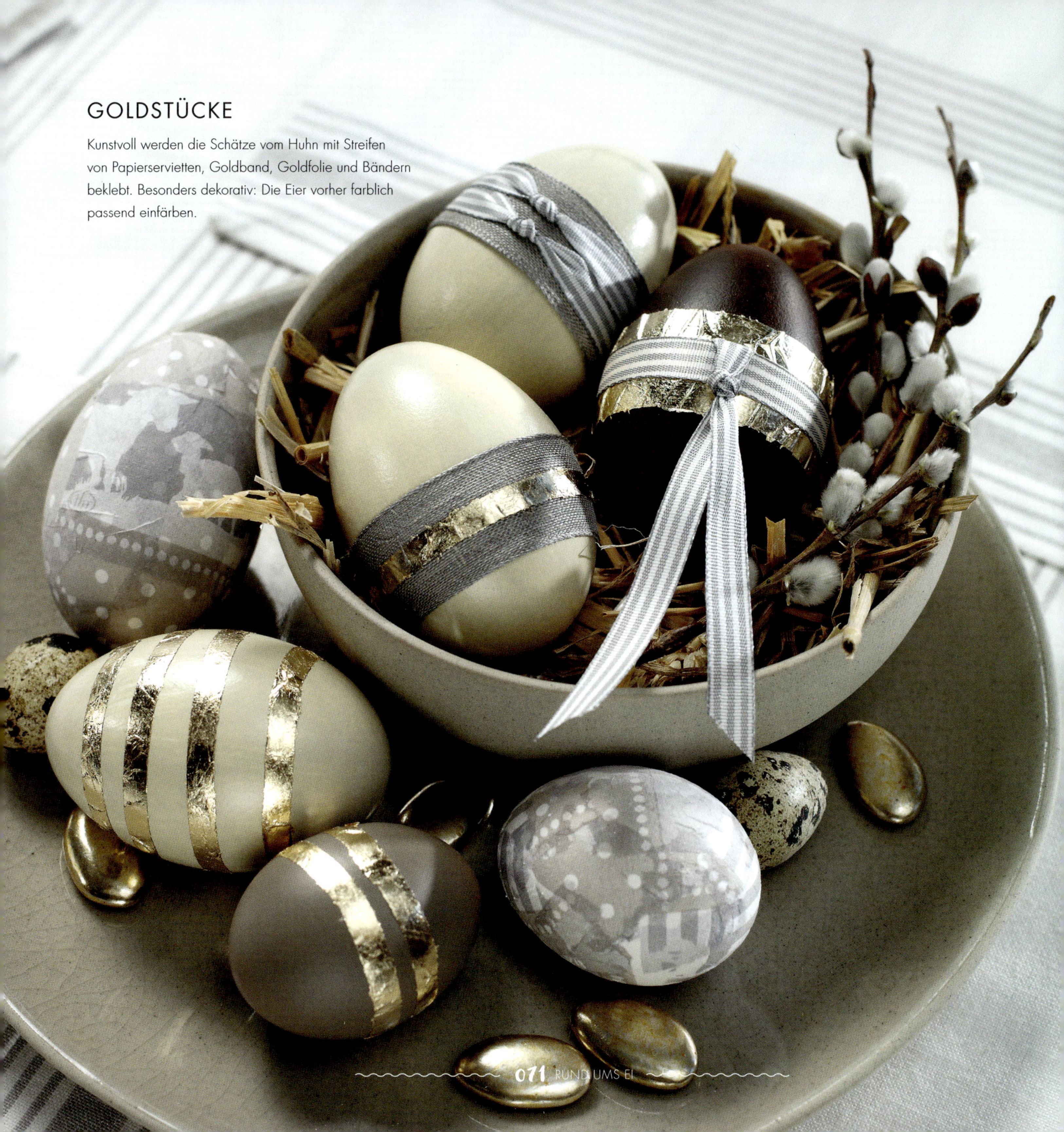

GOLDSTÜCKE

Kunstvoll werden die Schätze vom Huhn mit Streifen von Papierservietten, Goldband, Goldfolie und Bändern beklebt. Besonders dekorativ: Die Eier vorher farblich passend einfärben.

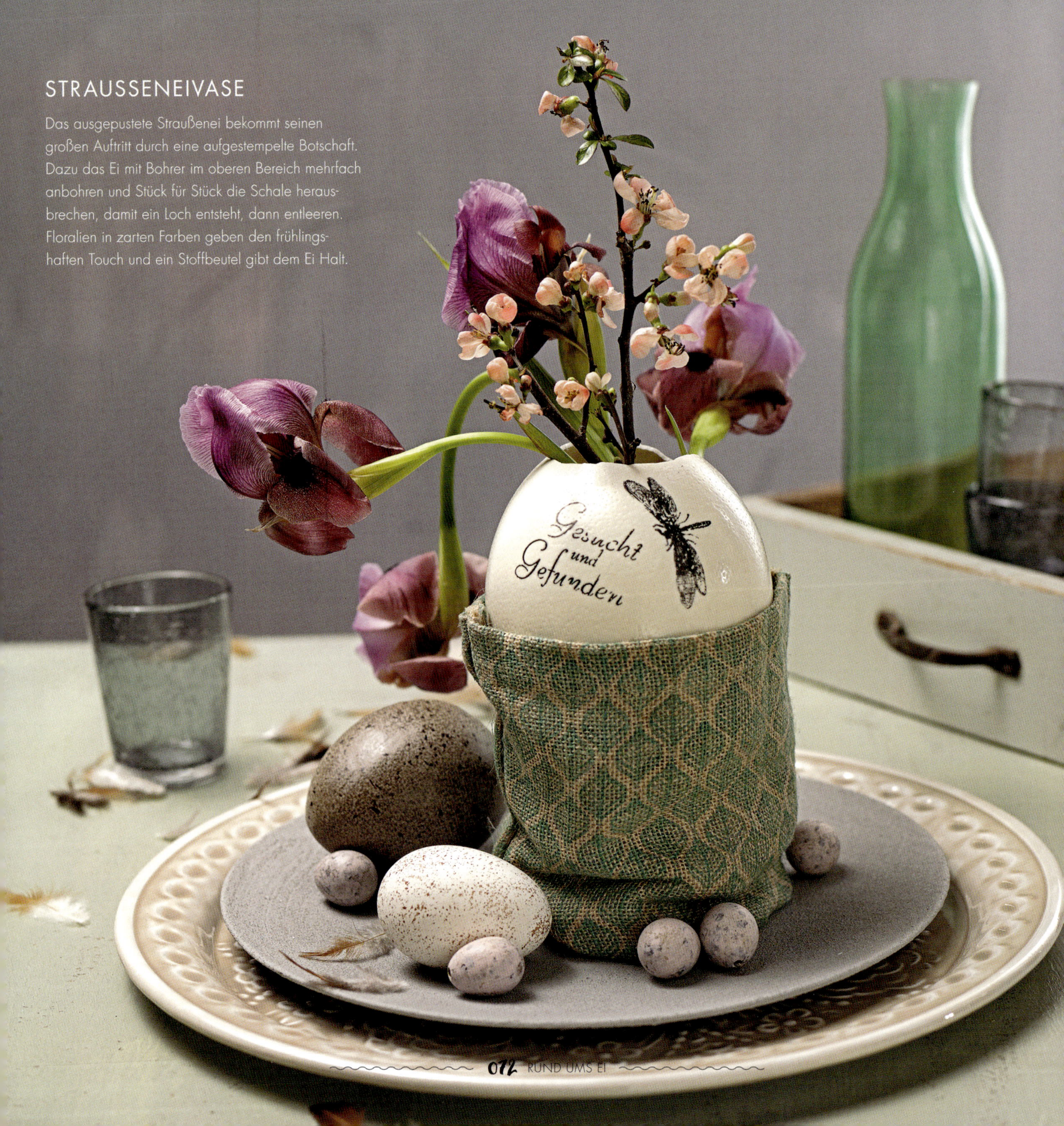

STRAUSSENEIVASE

Das ausgepustete Straußenei bekommt seinen großen Auftritt durch eine aufgestempelte Botschaft. Dazu das Ei mit Bohrer im oberen Bereich mehrfach anbohren und Stück für Stück die Schale herausbrechen, damit ein Loch entsteht, dann entleeren. Floralien in zarten Farben geben den frühlingshaften Touch und ein Stoffbeutel gibt dem Ei Halt.

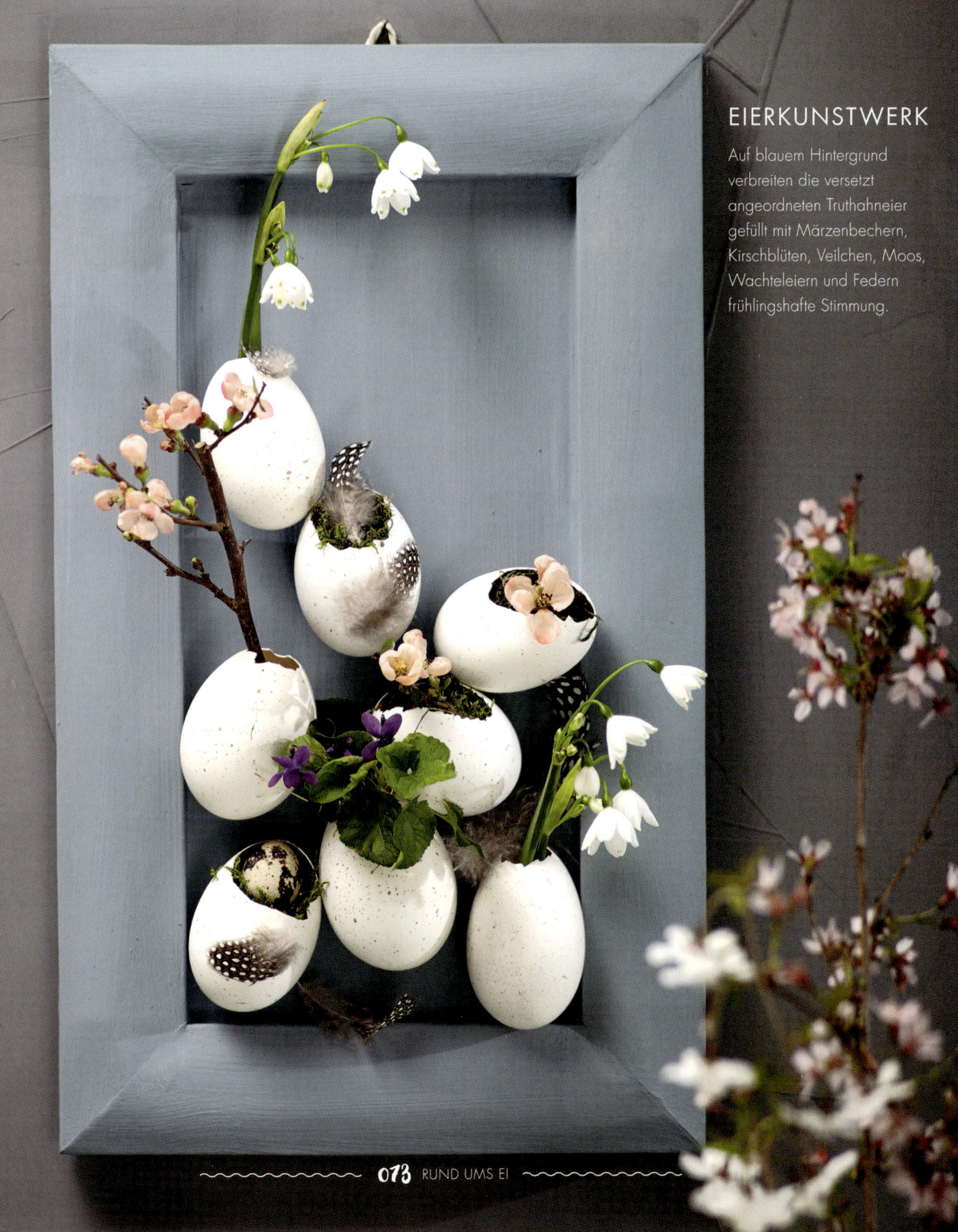

EIERKUNSTWERK

Auf blauem Hintergrund verbreiten die versetzt angeordneten Truthahneier gefüllt mit Märzenbechern, Kirschblüten, Veilchen, Moos, Wachteleiern und Federn frühlingshafte Stimmung.

UMZINGELT

Blütengefüllte Eier, die mit Heißkleber in unterschiedlichen Höhen aneinander geklebt werden, rahmen eine Keramikschale mit passender Kerze dekorativ ein. Achtung: Eier durch ein kleines Loch im oberen Bereich entleeren! Dazu mittels Trinkhalm Eidotter und Eigelb heraussaugen.

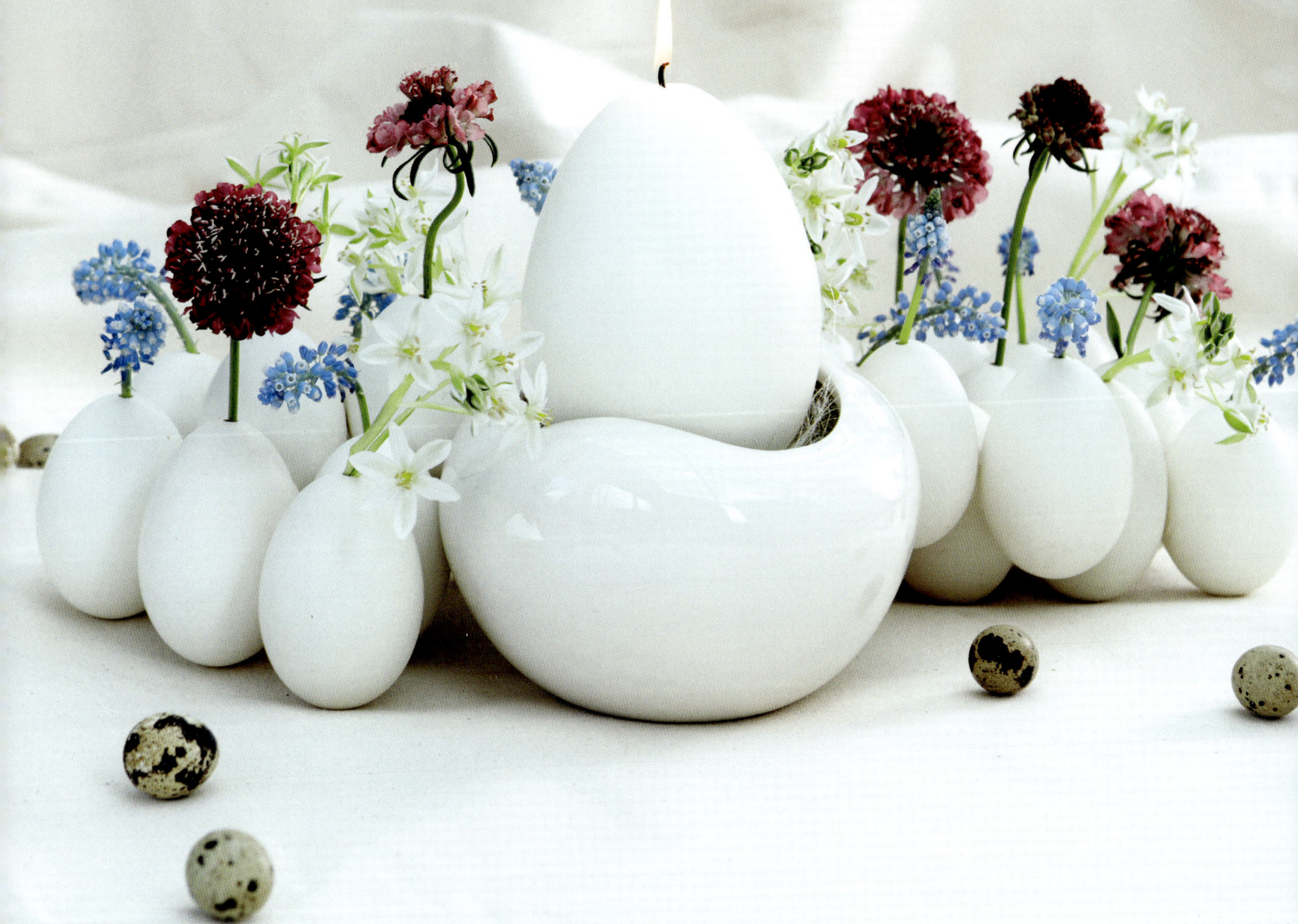

HOCH HINAUS

Gänseeier eignen sich aufgrund ihrer Größe besonders gut als Vasen für einzelne Blüten. Verziert werden sie durch Kordelumwicklung im unteren Bereich, die mit Heißkleber befestigt wird. Abschnitte von Birkenzweigen heben diese Eiervasen in die Höhe.

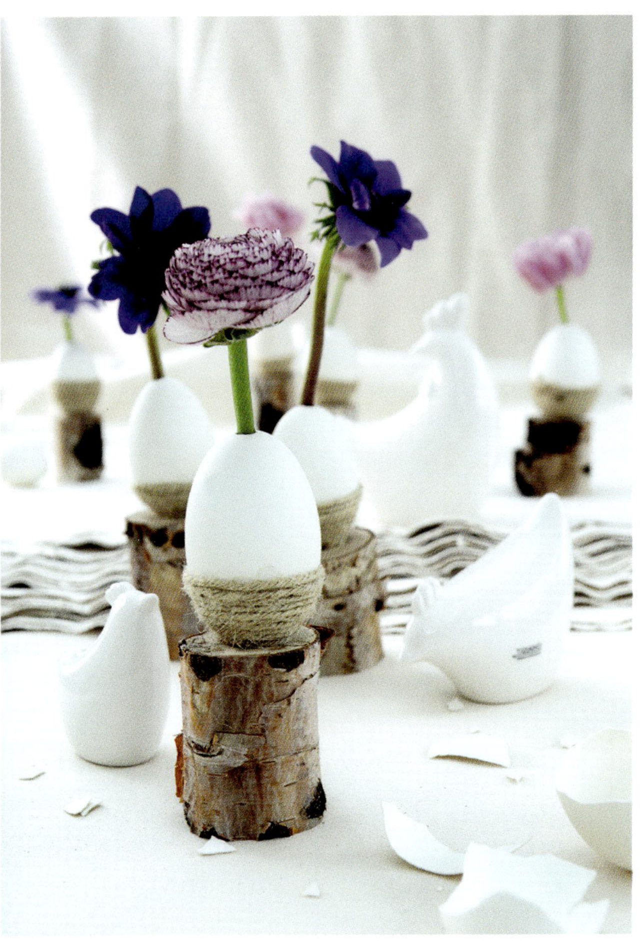

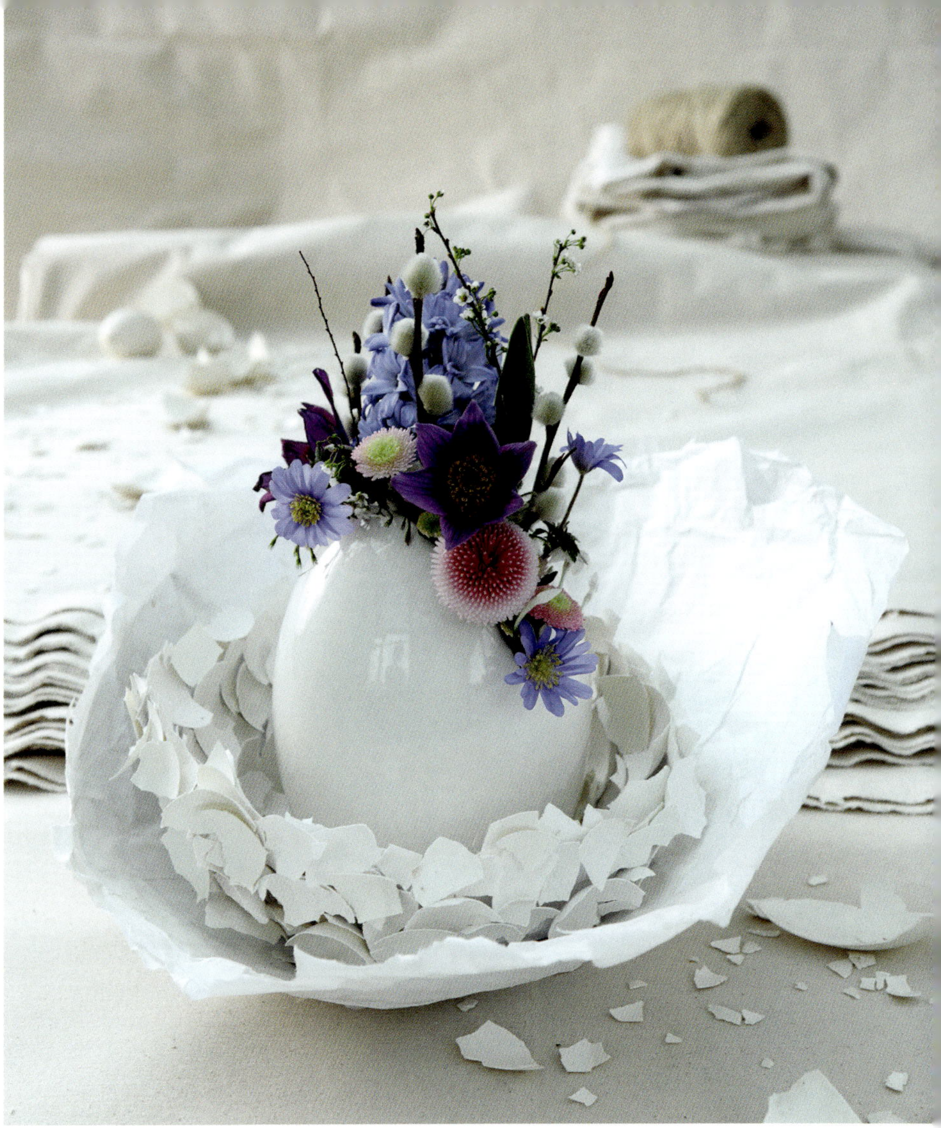

SCHALE IN SCHALE

Für die äußere Schale mehrere Lagen weißes gerissenes Papier mit Kleister übereinander kleben. Für die innere zerbrochene Eierschalen mihilfe von Heißkleber zur Schale formen. Dann die mit bunten Frühlingsblühern gefüllte Vase dort einsetzen.

Was du brauchst:

Gänseeier, Wachteleier, Zweige, Kordel, Gefäß, Moos, Erde, Schachbrettblume als Topfpflanze

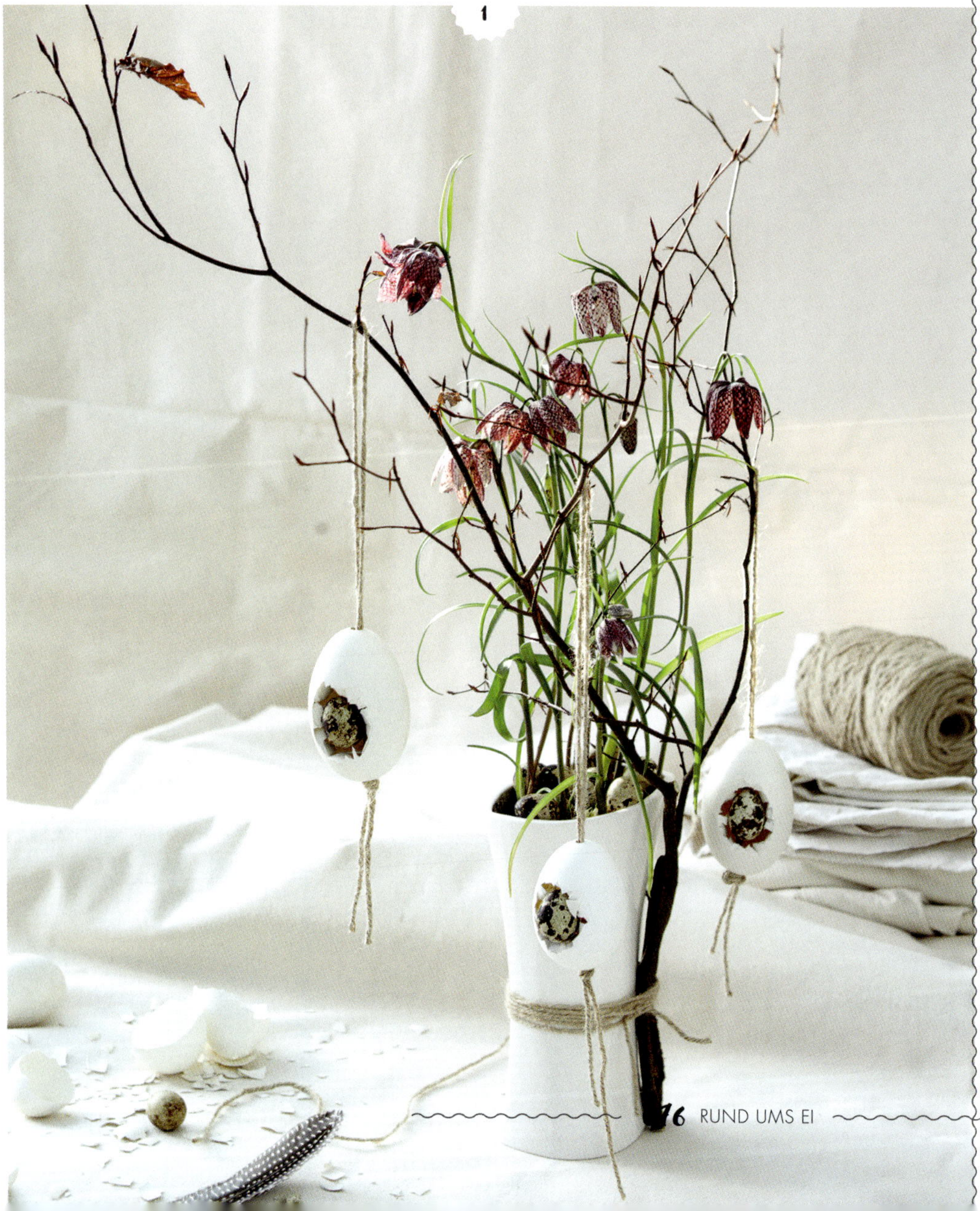

1. Die Schachbrettblume mit dem Wurzelballen ins Gefäß einsetzen, die Erde zuerst mit Moos dann mit Wachteleierschalen bedecken.

2. In die Gänseeier oben und unten mit einer Nadel vorsichtig ein Loch stechen, dies etwas vergrößern und die Eier entleeren. Dann die Kordel zum Aufhängen durchziehen und unterhalb des Eis verknoten. Wachteleier ebenfalls auspusten. Schale der Gänseeier seitlich eindrücken, sodass eine Öffnung entsteht. Das Wachtelei in das Loch einsetzen und an der Schnur festkleben. Den Zweig seitlich am Gefäß anbinden und die Eier an eben diesen hängen.

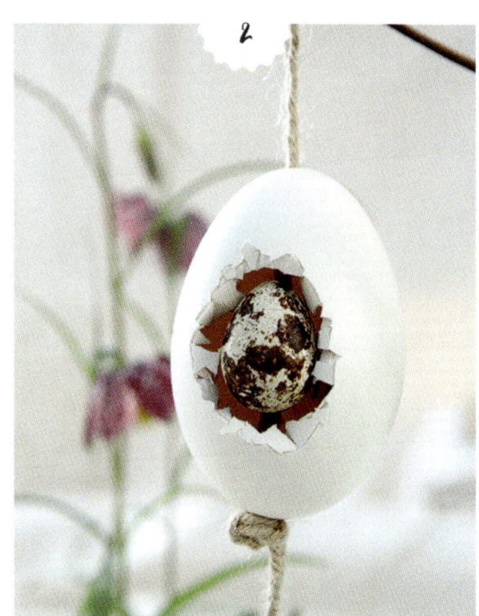

WACHTELEIER-KRANZ

Für den Osterkranz rund um duftende Hyazinthen werden Wachtel- und Hühnereierschalen mithilfe von Heißkleber dicht an dicht auf der mit Heu umwickelten Strohbasis befestigt.

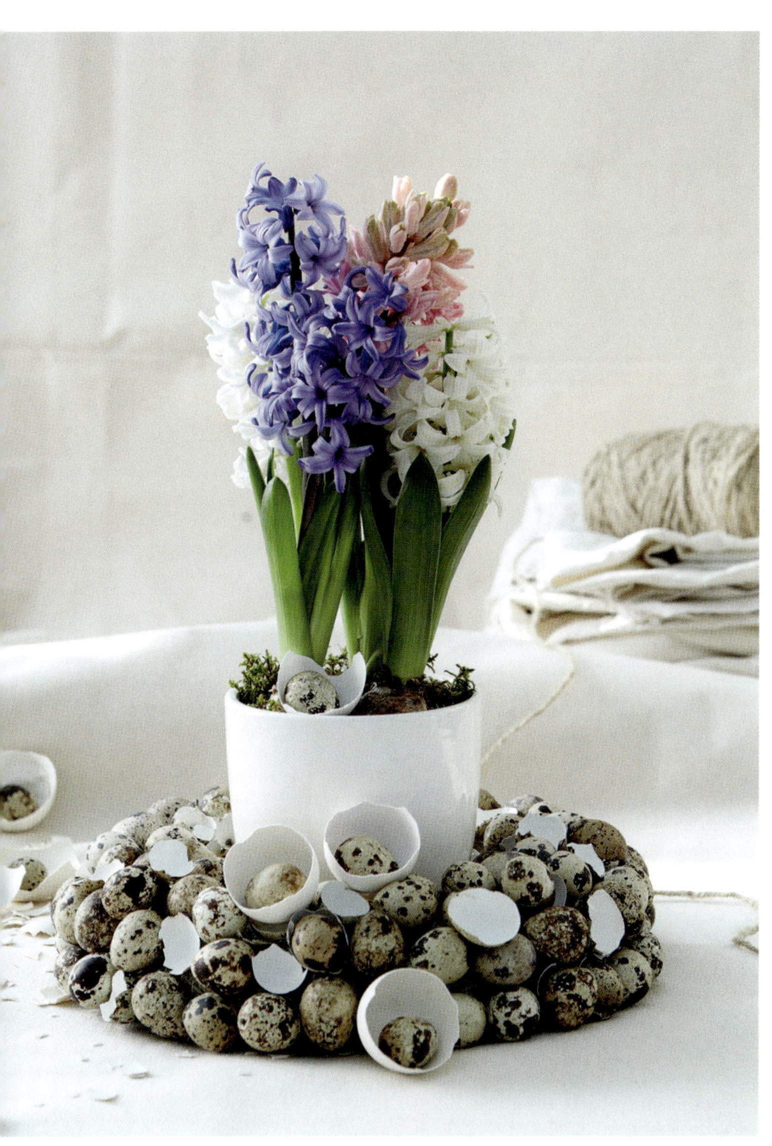

HÄNGEPARTIE

Gesprenkelte Gänse- und kleine Wachteleierschalen machen die Floralien zum eindeutigen Ostergruß. Einige Eier sind mit Heißkleber an Kordeln geklebt, sodass sie seitlich am Vasenrand runterbaumeln.

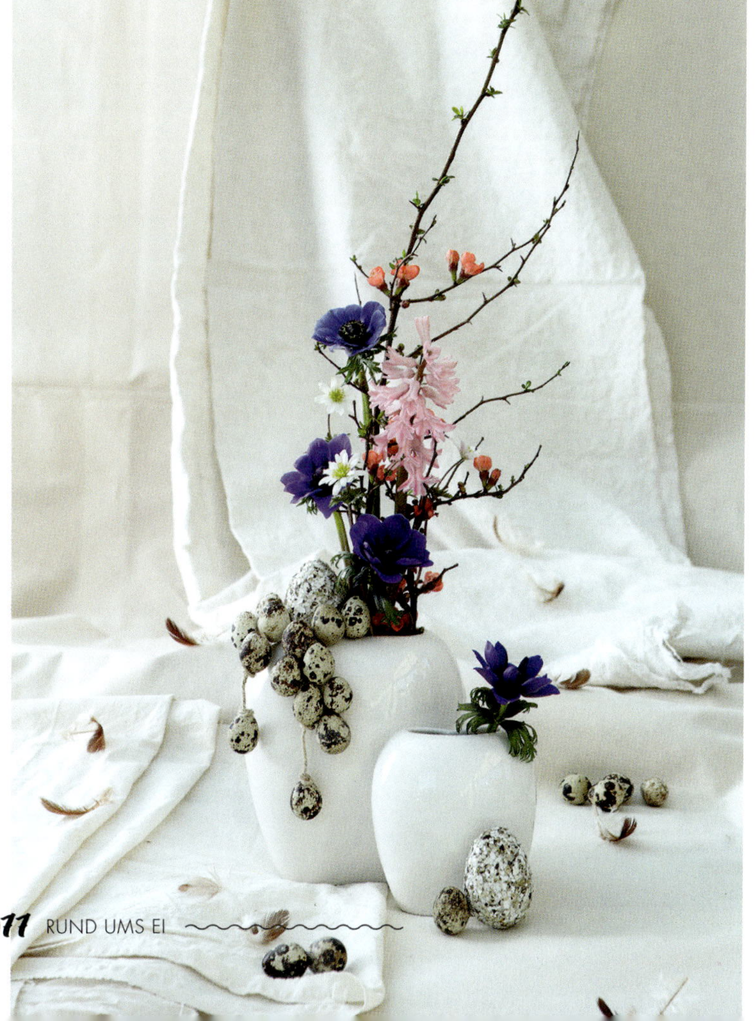

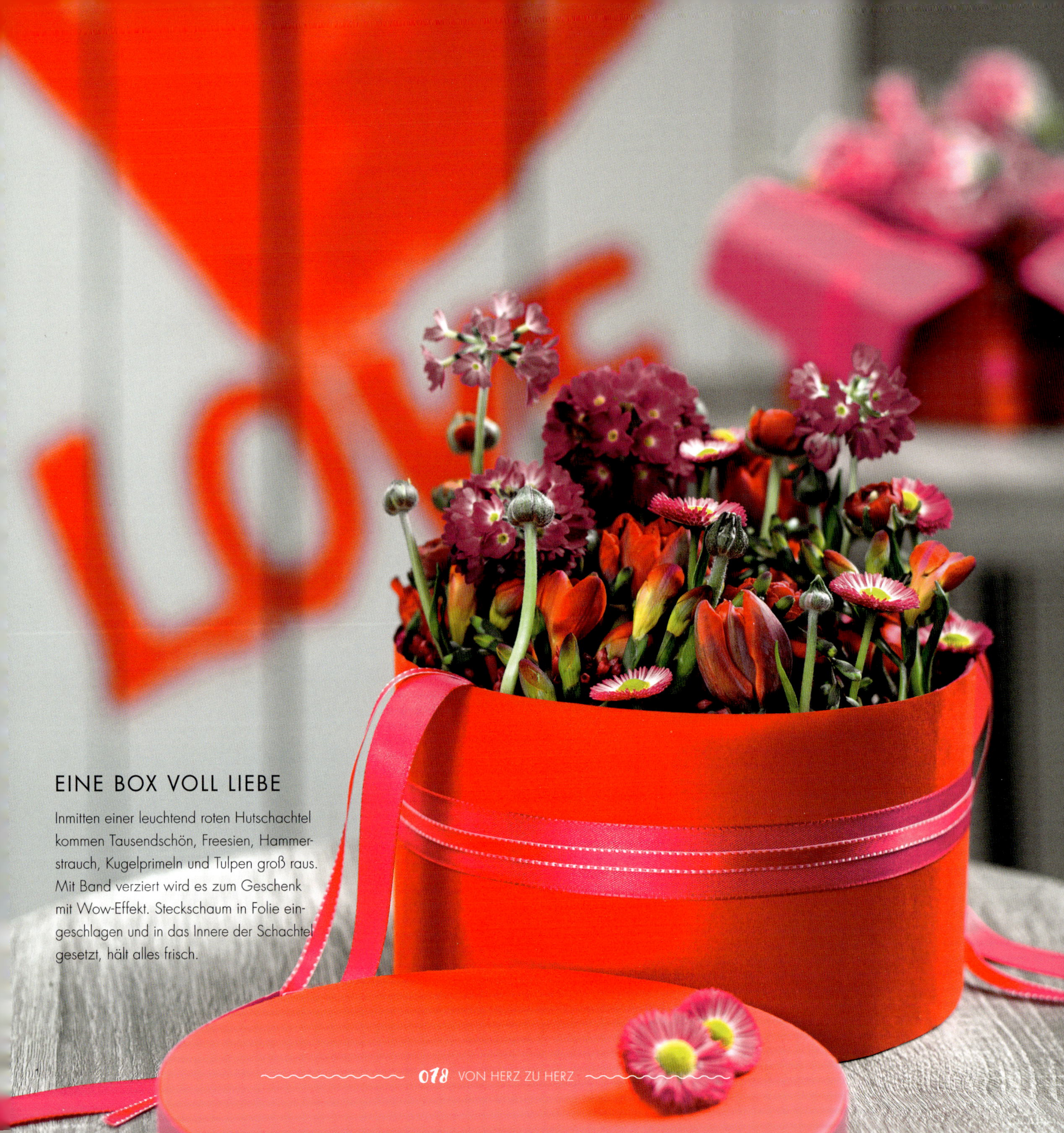

EINE BOX VOLL LIEBE

Inmitten einer leuchtend roten Hutschachtel kommen Tausendschön, Freesien, Hammerstrauch, Kugelprimeln und Tulpen groß raus. Mit Band verziert wird es zum Geschenk mit Wow-Effekt. Steckschaum in Folie eingeschlagen und in das Innere der Schachtel gesetzt, hält alles frisch.

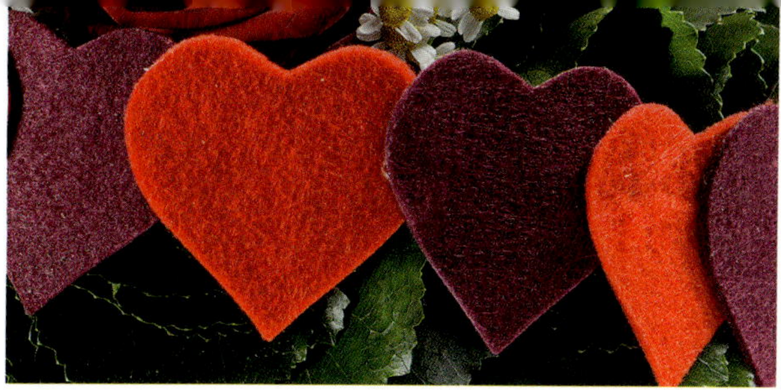

Von Herz zu Herz

Blumig Danke sagen – dazu gibt es immer eine passende Gelegenheit. Damit Du bestens vorbereitet bist, präsentieren wir Dir jetzt schon jede Menge blühende Geschenkideen zum Nachmachen, die von Herzen kommen.

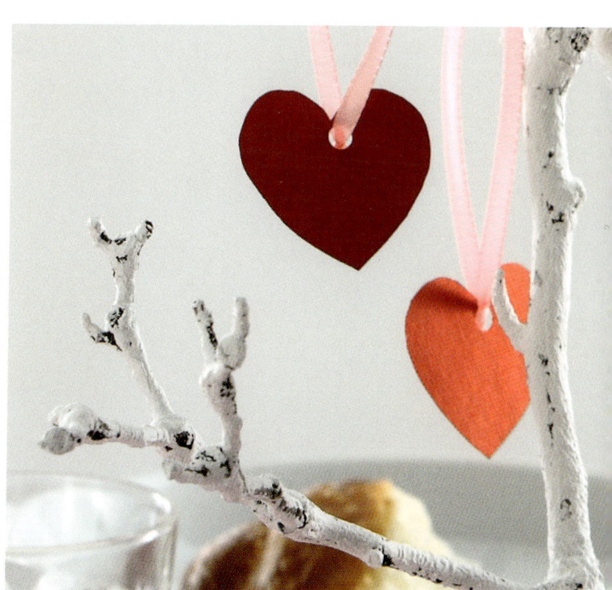

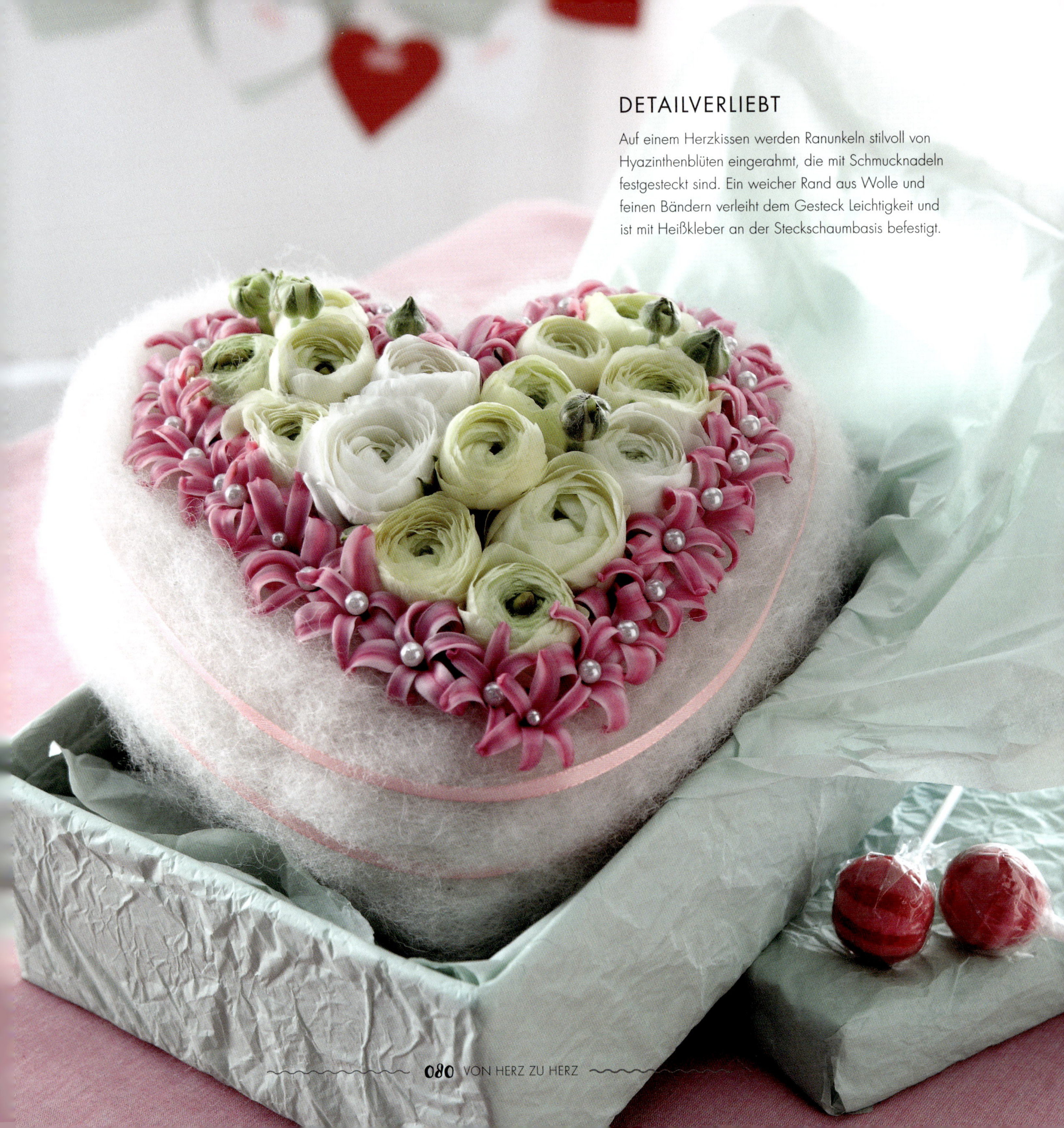

DETAILVERLIEBT

Auf einem Herzkissen werden Ranunkeln stilvoll von Hyazinthenblüten eingerahmt, die mit Schmucknadeln festgesteckt sind. Ein weicher Rand aus Wolle und feinen Bändern verleiht dem Gesteck Leichtigkeit und ist mit Heißkleber an der Steckschaumbasis befestigt.

BLÜTENMITTE

Auf dem Tisch hält ein geweißter Magnolienzweig im Gipstopf eine liebevolle Botschaft bereit. Die Mitte des Herzes füllen rosafarbene Rosen aus. Außen wird es durch Wolle, die mit Draht auf der Basis fixiert wird, ummantelt. Steckschaum hält die Blüten frisch.

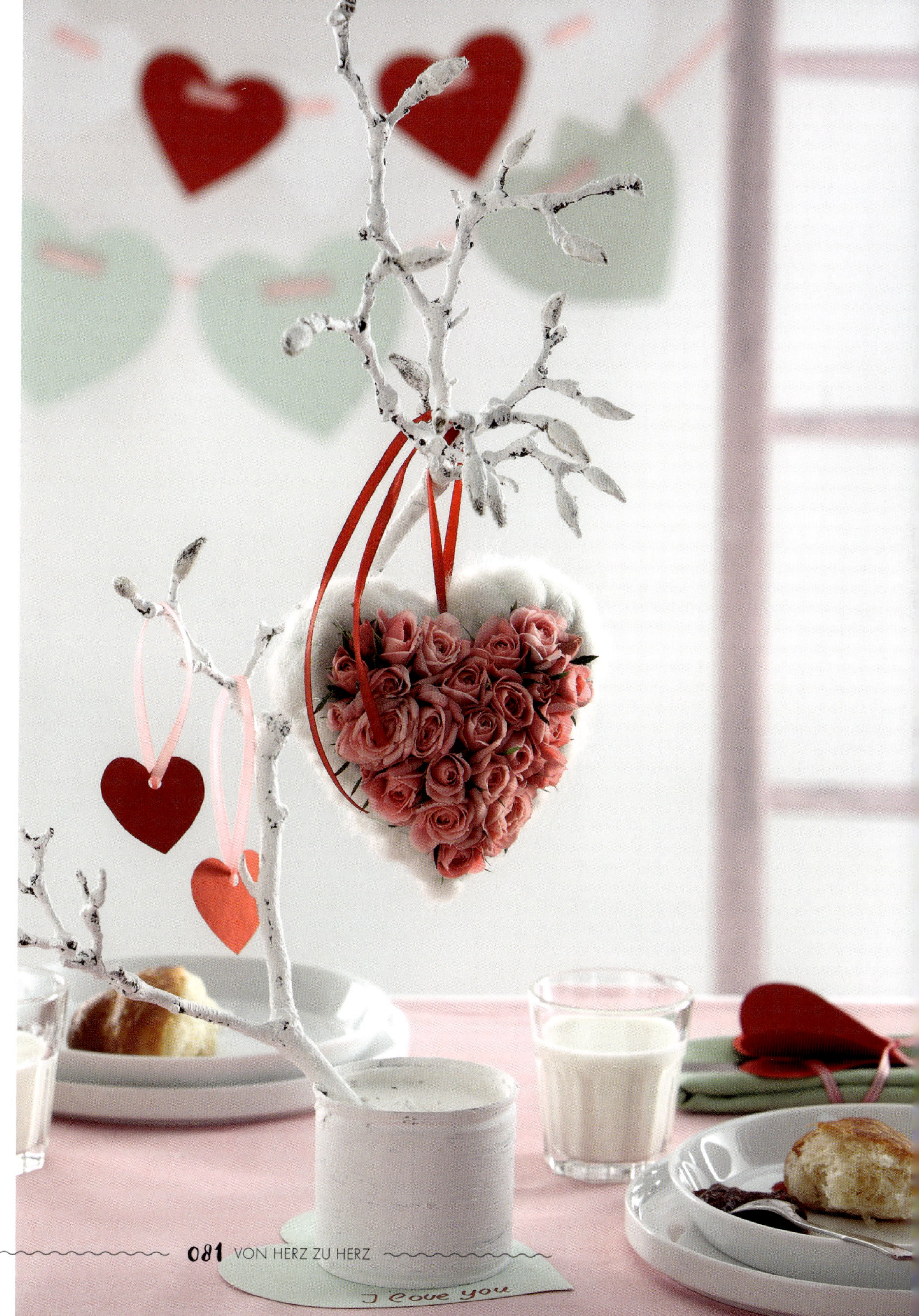

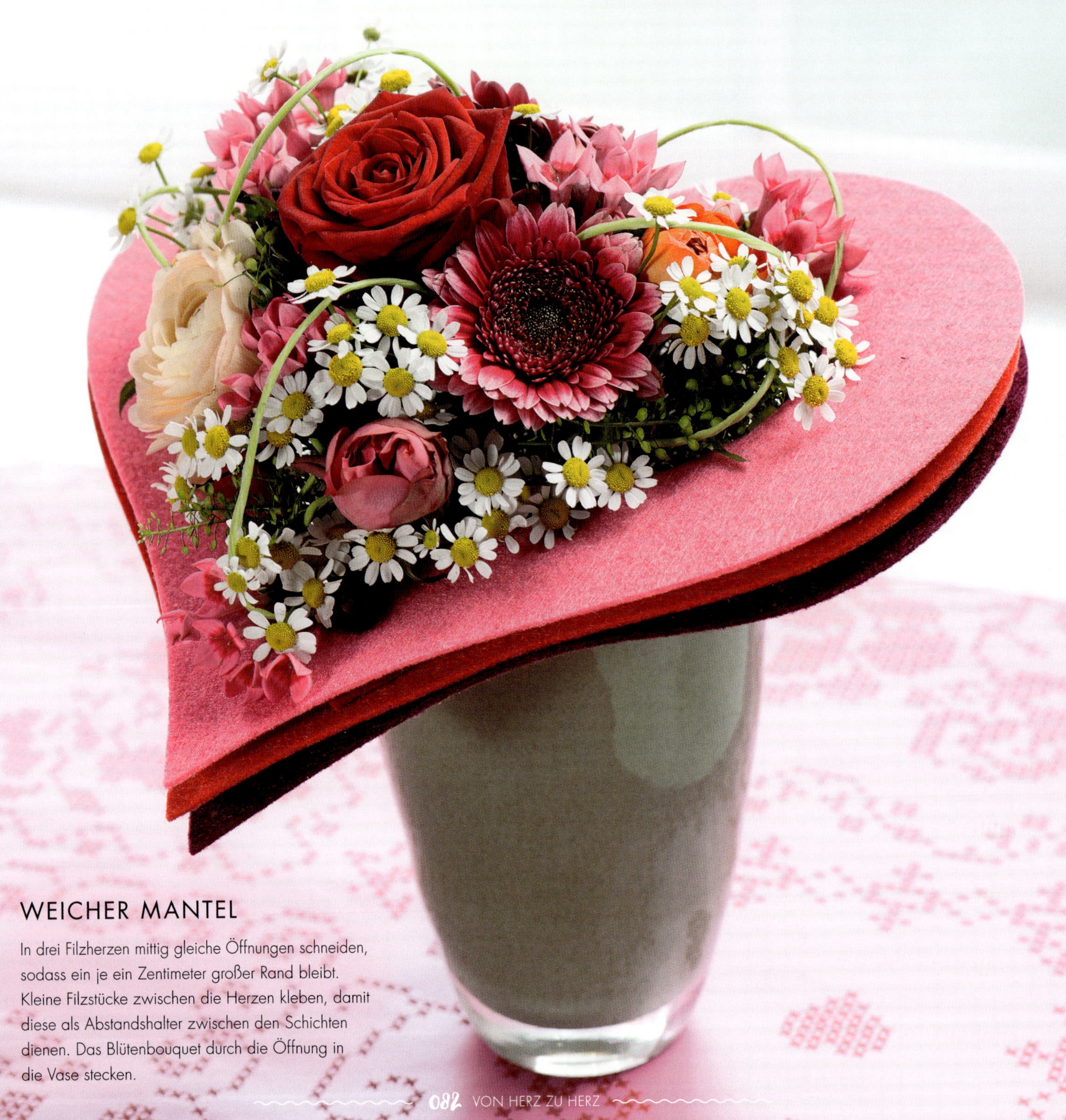

WEICHER MANTEL

In drei Filzherzen mittig gleiche Öffnungen schneiden, sodass ein je ein Zentimeter großer Rand bleibt. Kleine Filzstücke zwischen die Herzen kleben, damit diese als Abstandshalter zwischen den Schichten dienen. Das Blütenbouquet durch die Öffnung in die Vase stecken.

IN REIH UND GLIED

Reagenzgläser die mit Wasser und Frühlingsblumen gefüllt sind, werden von Herzen aus Filz kaschiert, die mit Draht und Klebeband an den Gläsern befestigt werden.

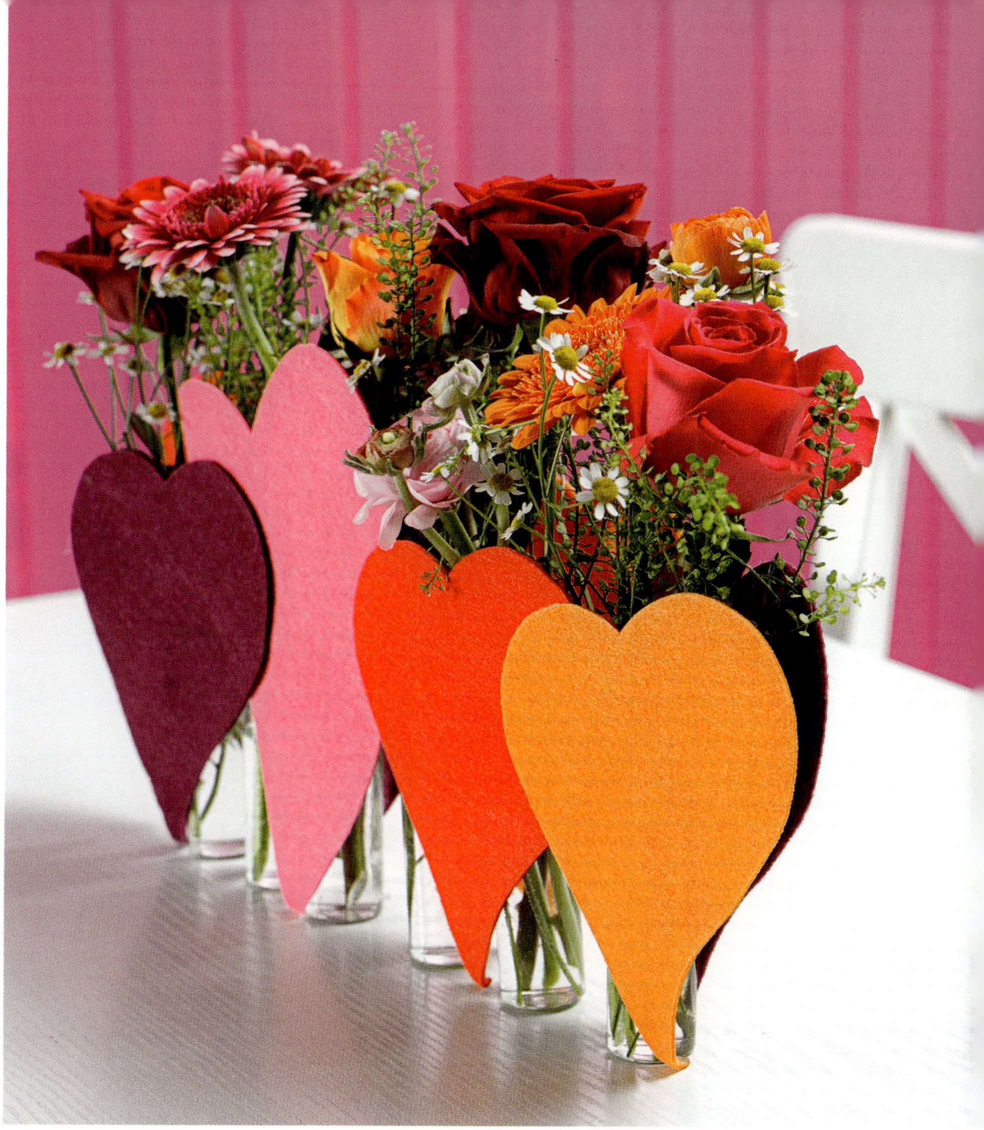

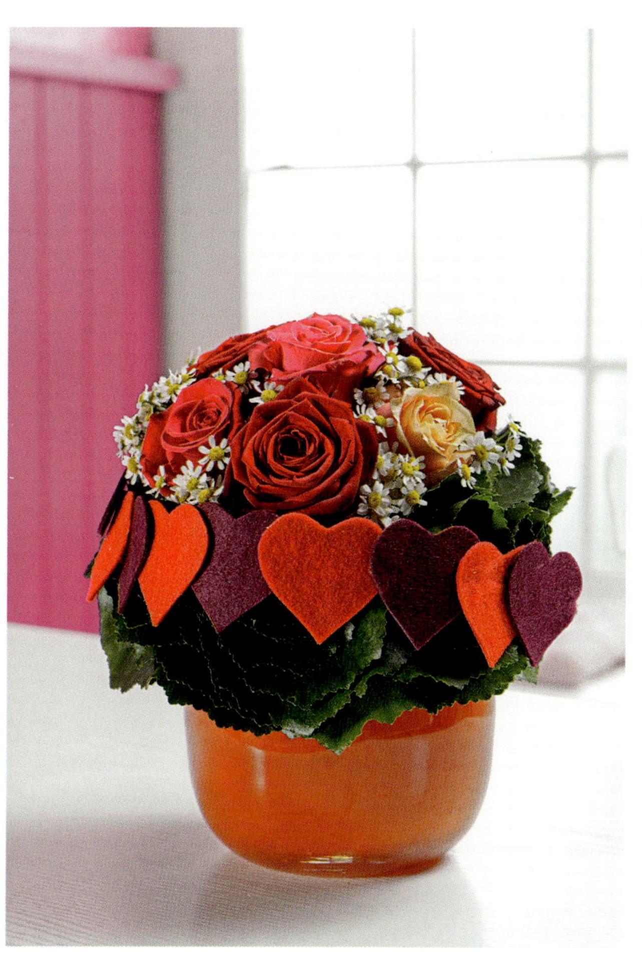

HERZ AN HERZ

Aus Filz in Rot und Lila geschnittene Herzen, die mit Heißkleber zu einer Manschette verbunden werden, setzen einen liebvollen Akzent rund um den Blumenstrauß. Den Herzring einfach um den Strauß legen und die Enden festkleben.

NOSTALGISCH CHIC

Keulenlilienblätter werden in eine herzförmige Vase gesteckt und geben den Blüten gleichzeitig einen stilvollen Rahmen. In gewässertem Steckschaum finden sattrote Rosen, Leuchterblume, Nelken, Prärieenzian und Johanniskraut Halt. Ranken von Leuchterblume schaffen einen Look wie bei Dornröschen.

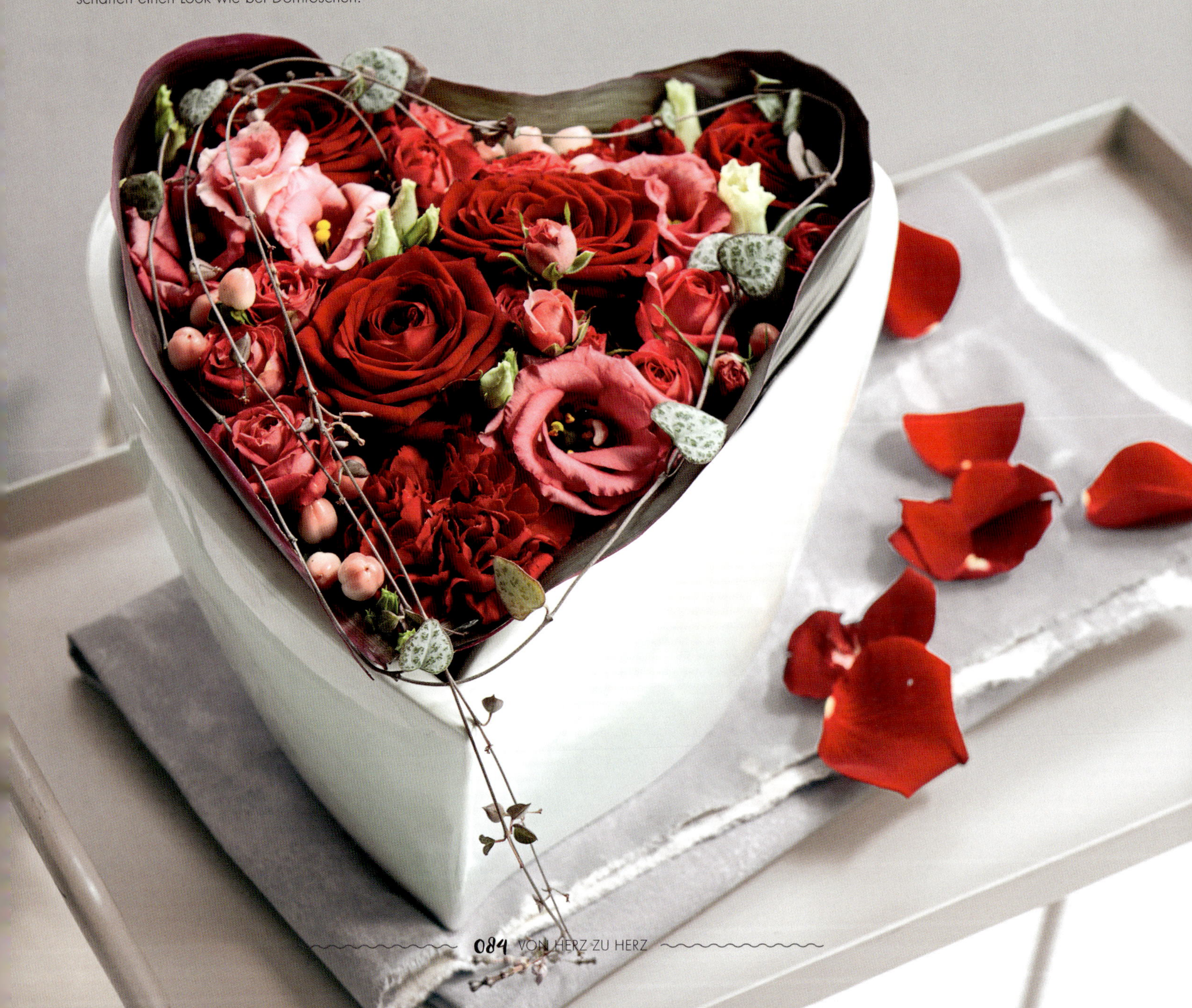

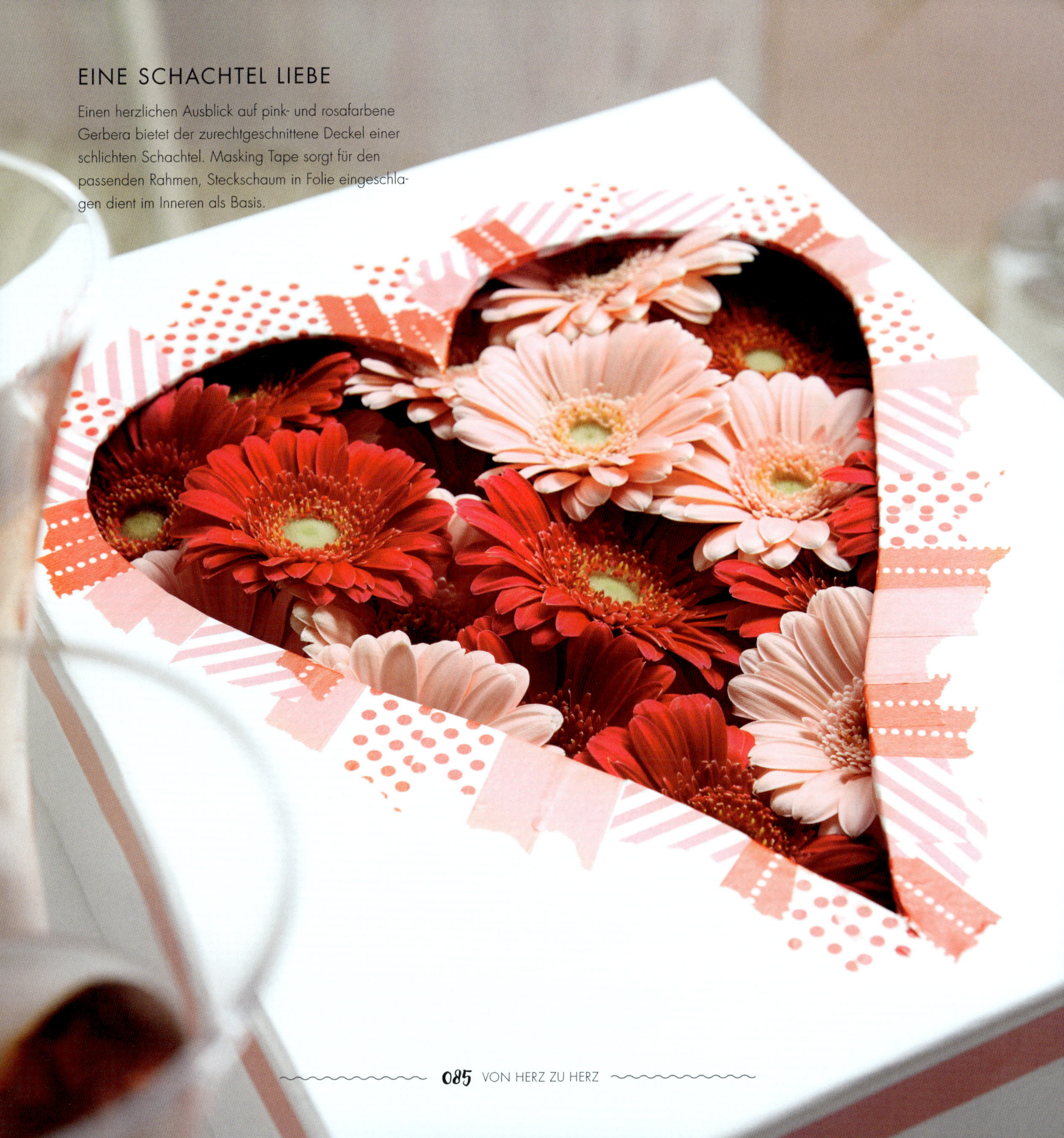

EINE SCHACHTEL LIEBE

Einen herzlichen Ausblick auf pink- und rosafarbene Gerbera bietet der zurechtgeschnittene Deckel einer schlichten Schachtel. Masking Tape sorgt für den passenden Rahmen, Steckschaum in Folie eingeschlagen dient im Inneren als Basis.

BLUMENKOFFER

Eine tolle Idee für alle, die gerne reisen. Im rosa gepunkteten Köfferchen hält ein Kissen aus Nelken süße Liebespost bereit. Steckschaum versorgt die Blüten mit Wasser.

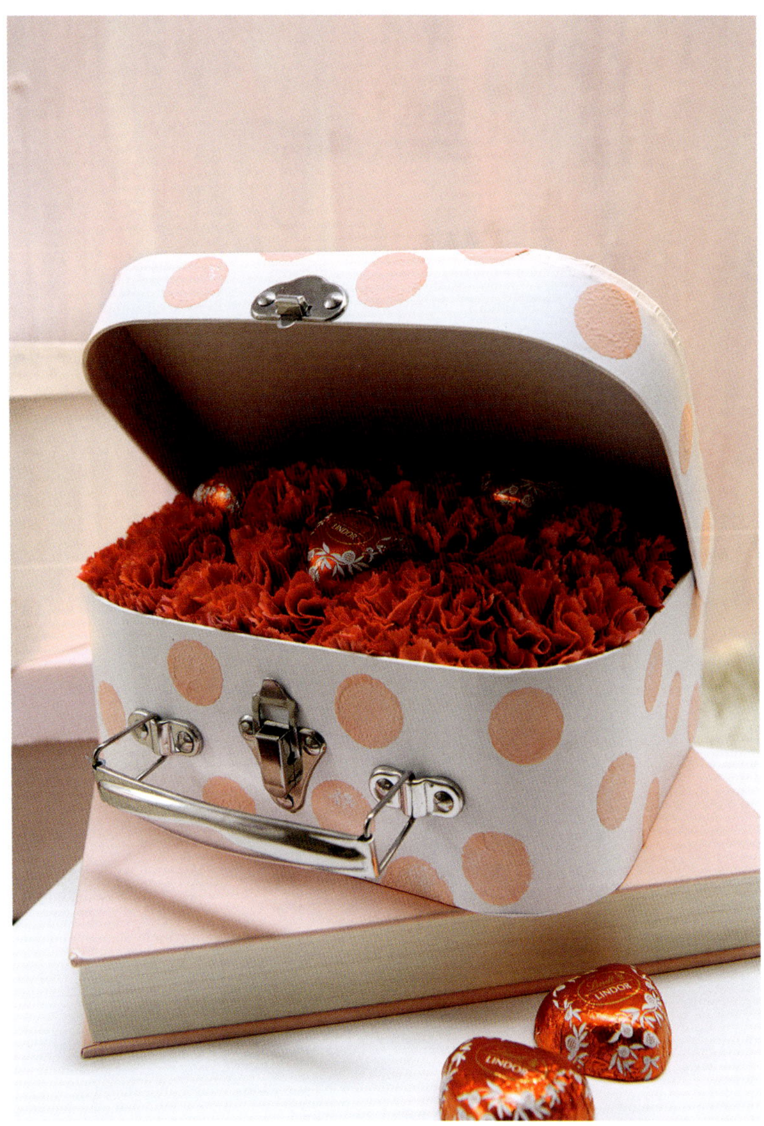

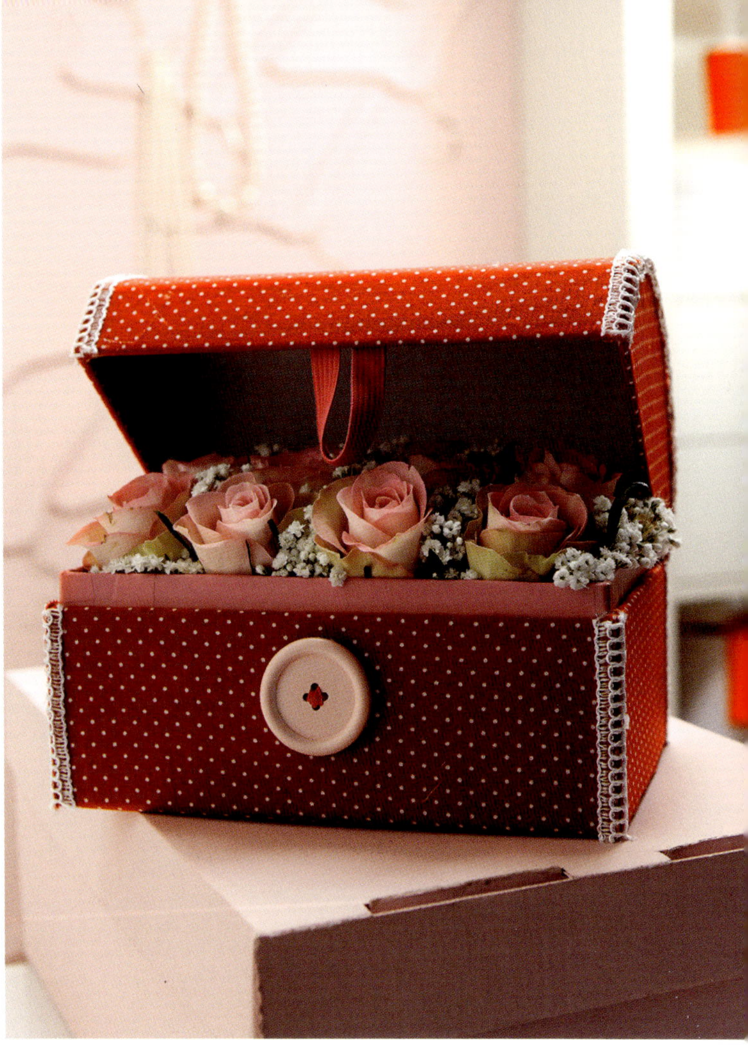

SCHATZTRUHE

Mithilfe von doppelseitigem Klebeband und Stoff wird eine Papptruhe im Nu zur Schatzkiste. Spitzenband, Masking Tape, Knopf und Schlaufe machen den Look perfekt. Der Steckschaum wird mit der zugehörigen Kunststoffschale in die Box gestellt und mit Blüten dekoriert.

Was du brauchst:

Papierbox, pinkes Seidenpapier, Folie, Steckschaumblock, weiß-rote Floralien

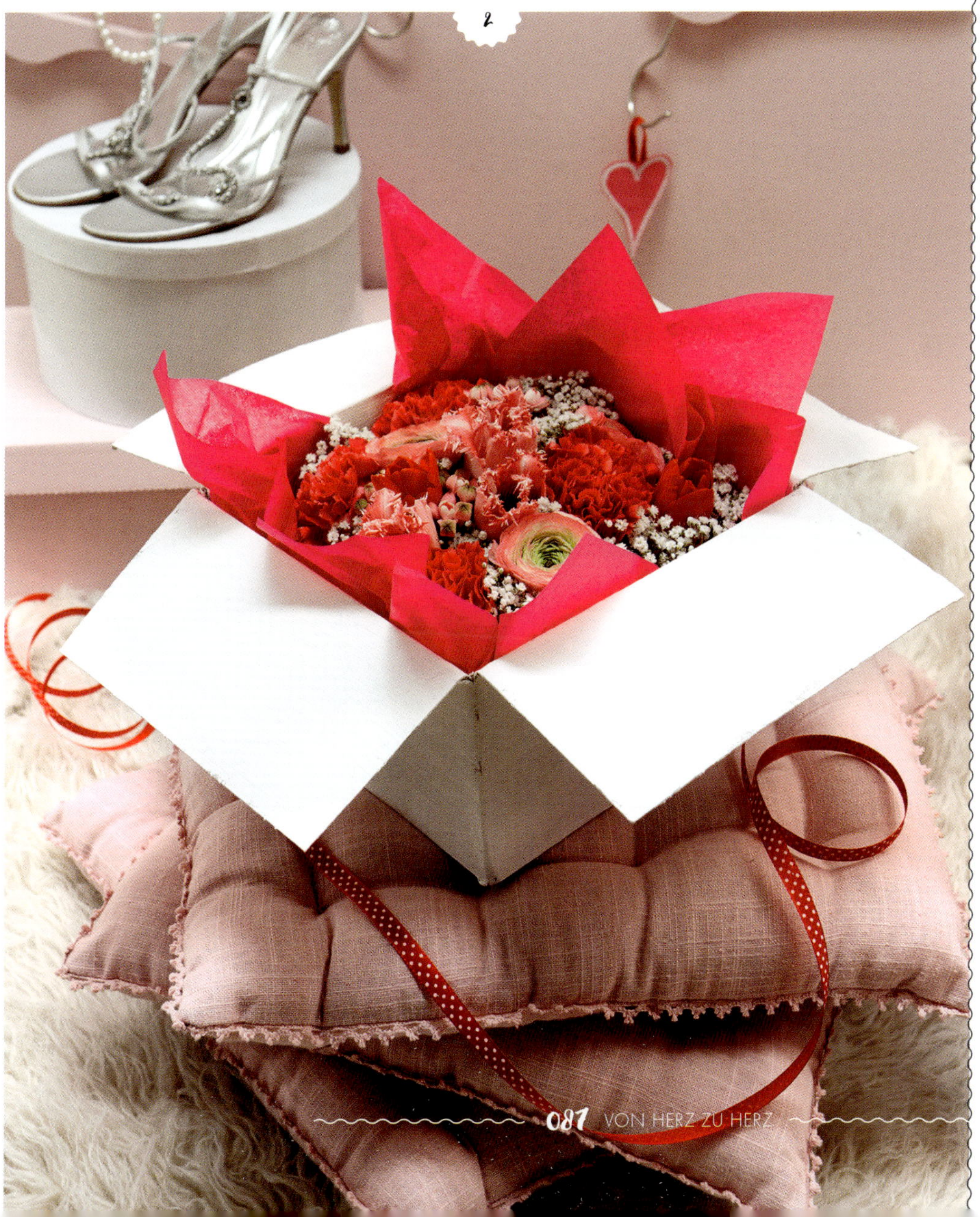

1. Den Steckschaum auf die gewünschte Größe zuschneiden und anschließend wässern.

2. Das Seidenpapier locker in den Karton legen und den Steckschaum in Folie einschlagen. Dann in die Kiste einsetzen und mit verschiedenen Floralien bestecken. Weiße und rote Blüten wirken toll, da sie sich in den Farben des Papiers und Kartons wiederholen.

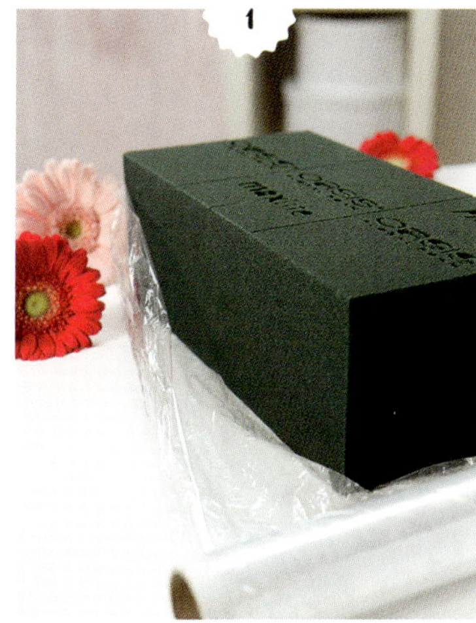

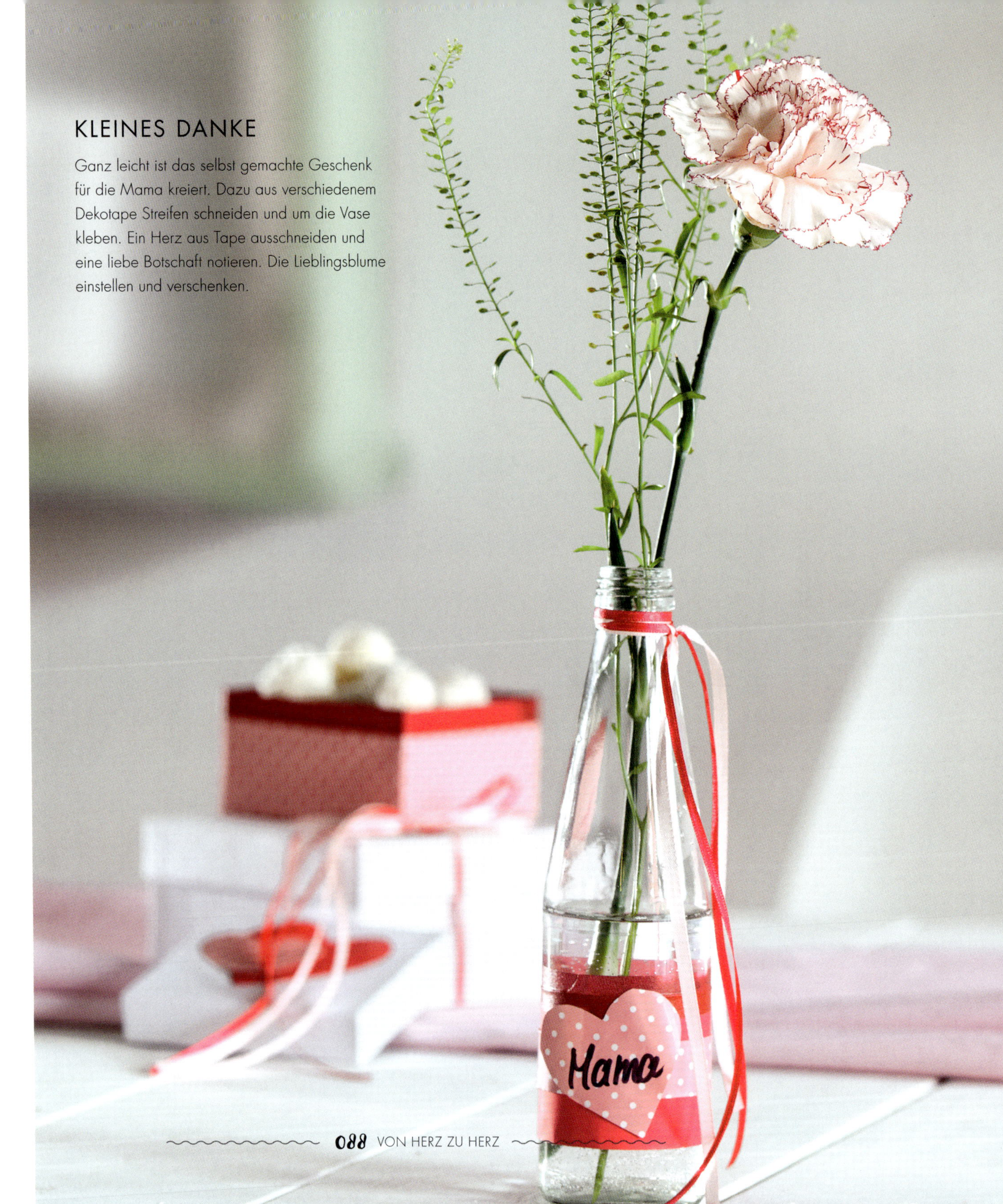

KLEINES DANKE

Ganz leicht ist das selbst gemachte Geschenk für die Mama kreiert. Dazu aus verschiedenem Dekotape Streifen schneiden und um die Vase kleben. Ein Herz aus Tape ausschneiden und eine liebe Botschaft notieren. Die Lieblingsblume einstellen und verschenken.

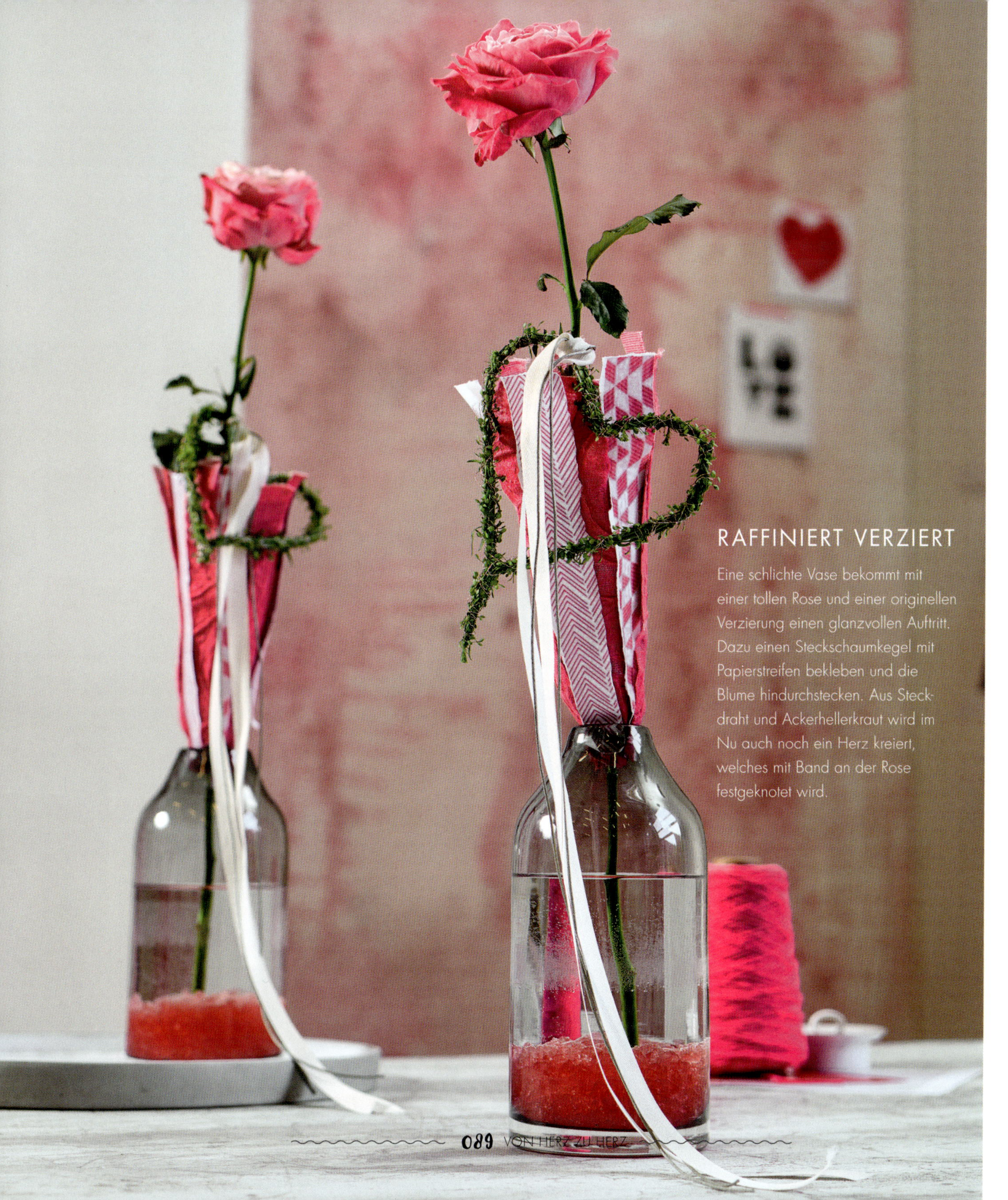

RAFFINIERT VERZIERT

Eine schlichte Vase bekommt mit einer tollen Rose und einer originellen Verzierung einen glanzvollen Auftritt. Dazu einen Steckschaumkegel mit Papierstreifen bekleben und die Blume hindurchstecken. Aus Steckdraht und Ackerhellerkraut wird im Nu auch noch ein Herz kreiert, welches mit Band an der Rose festgeknotet wird.

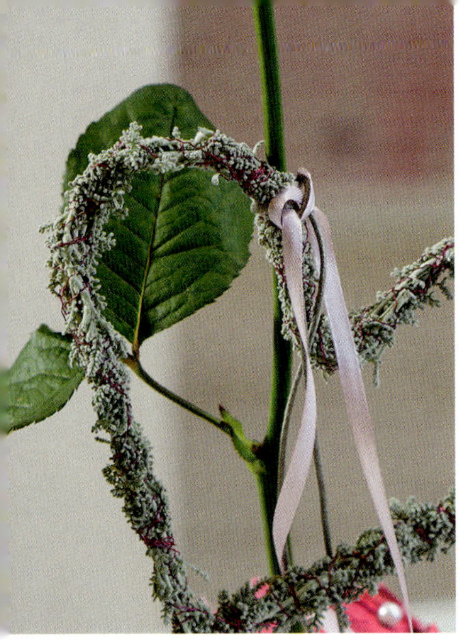

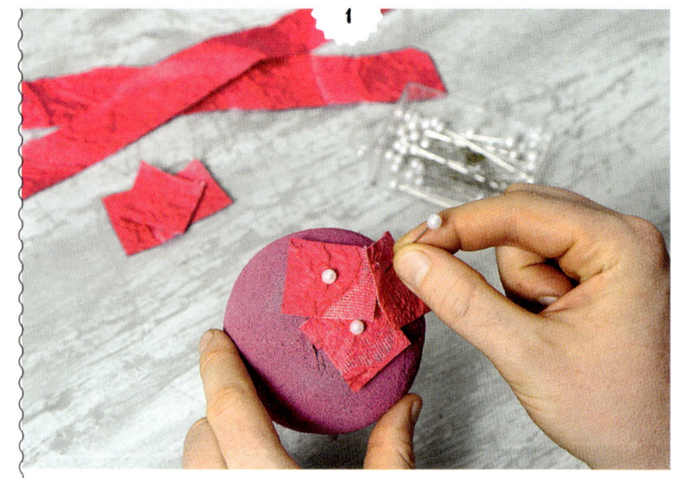

Was du brauchst:

Steckschaumkugel, Steckdraht, Dekonadeln, Transparentpapier, Zierdraht, Band, Rose, Heiligenkraut

1. Das Papier in kleine Quadrate schneiden und jeweils mit einer Dekonadel im Steckschaum befestigen. Diesen Vorgang widerholen, bis die Kugel bedeckt ist.

2. Anschließend das Heiligenkraut um den Steckdraht wickeln, mit farbigem Zierdraht befestigen und zu einem Herz formen. Die Rose nun vorsichtig durch die Kugel stechen und in eine Vase stellen. Mit Schleifenband das Herz an der Rose, auf der gewünschten Höhe, anbinden.

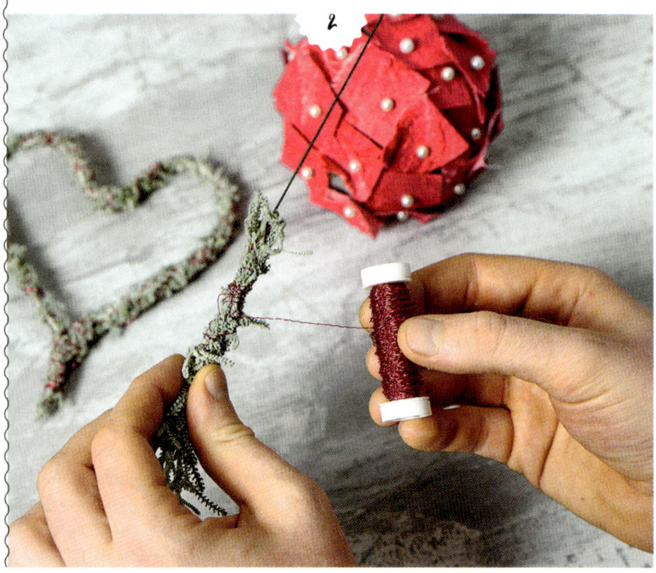

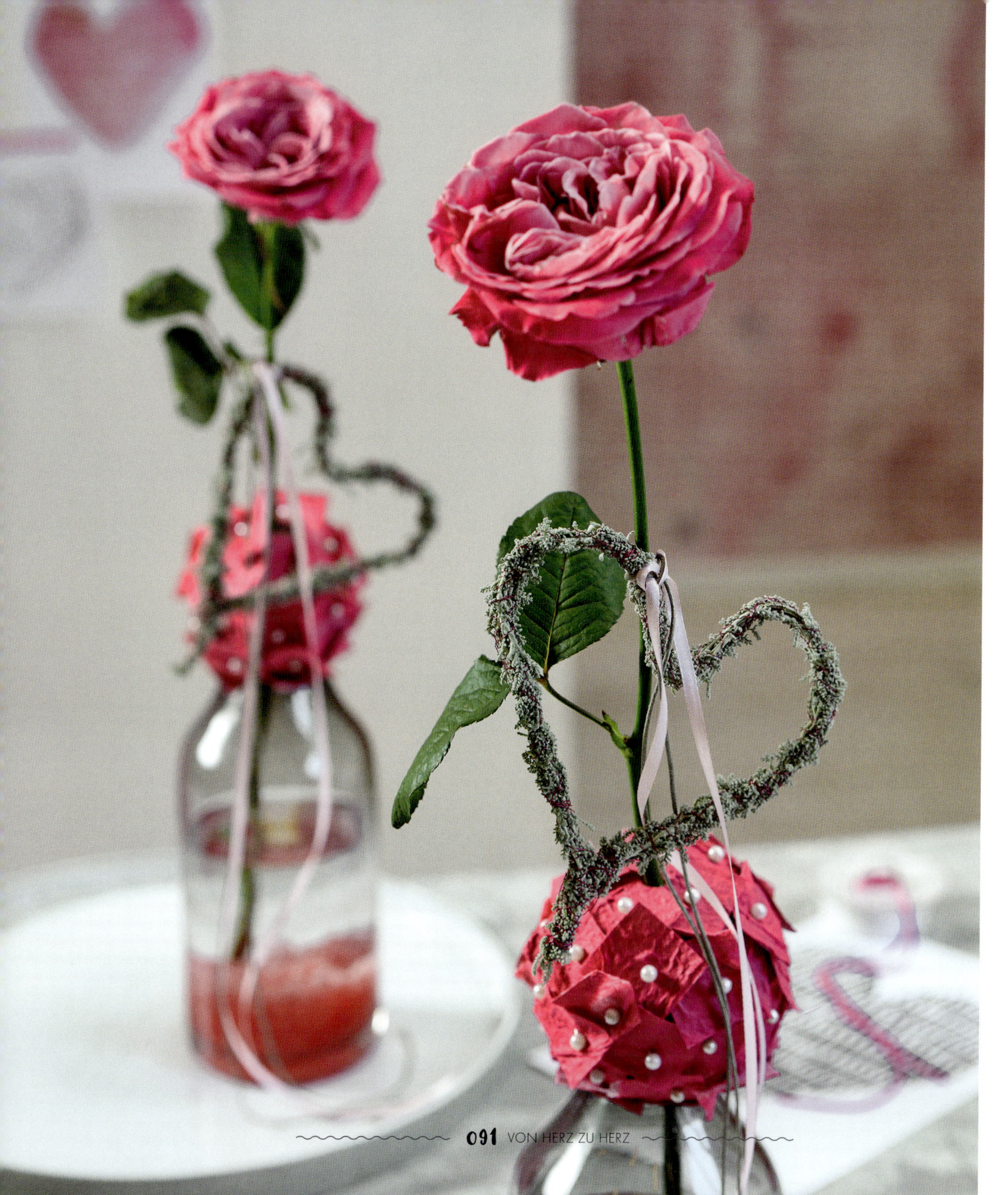

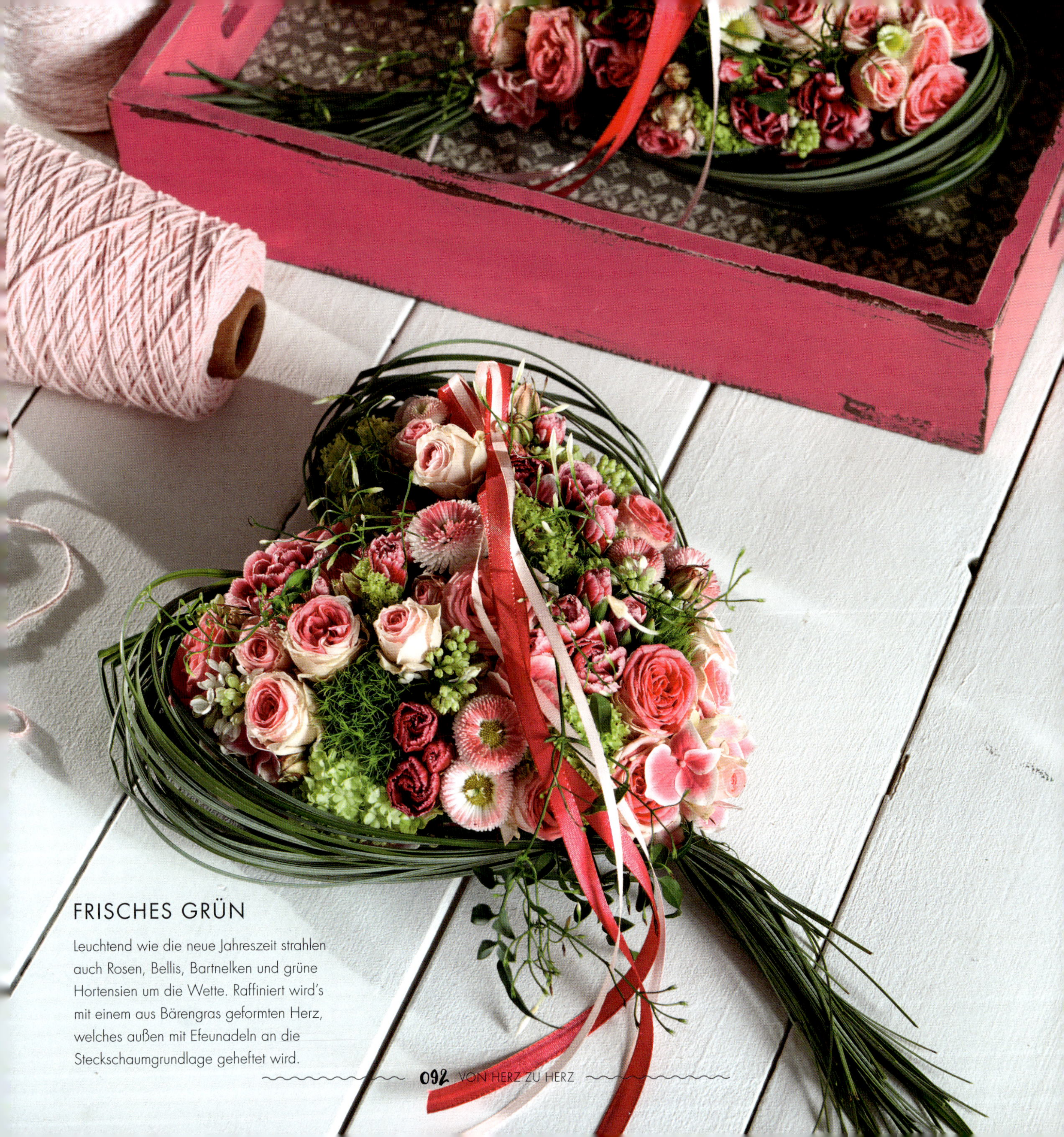

FRISCHES GRÜN

Leuchtend wie die neue Jahreszeit strahlen auch Rosen, Bellis, Bartnelken und grüne Hortensien um die Wette. Raffiniert wird's mit einem aus Bärengras geformten Herz, welches außen mit Efeunadeln an die Steckschaumgrundlage geheftet wird.

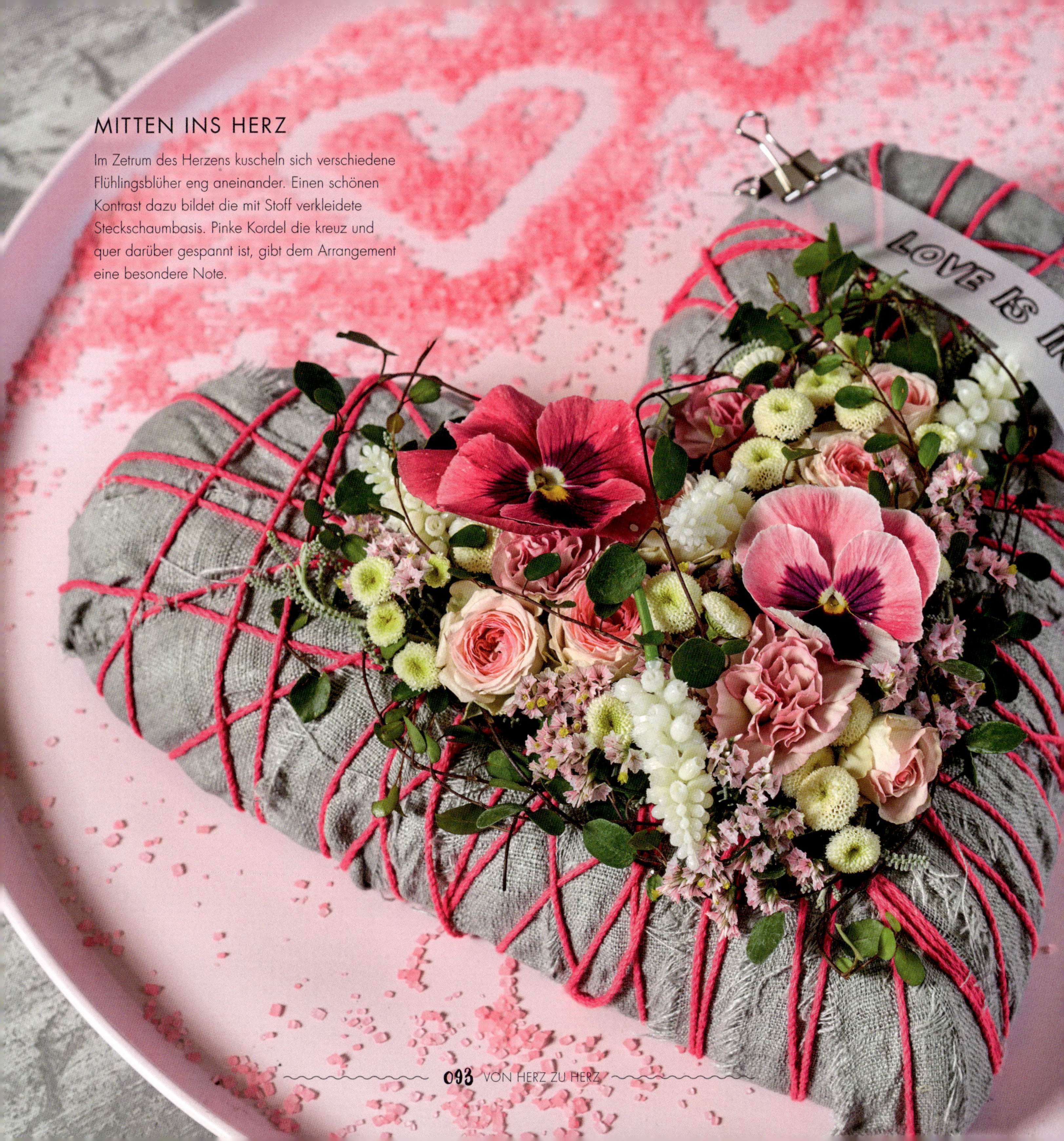

MITTEN INS HERZ

Im Zetrum des Herzens kuscheln sich verschiedene Flühlingsblüher eng aneinander. Einen schönen Kontrast dazu bildet die mit Stoff verkleidete Steckschaumbasis. Pinke Kordel die kreuz und quer darüber gespannt ist, gibt dem Arrangement eine besondere Note.

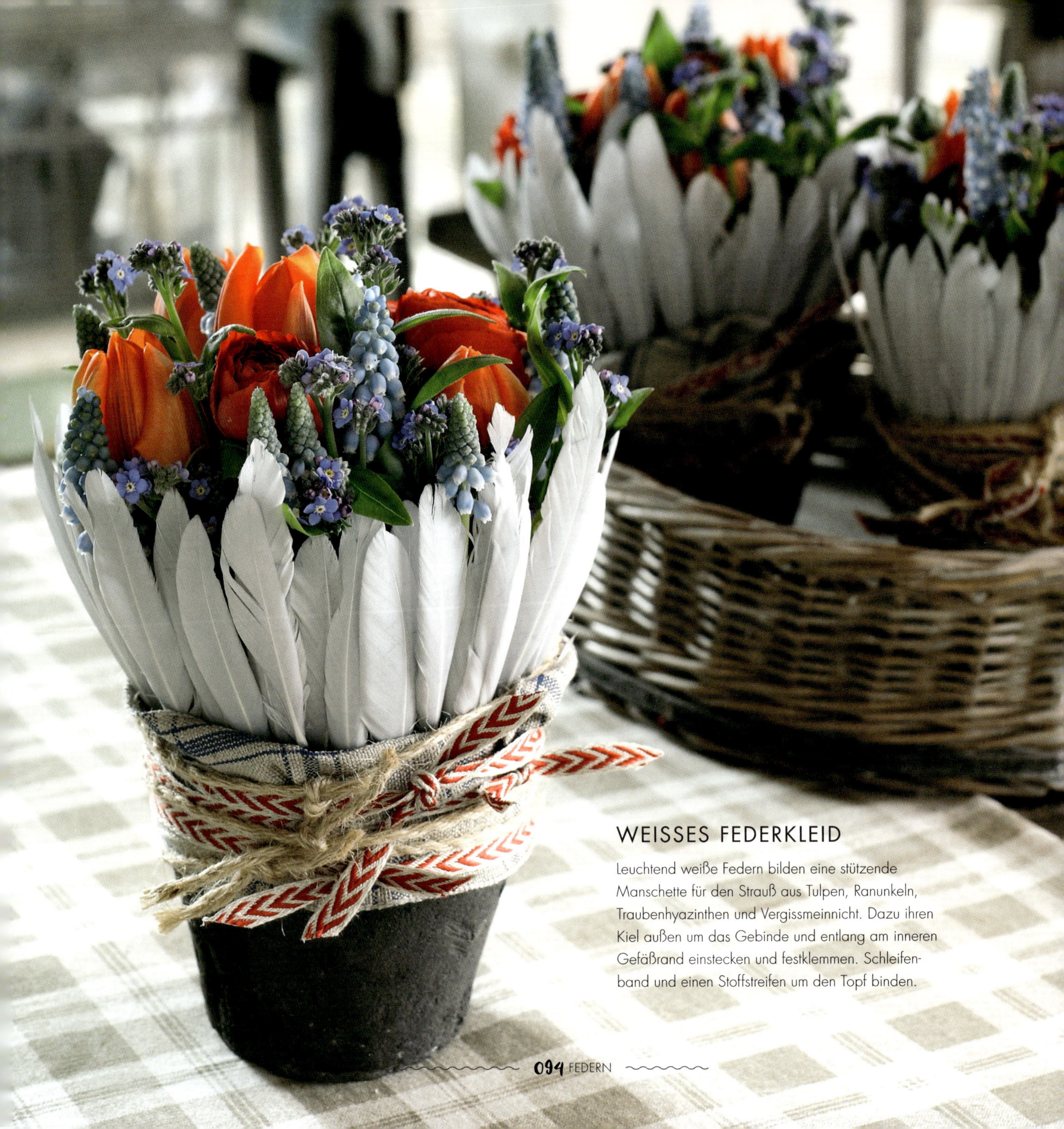

WEISSES FEDERKLEID

Leuchtend weiße Federn bilden eine stützende Manschette für den Strauß aus Tulpen, Ranunkeln, Traubenhyazinthen und Vergissmeinnicht. Dazu ihren Kiel außen um das Gebinde und entlang am inneren Gefäßrand einstecken und festklemmen. Schleifenband und einen Stoffstreifen um den Topf binden.

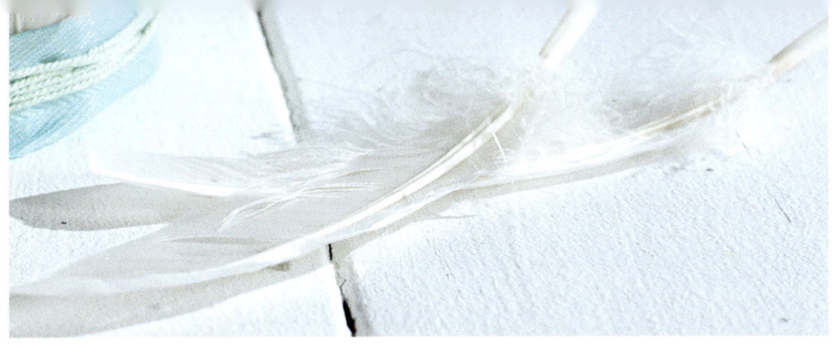

Dekorieren mit Federn

Sie sind zart, leicht und samtig weich. Federn machen bereits das Vogelkleid zum Hingucker. Aber auch als Manschette um Blüten und Sträußchen oder als Dekoelement an Vasen gebunden wird das fluffige Material zum tollen Accessoires für frühlingshafte Dekoideen.

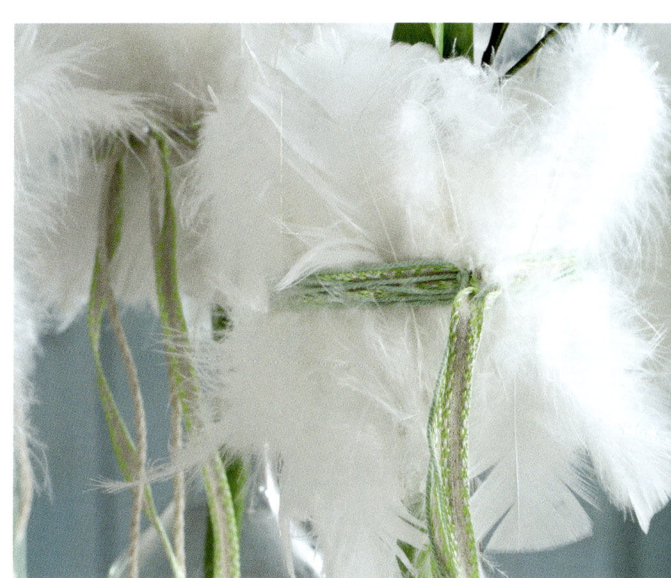

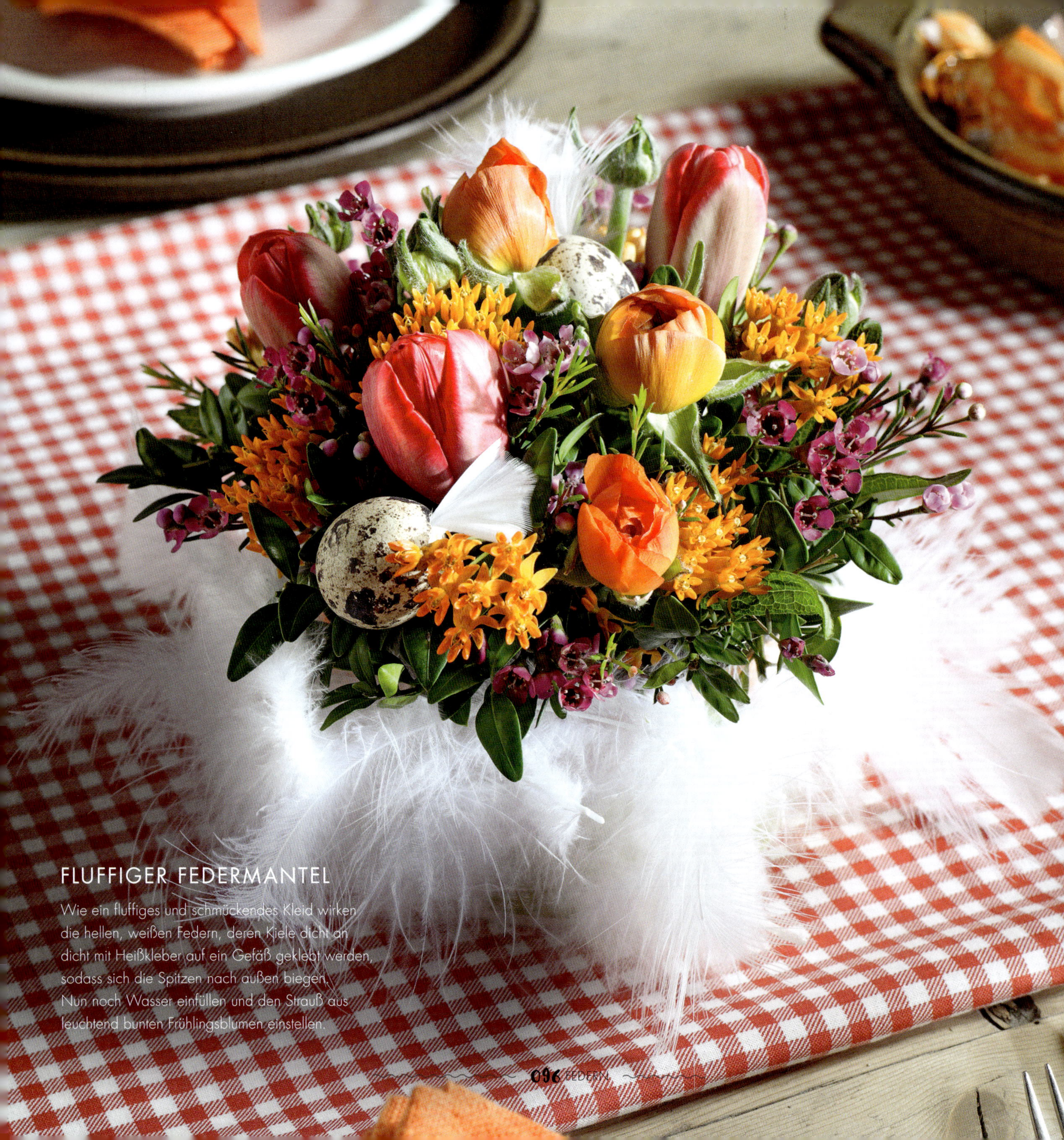

FLUFFIGER FEDERMANTEL

Wie ein fluffiges und schmückendes Kleid wirken die hellen, weißen Federn, deren Kiele dicht an dicht mit Heißkleber auf ein Gefäß geklebt werden, sodass sich die Spitzen nach außen biegen. Nun noch Wasser einfüllen und den Strauß aus leuchtend bunten Frühlingsblumen einstellen.

Was du brauchst:

Schale, Heißkleber, weiße Pappe, Immergrünranke, Ranunkeln

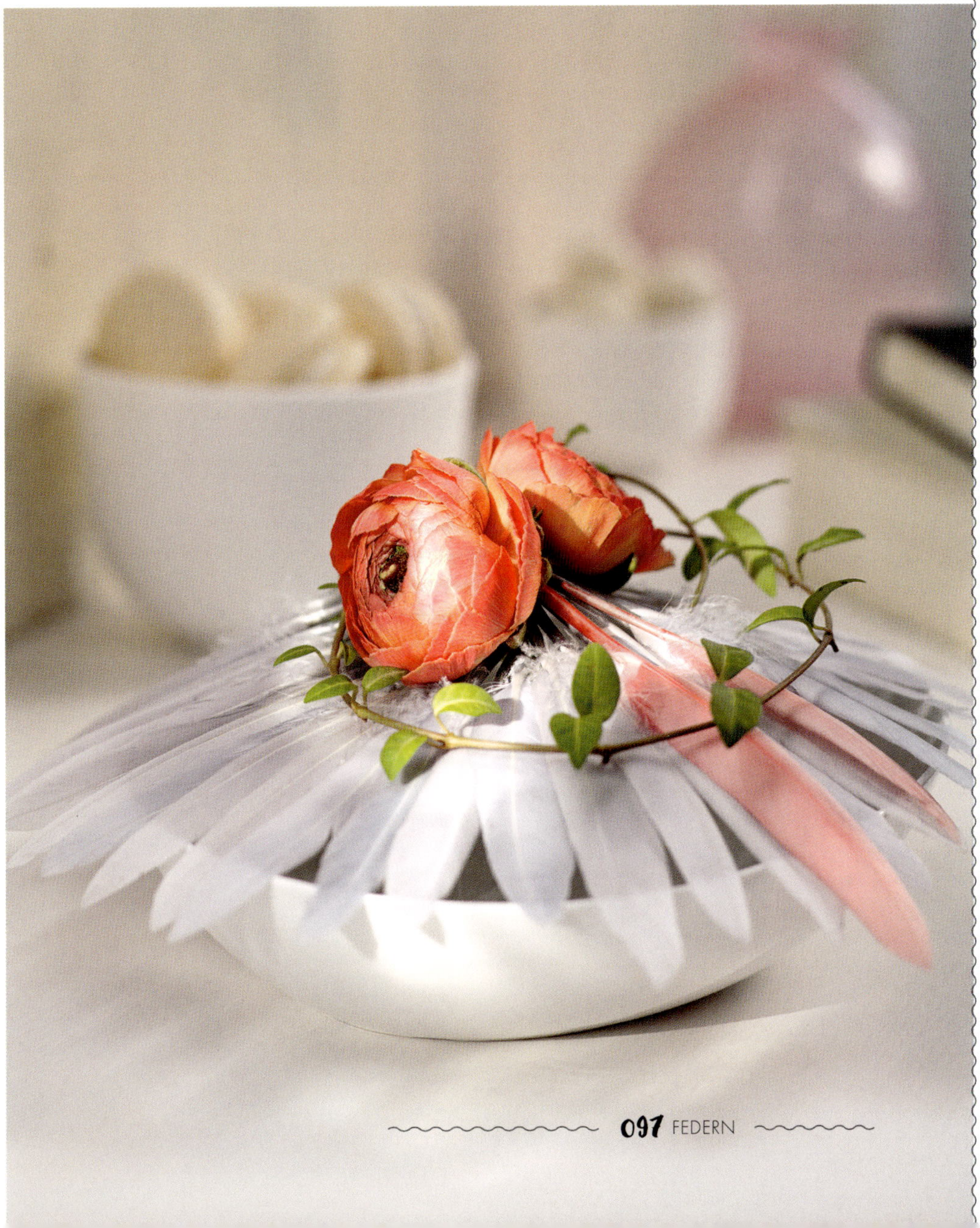

1. Auf der Pappe mit einem Bleistift einen Ring mithilfe zweier ineinanderliegender Kreise zeichnen und ausschneiden.

2. Ein ca. zwei Zentimeter breites Stück ausschneiden, die Enden mithilfe eines Tackers wieder zusammenfügen, dadurch wölbt sich der Ring leicht auf. Die Federn mit Heißkleber radial aufkleben, den Federkranz auf eine wassergefüllte Schale legen und die Blüten zwischen die Kiele stecken.

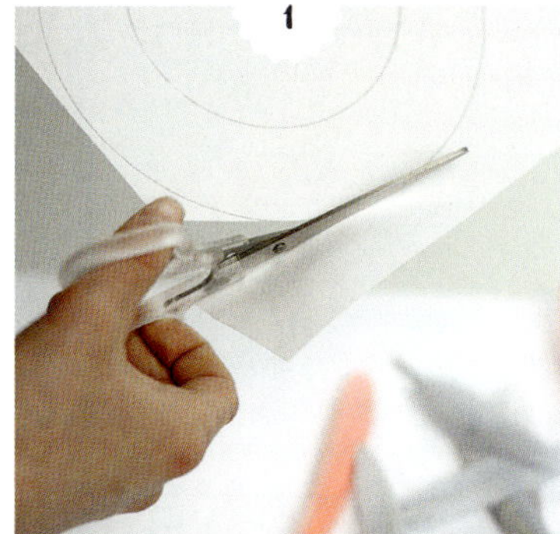

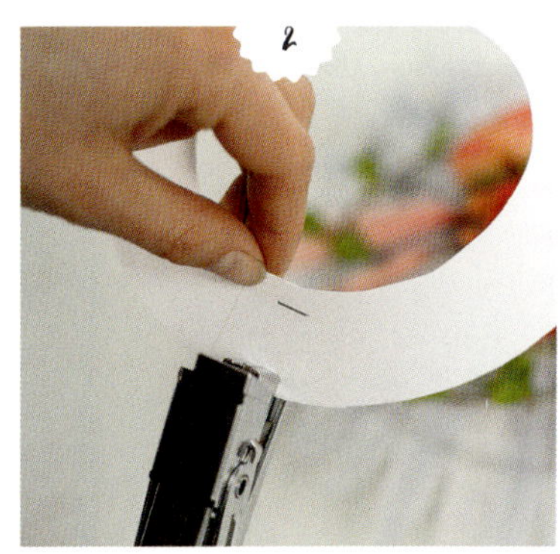

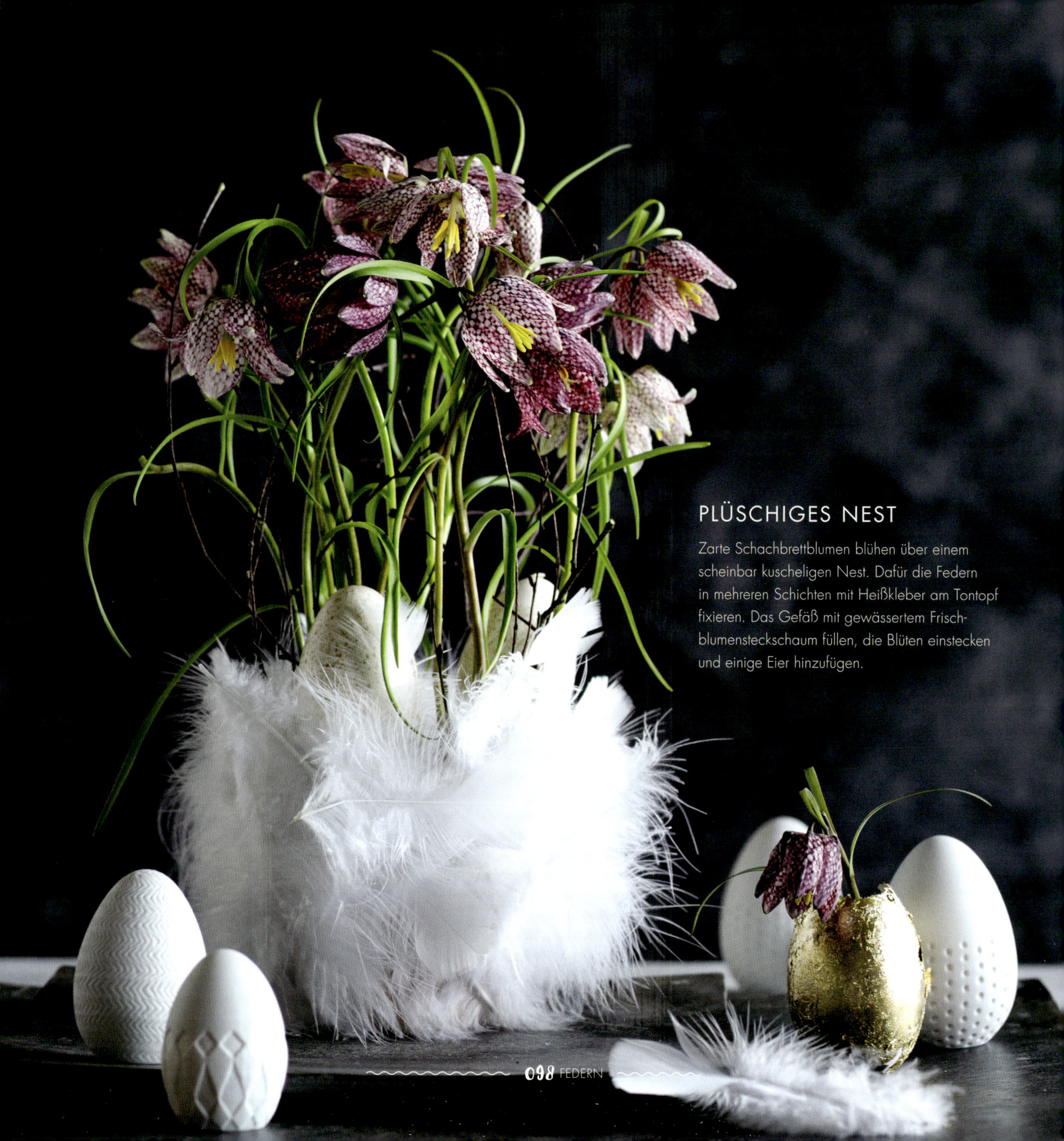

PLÜSCHIGES NEST

Zarte Schachbrettblumen blühen über einem scheinbar kuscheligen Nest. Dafür die Federn in mehreren Schichten mit Heißkleber am Tontopf fixieren. Das Gefäß mit gewässertem Frischblumensteckschaum füllen, die Blüten einstecken und einige Eier hinzufügen.

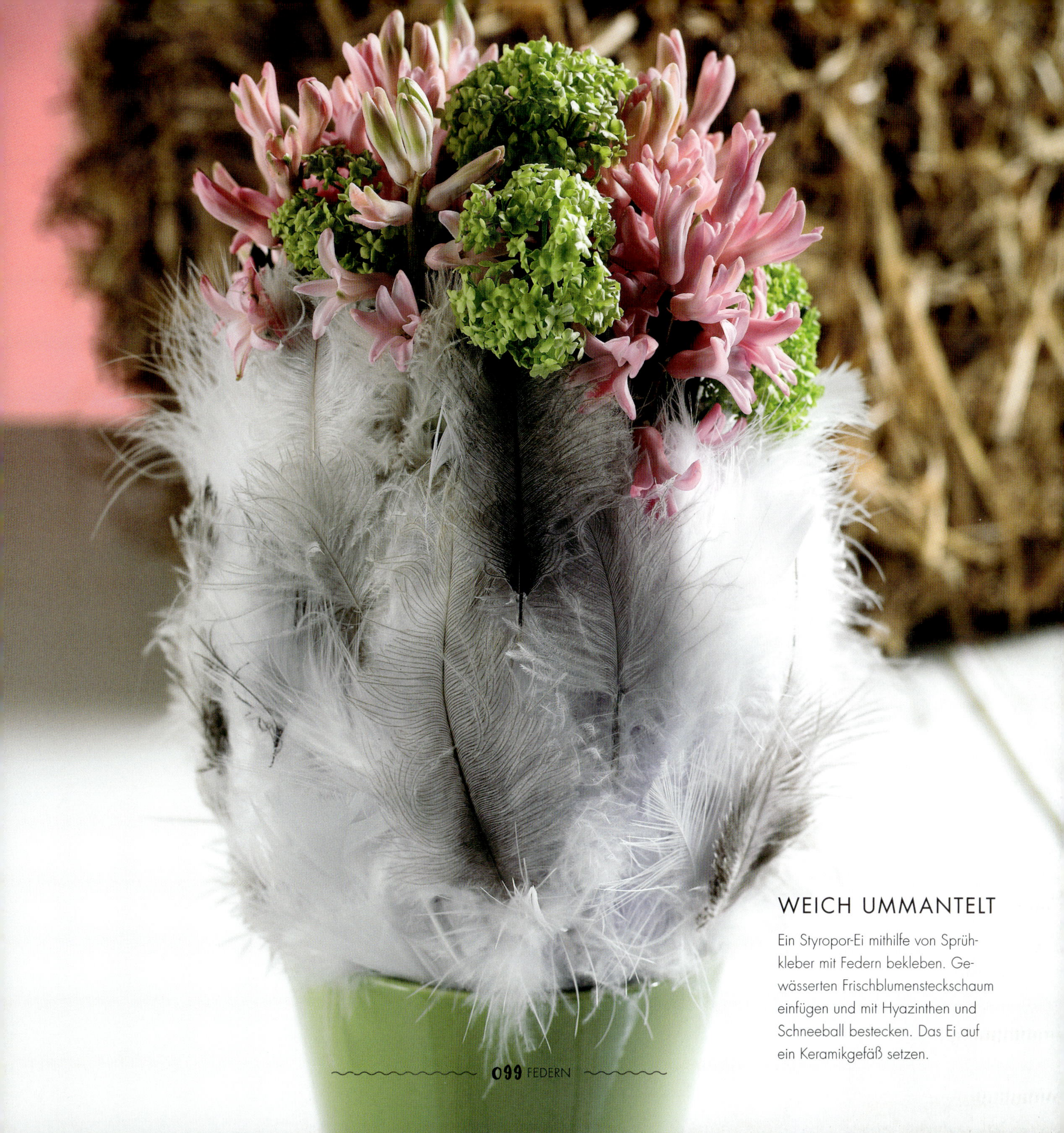

WEICH UMMANTELT

Ein Styropor-Ei mithilfe von Sprühkleber mit Federn bekleben. Gewässerten Frischblumensteckschaum einfügen und mit Hyazinthen und Schneeball bestecken. Das Ei auf ein Keramikgefäß setzen.

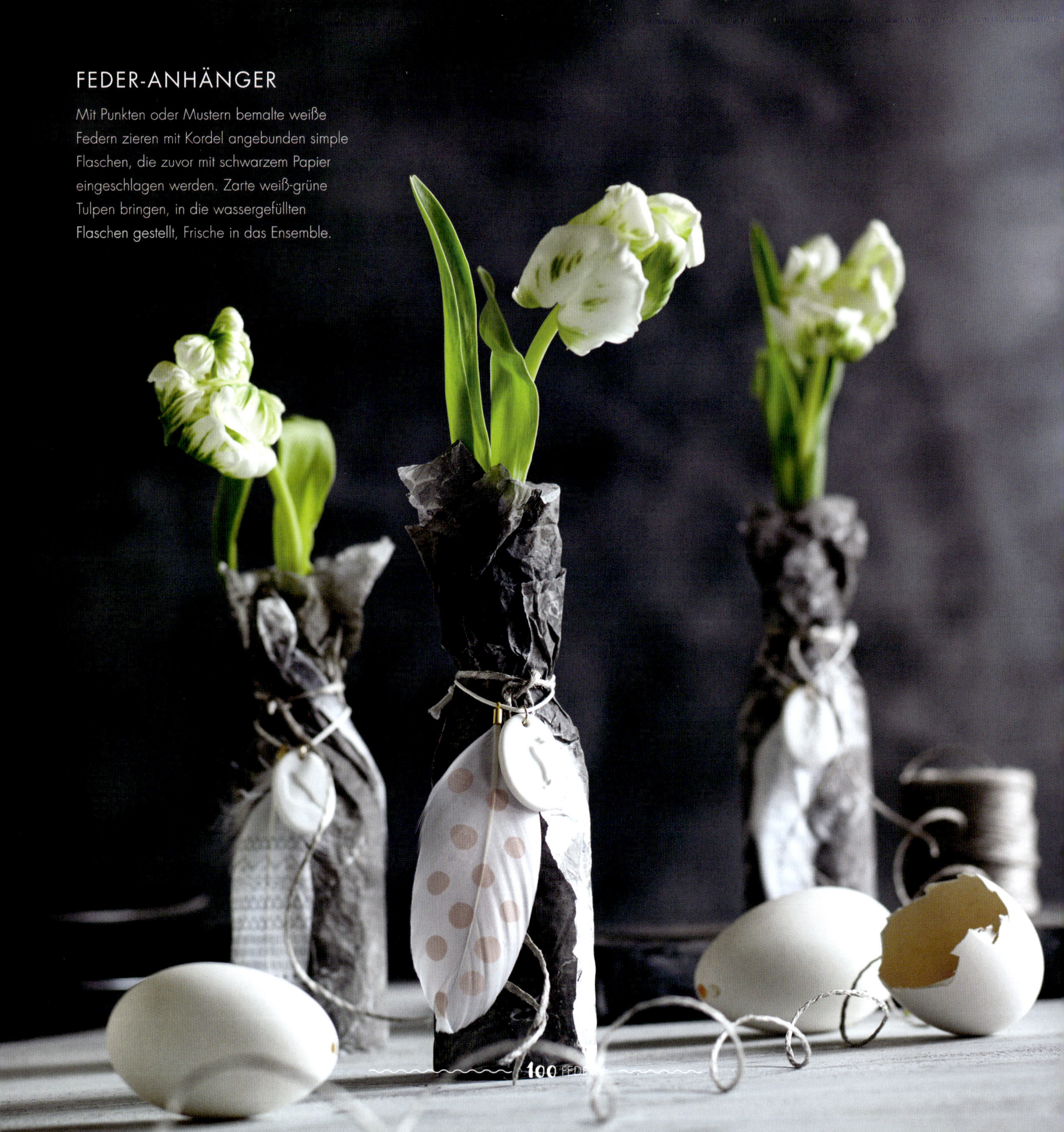

FEDER-ANHÄNGER

Mit Punkten oder Mustern bemalte weiße Federn zieren mit Kordel angebunden simple Flaschen, die zuvor mit schwarzem Papier eingeschlagen werden. Zarte weiß-grüne Tulpen bringen, in die wassergefüllten Flaschen gestellt, Frische in das Ensemble.

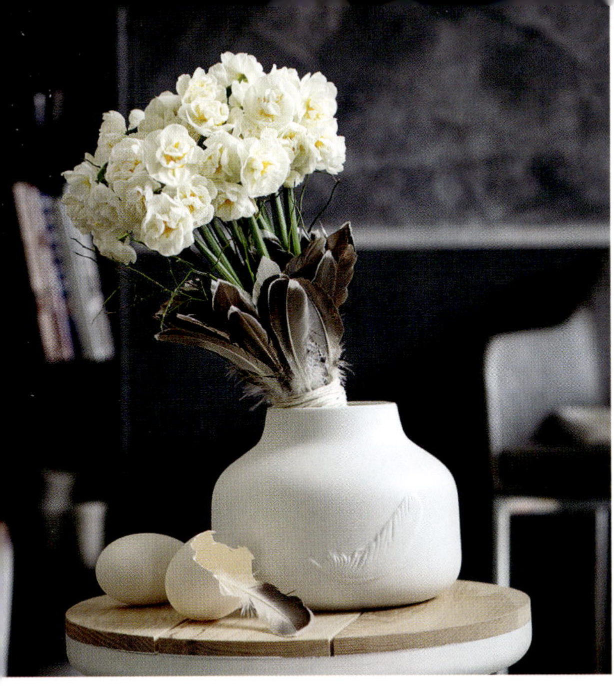

FEDERSCHWEIF

Das dunkle Federkleid bildet eine elegante Manschette um langstielige weiße Tazetten. Dazu die Federn mit dem Kiel nach unten um den Strauß legen. Umwickelte helle Kordel fixiert alles.

SCHWEBENDE FEDERN

Zwischen violettfarbenen Ranunkeln und weißen Tazetten schweben dekorative Federn scheinbar in der Luft. Tatsächlich werden sie einzeln mit Draht an den überhängenden Birkenzweigen befestigt.

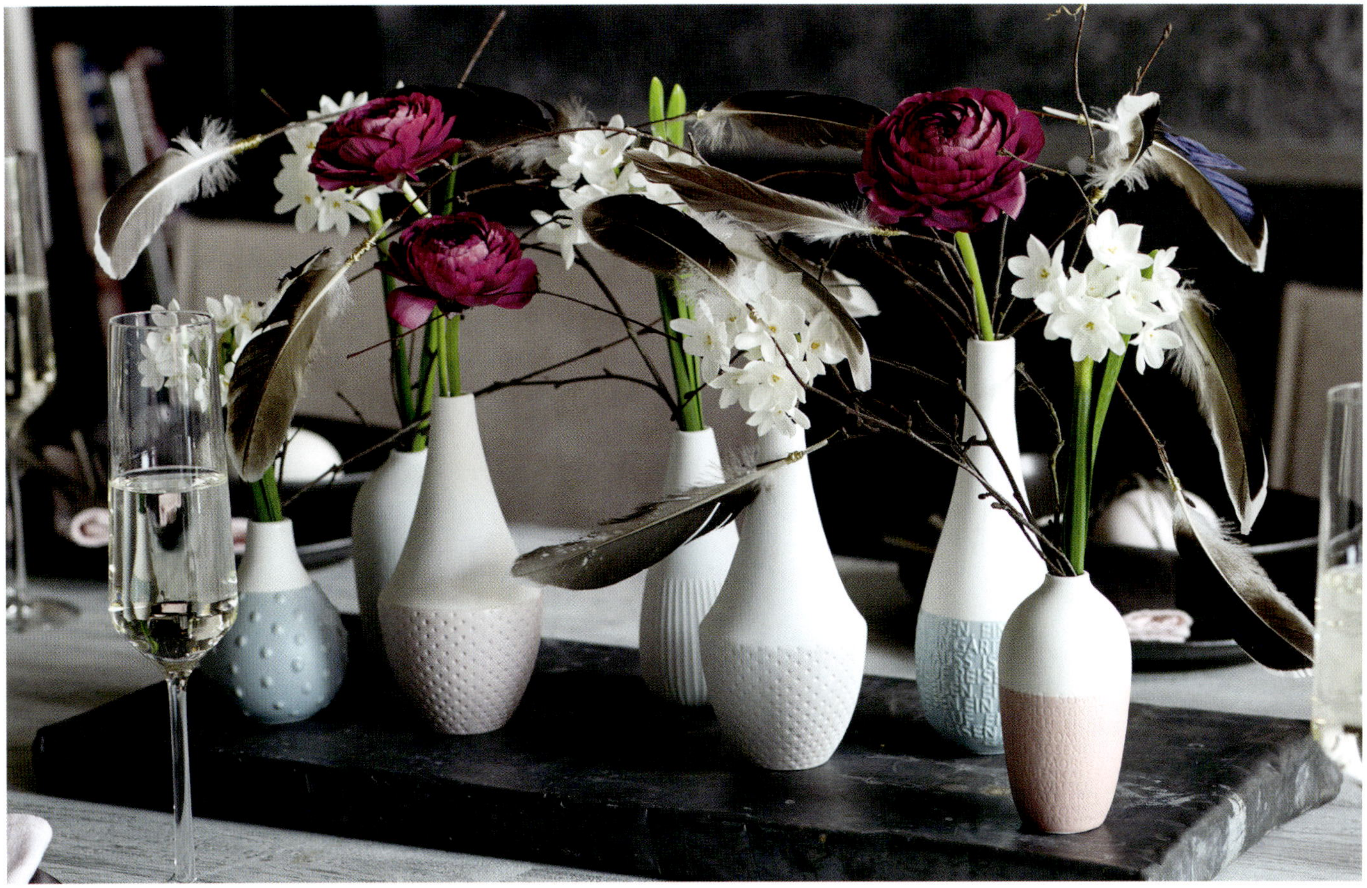

FEDERLEICHT

Ihr „Schwanensee-Röckchen" erhalten die Tulpen, indem sie einzeln durch die mit weißen Federn beklebten Steckschaumzylinder gesteckt werden. Band hält den Federreif zudem an Ort und Stelle über den mit gefärbtem Wasser gefüllten Flaschen.

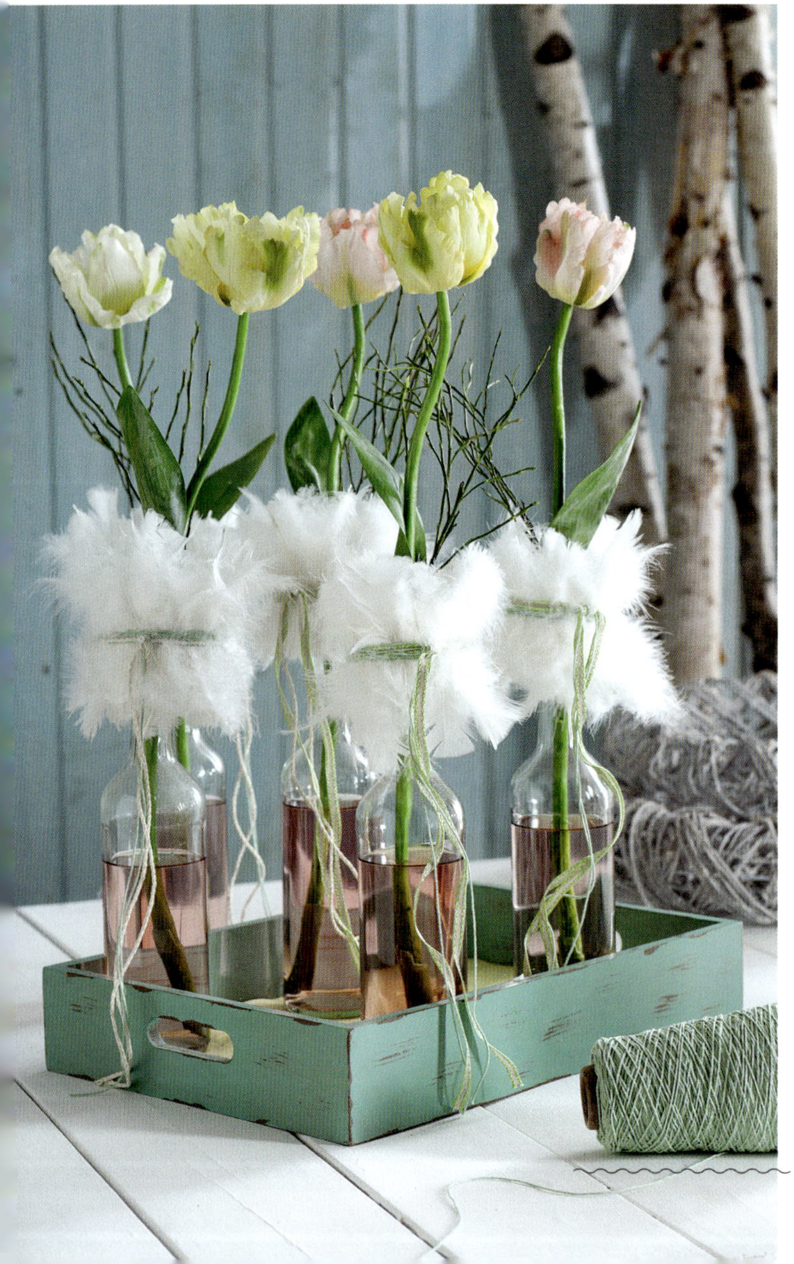

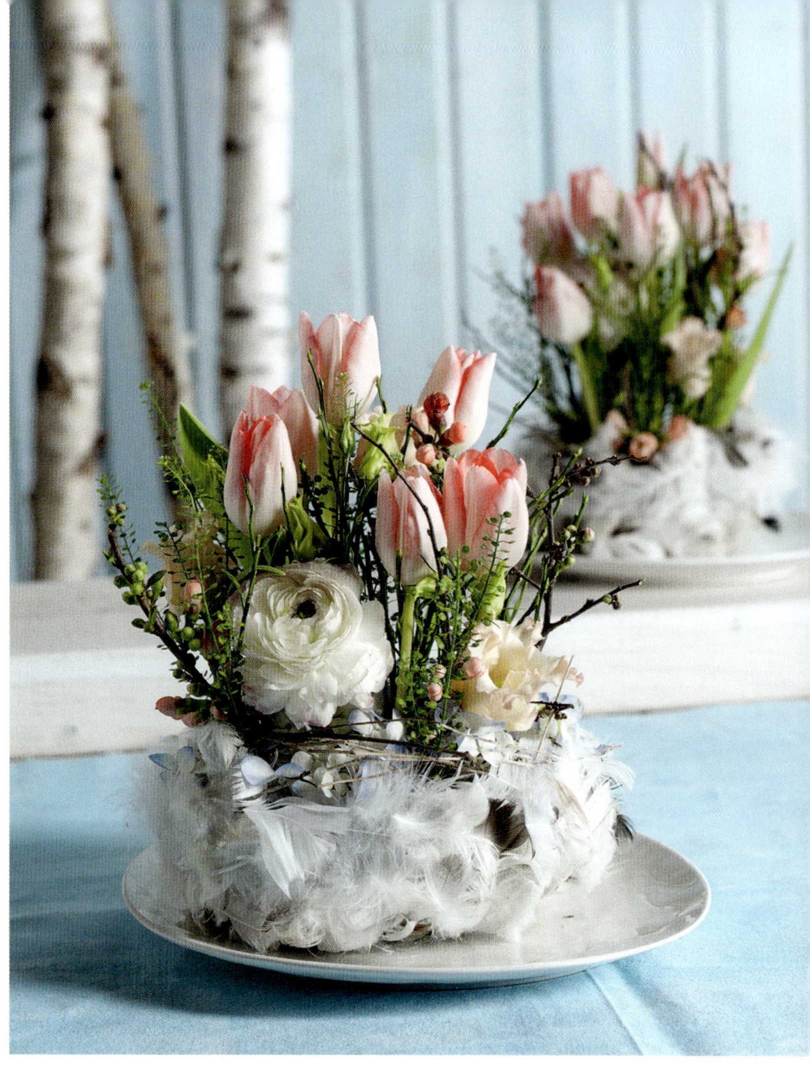

FLAUSCHIG UMGEBEN

Gleich welche Art von Gefäß als Steckschale für die frühlingshaften Blüher verwendet wurde, Federn kaschieren selbiges mit einer flauschigen Oberfläche. Dazu das Gefäß außen mit Sprühkleber besprühen und eine Hand voll Daunenfedern aufdrücken.

Was du brauchst:

Federn, Wickeldraht, Schleifenband, Freesien, Ranunkel
Hortensien, Jasminranken, Schlangenbart

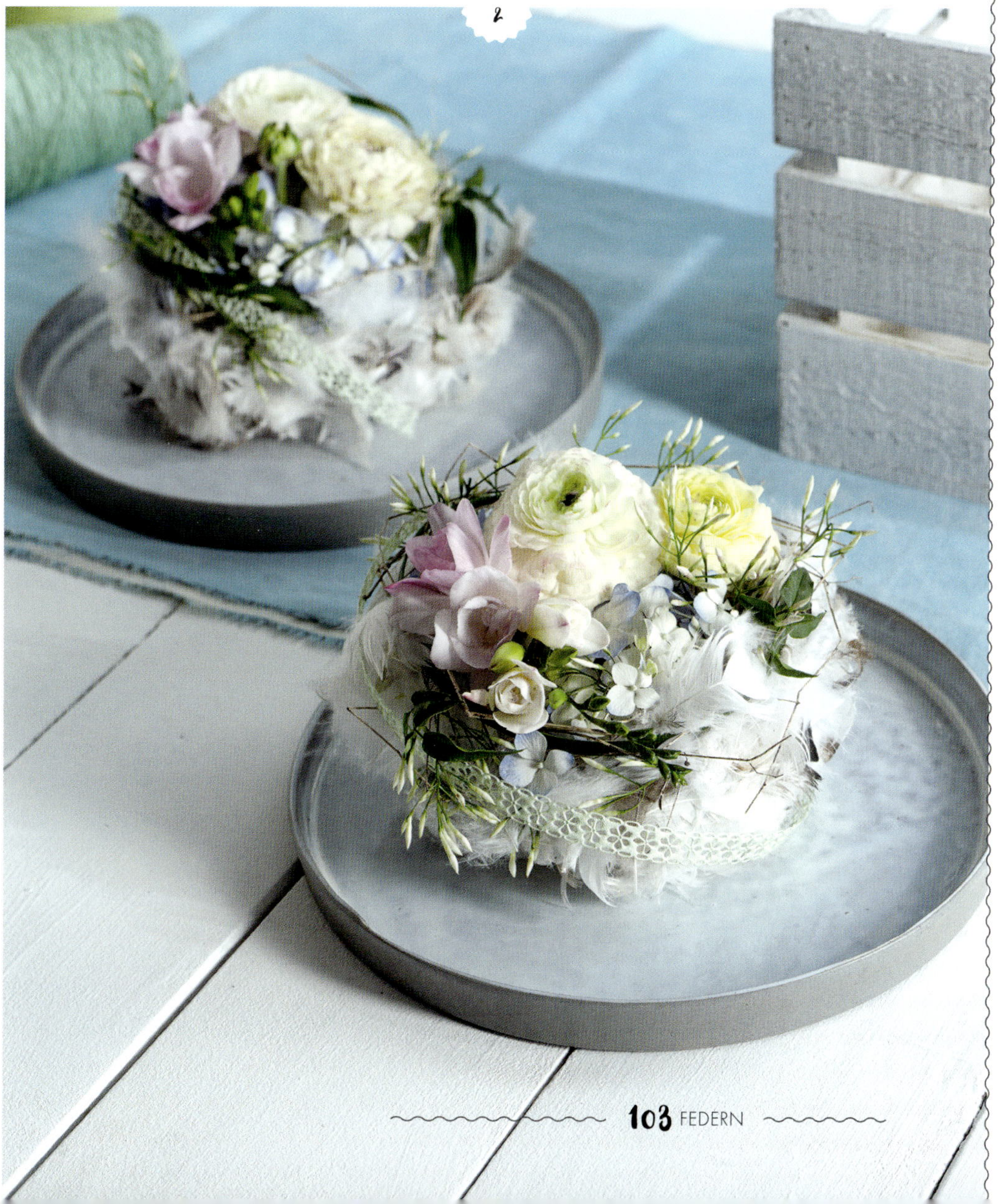

1. Abgespulten Wickeldraht verknäulen, zur Schale formen, mit Sprühkleber versehen und Federn aufdrücken. Den gewässerten Frischblumensteckschaum mit Folie ummanteln, dabei die Oberfläche freilassen und ins Gefäß legen.

2. Die Blüher kurz schneiden, kompakt in den Steckschaum stecken, Ranke und Band umlegen.

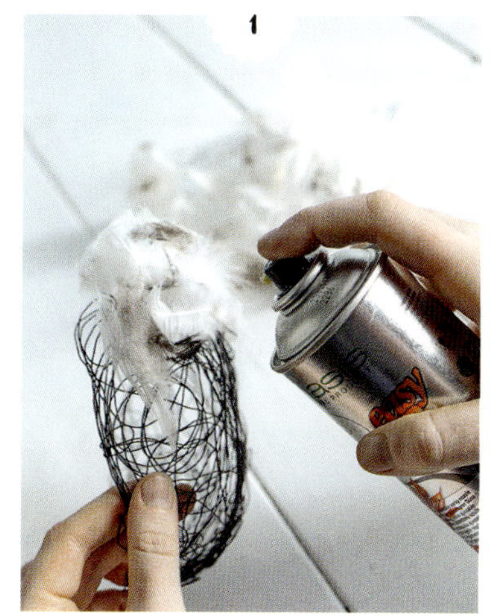

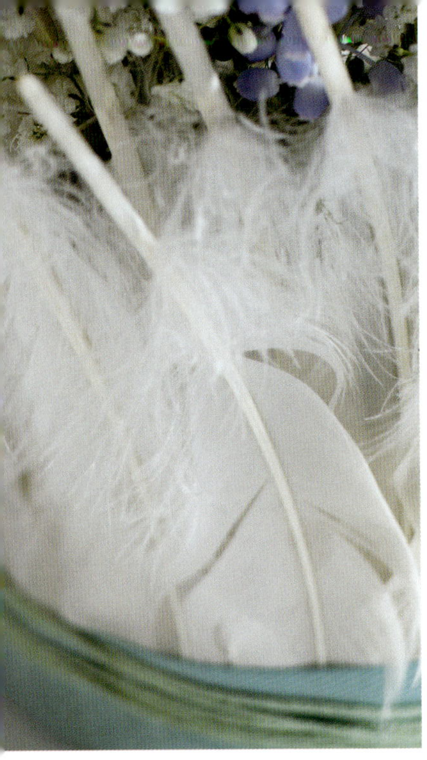

Was du brauchst:

Kunststoffschale mit Frischblumensteckschaumfüllung, Federn, Band, Wollschnur, doppelseitiges Klebeband, Schleierkraut, Traubenhyazinthen, Ackerhellerkraut, Mutterkraut

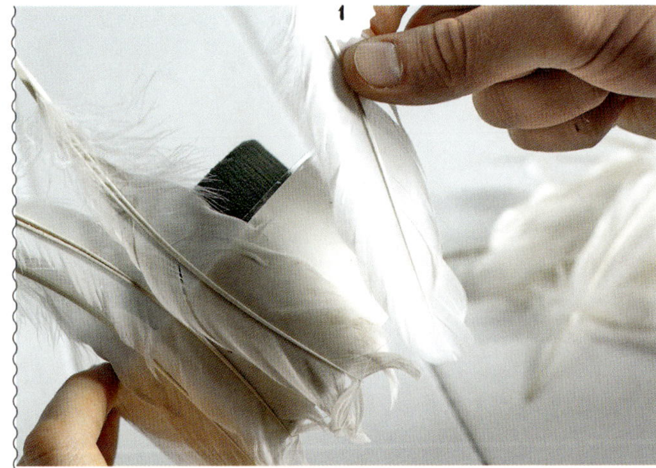

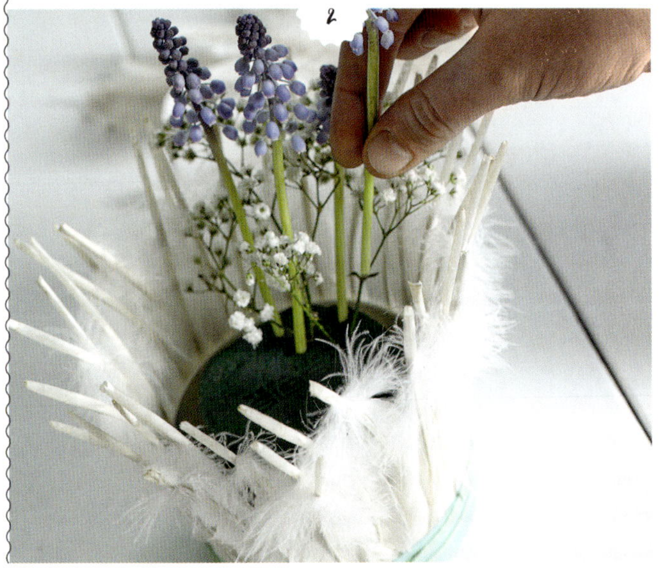

1. Steckschaum wässern und in die Schale setzen. Diese mit Klebeband versehen und die Federn mit dem Kiel nach oben dicht an dicht aufkleben.

2. Den unteren Bereich der Schale mit Band und Wollschnur umwickeln und festkleben. Nun die Frühlingsblüher einstecken. Die Traubenhyazinthen mittig, die anderen Blüten drumherum anordnen.

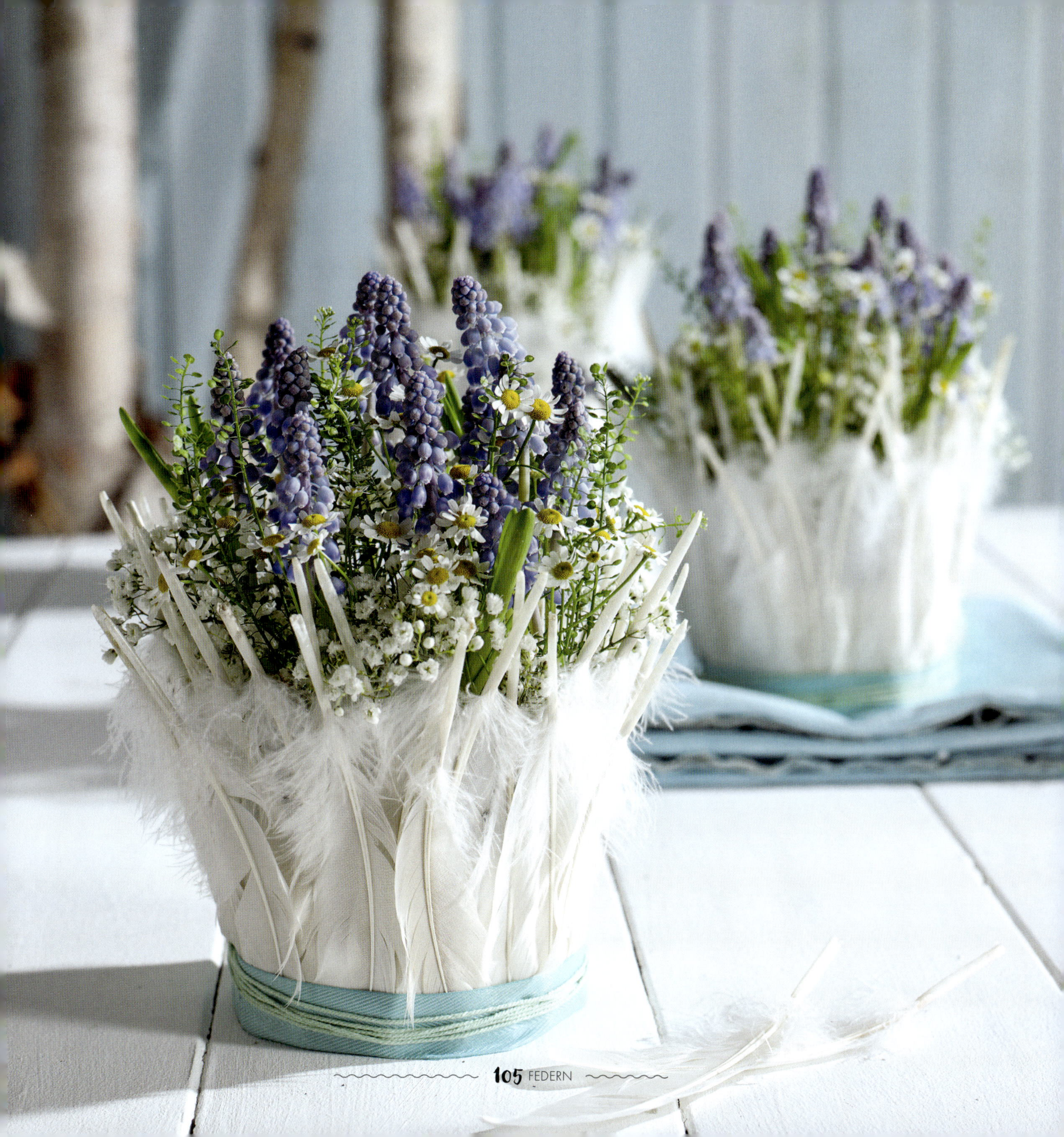

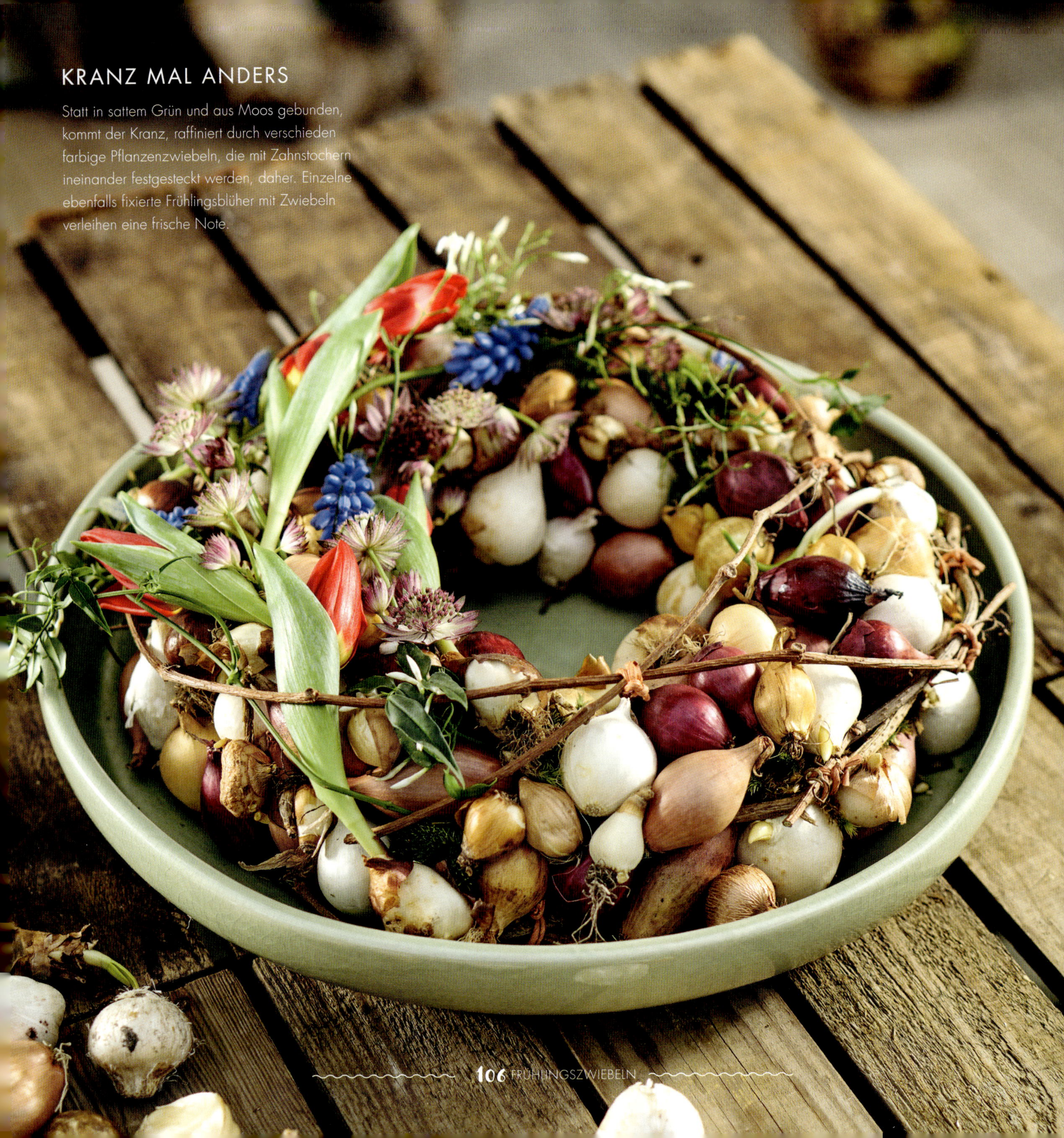

KRANZ MAL ANDERS

Statt in sattem Grün und aus Moos gebunden, kommt der Kranz, raffiniert durch verschieden farbige Pflanzenzwiebeln, die mit Zahnstochern ineinander festgesteckt werden, daher. Einzelne ebenfalls fixierte Frühlingsblüher mit Zwiebeln verleihen eine frische Note.

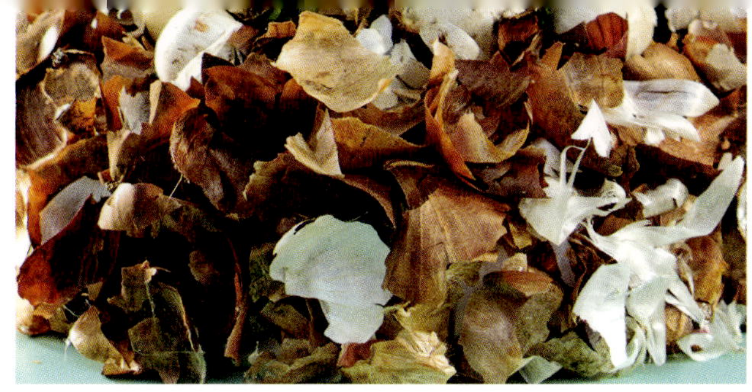

Frühlingszwiebeln

Viel zu schade, um sie in der Erde zu verbuddeln! Die knackigen Pflanzenzwiebeln, mit ihrer knubbelig runden Form und den Pergamenthäutchen, lassen sich ganz leicht zu raffinierten Arrangements verarbeiten. Sie sind zum einen lange haltbar, zum anderen höchst dekorativ. Ob ruhend oder bereits austreibend, Zwiebeln sind echte Frühlingsrepräsentanten.

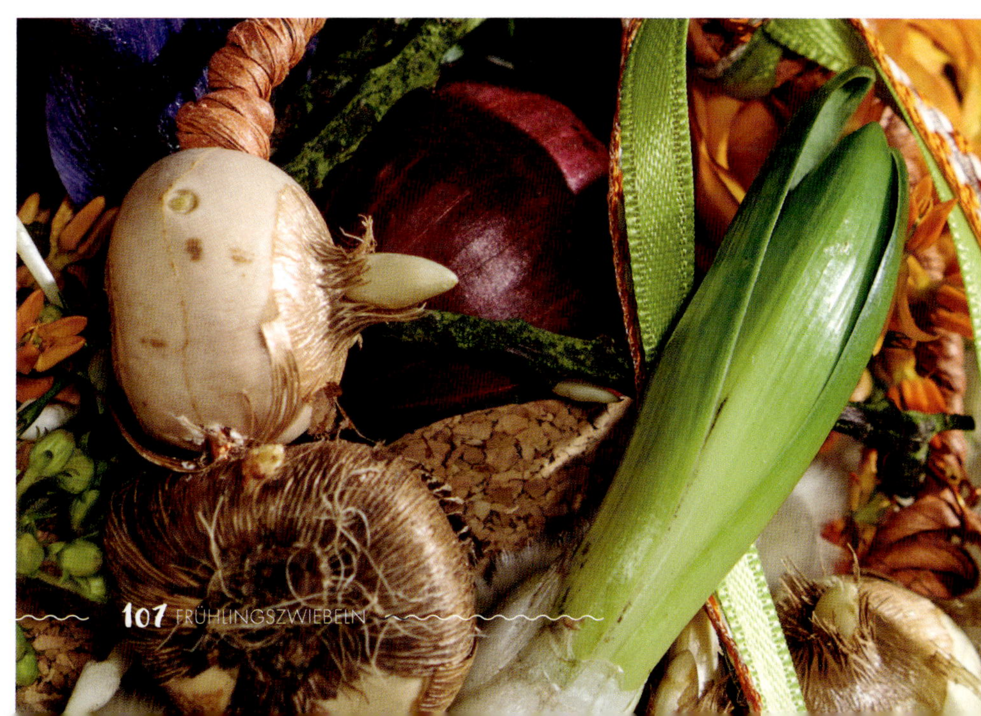

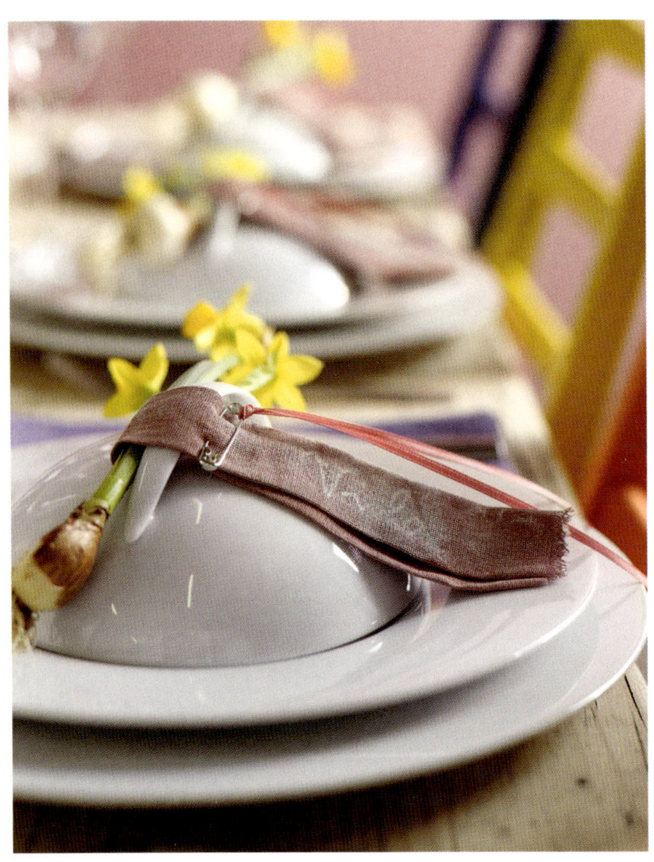

WILLKOMMEN

Blumiger Gruß für die Gäste! Mit grobem Band und Sicherheitsnadeln ummantelt, finden Narzissen samt Zwiebeln an edlen Porzellan-Cloches Halt und begrüßen die Geladenen. Ihr Selbstversorgungspaket stets dabei, macht sie für einige Zeit unabhängig von Wasser oder Erde.

BLÜTENNEST

Ein innovatives Nest für den leuchtenden Blütenmix bilden gefaltete Geschirrtücher. Dafür werden sie einfach mit Kordel um wassergefüllte Gläser gebunden. Letztere halten die Frühlingsblumen frisch.

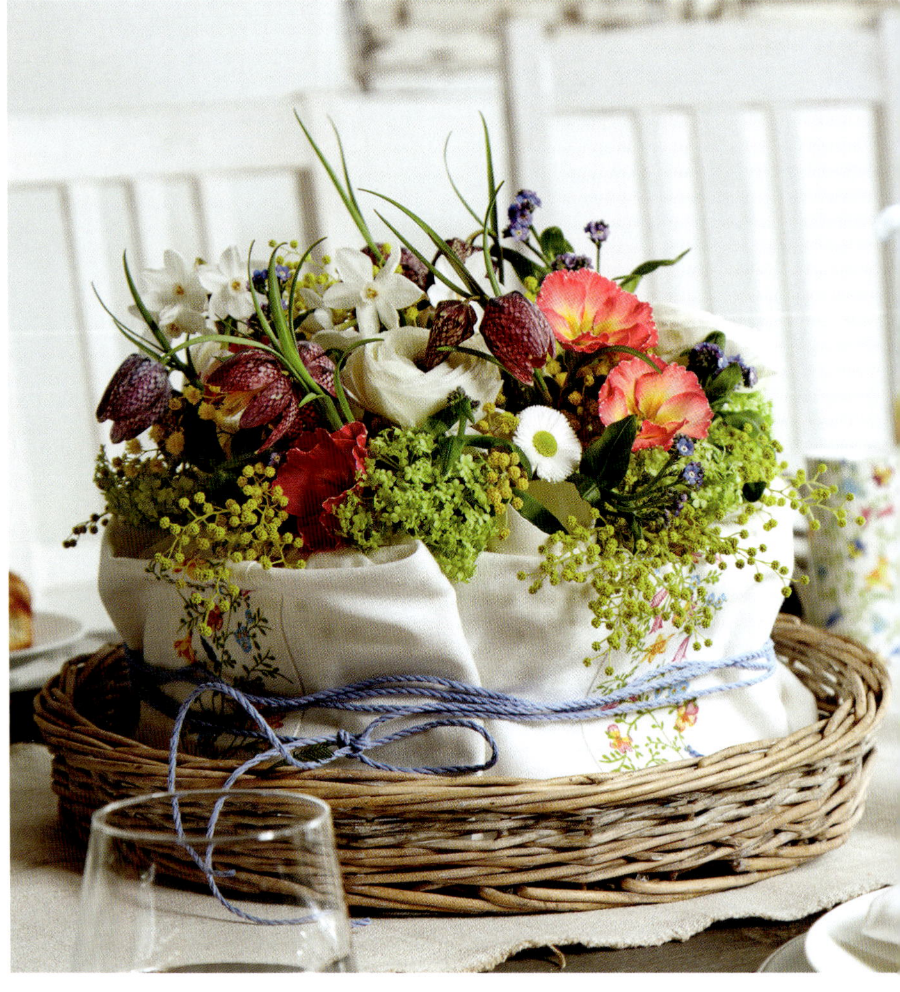

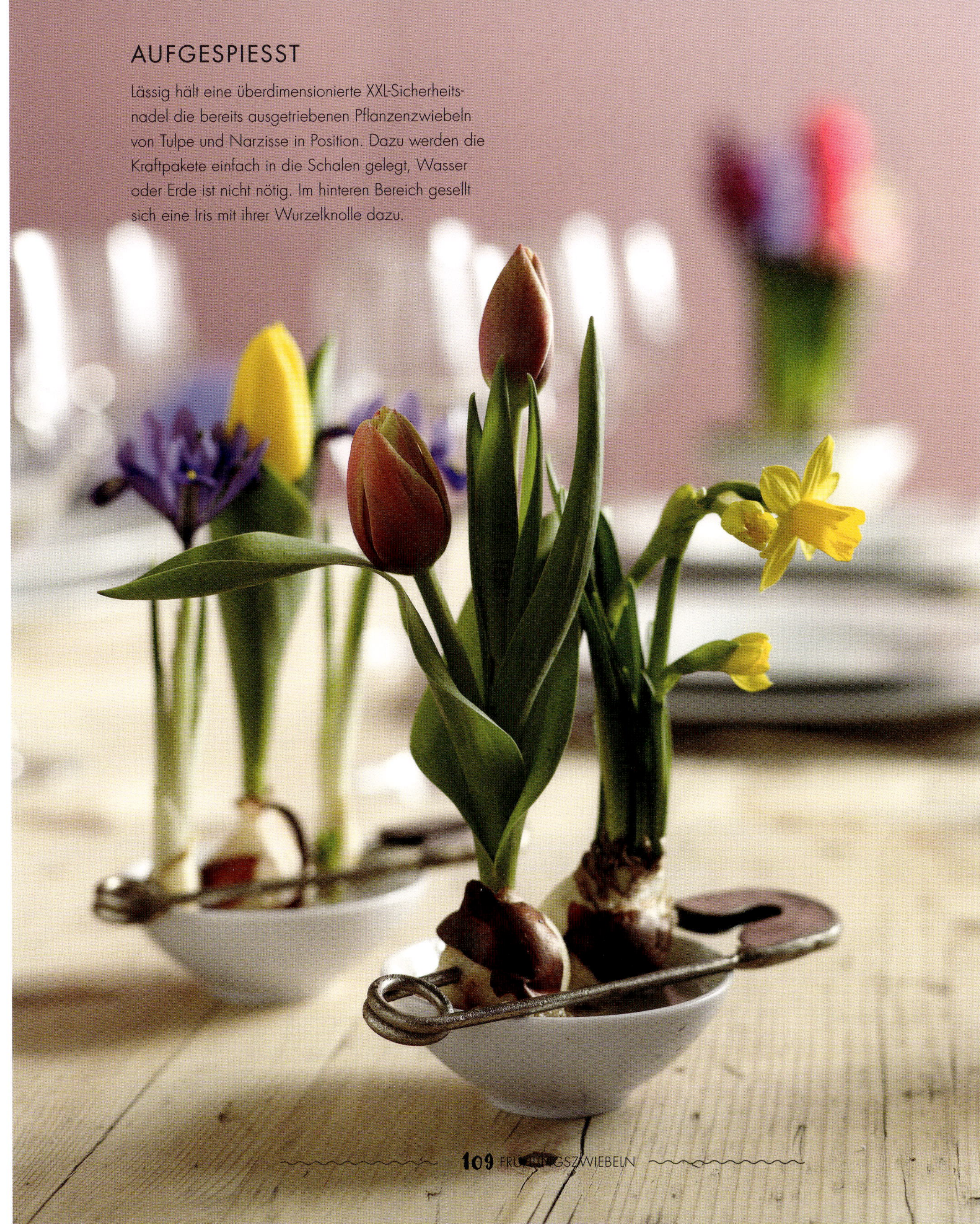

AUFGESPIESST

Lässig hält eine überdimensionierte XXL-Sicherheitsnadel die bereits ausgetriebenen Pflanzenzwiebeln von Tulpe und Narzisse in Position. Dazu werden die Kraftpakete einfach in die Schalen gelegt, Wasser oder Erde ist nicht nötig. Im hinteren Bereich gesellt sich eine Iris mit ihrer Wurzelknolle dazu.

ZWIEBELHAUFEN

Holzspießchen halten die unterschiedlichen und zum Teil bereits ausgetriebenen Zwiebeln eng beeinander. Als formgebender Untergrund dient ungewässerter und mit einem Drahtgeflecht überzogener Steckschaum. Moos bedeckt die freien Bereiche.

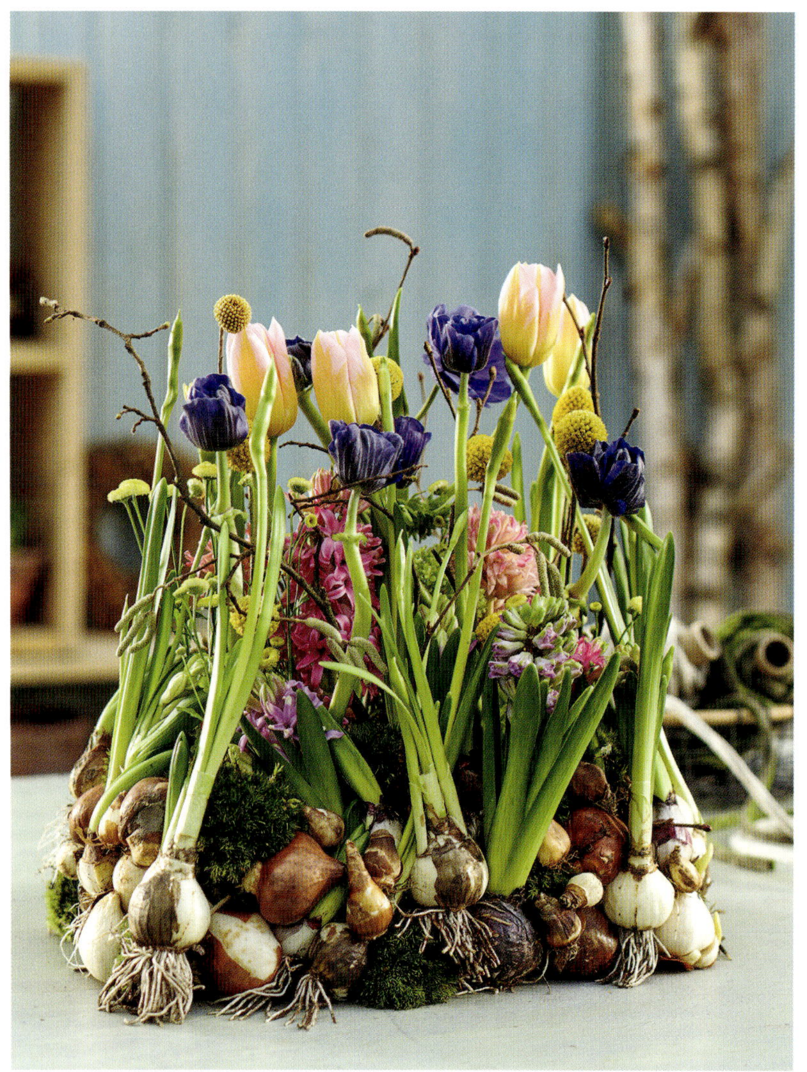

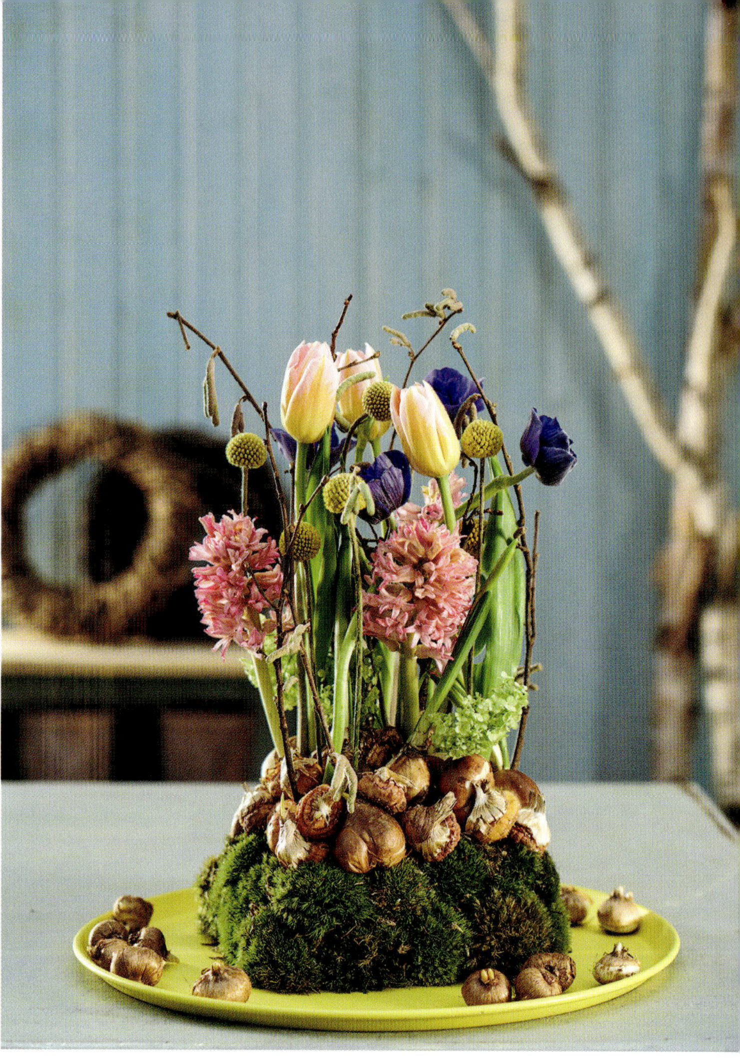

ZWIEBELTÜRMCHEN

Auf dem gewässerten und seitlich mit Moos bedeckten Frischblumensteckschaum türmen sich die Pflanzenzwiebeln, die jeweils mit einem Holzspießchen fixiert sind. Zu den Hyazinthen und Tulpen gesellen sich als Schnittblumen, die direkt in den Steckschaum gesteckt sind, Schneeball, Anemonen, Haselzweige und Trommelschlägel.

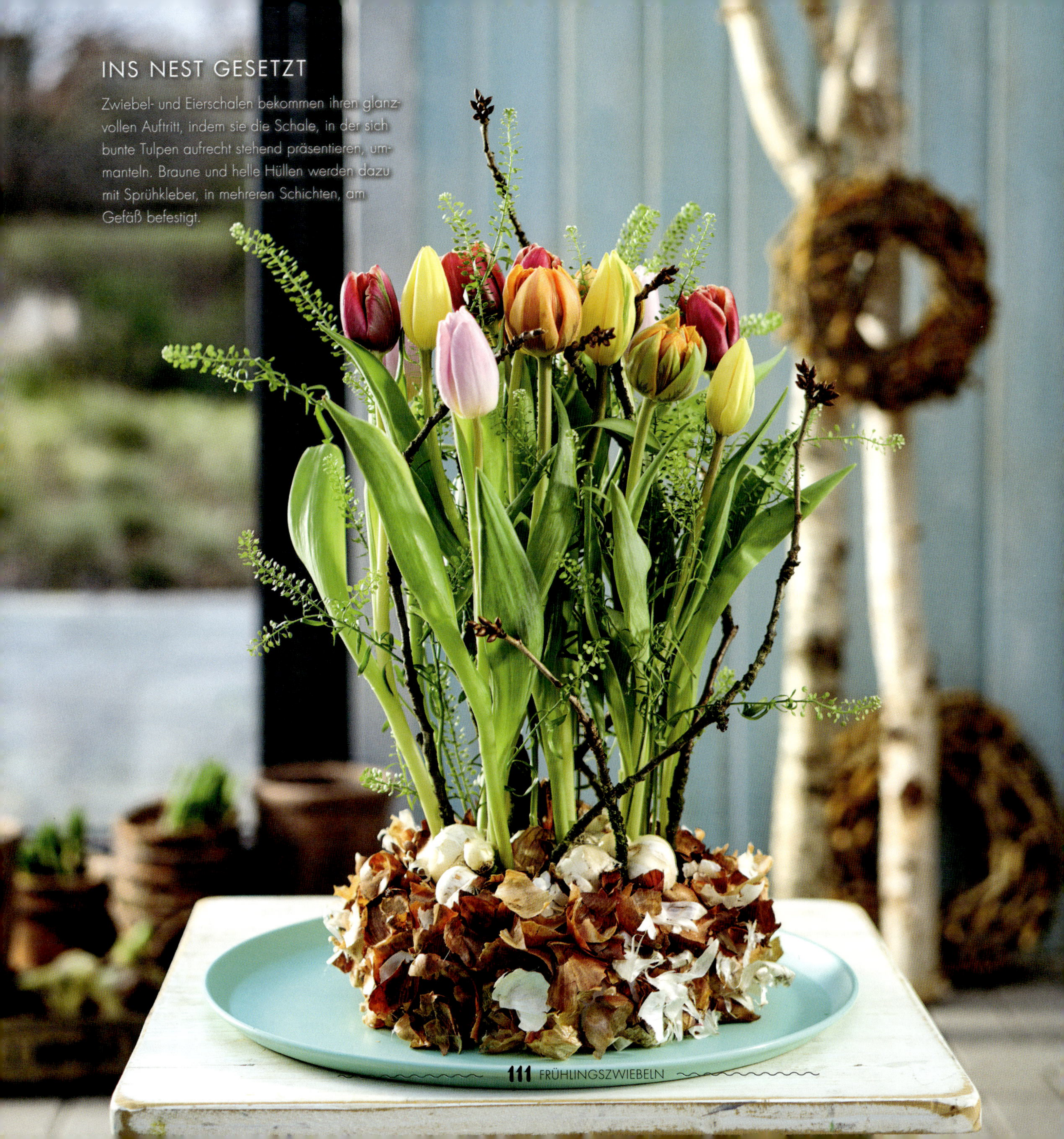

INS NEST GESETZT

Zwiebel- und Eierschalen bekommen ihren glanzvollen Auftritt, indem sie die Schale, in der sich bunte Tulpen aufrecht stehend präsentieren, ummanteln. Braune und helle Hüllen werden dazu mit Sprühkleber, in mehreren Schichten, am Gefäß befestigt.

ZWIEBELKRANZ

Tulpenzwiebeln mit den Spitzen im oberen Kranz nach oben, im unteren nach unten mittels Zahnstocher auf einen mit Moos ummantelten Steckschaumring stecken. Diesen auf den Vasenrand platzieren und Tulpen, Hasel- und Flechtenzweige einstellen.

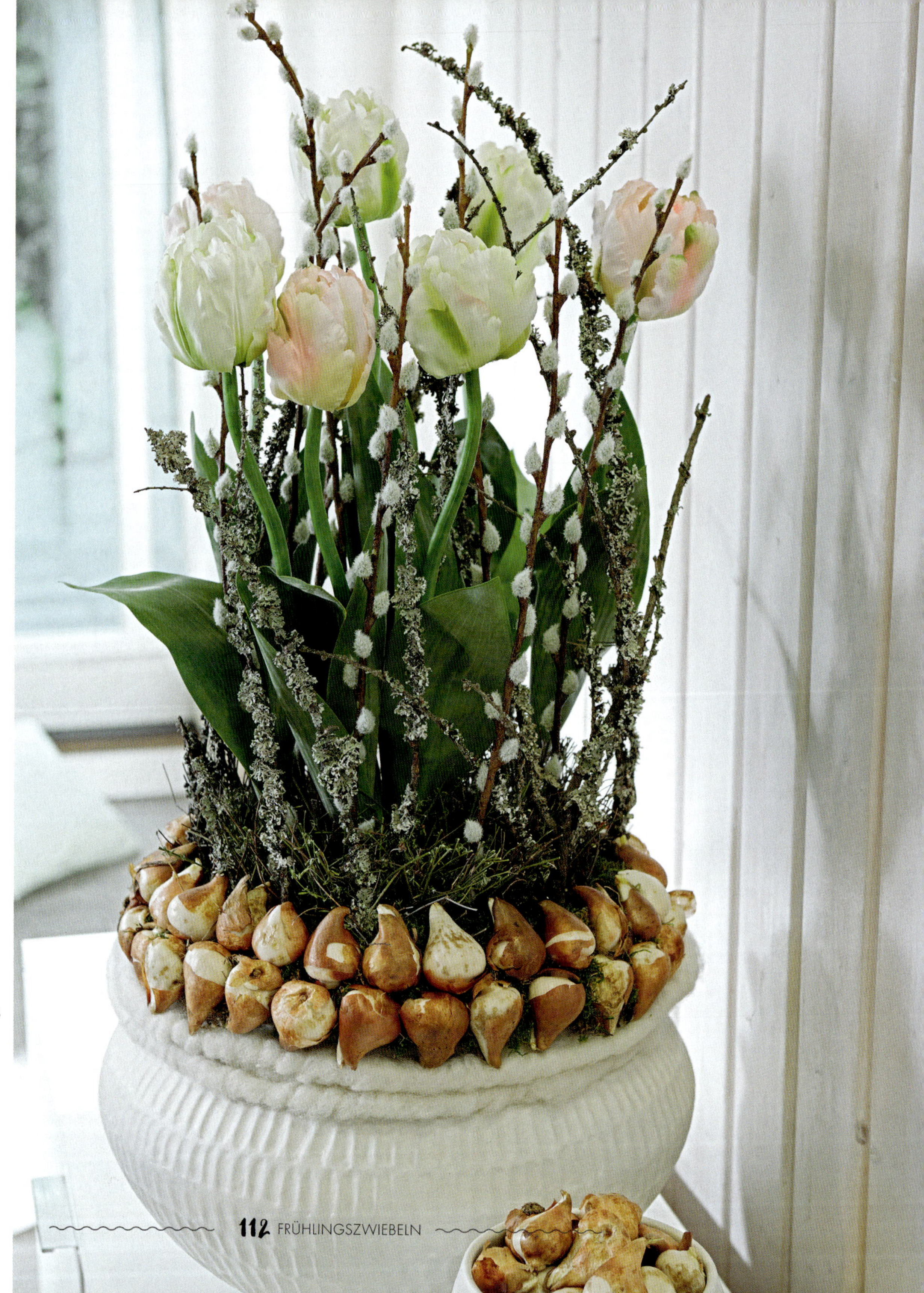

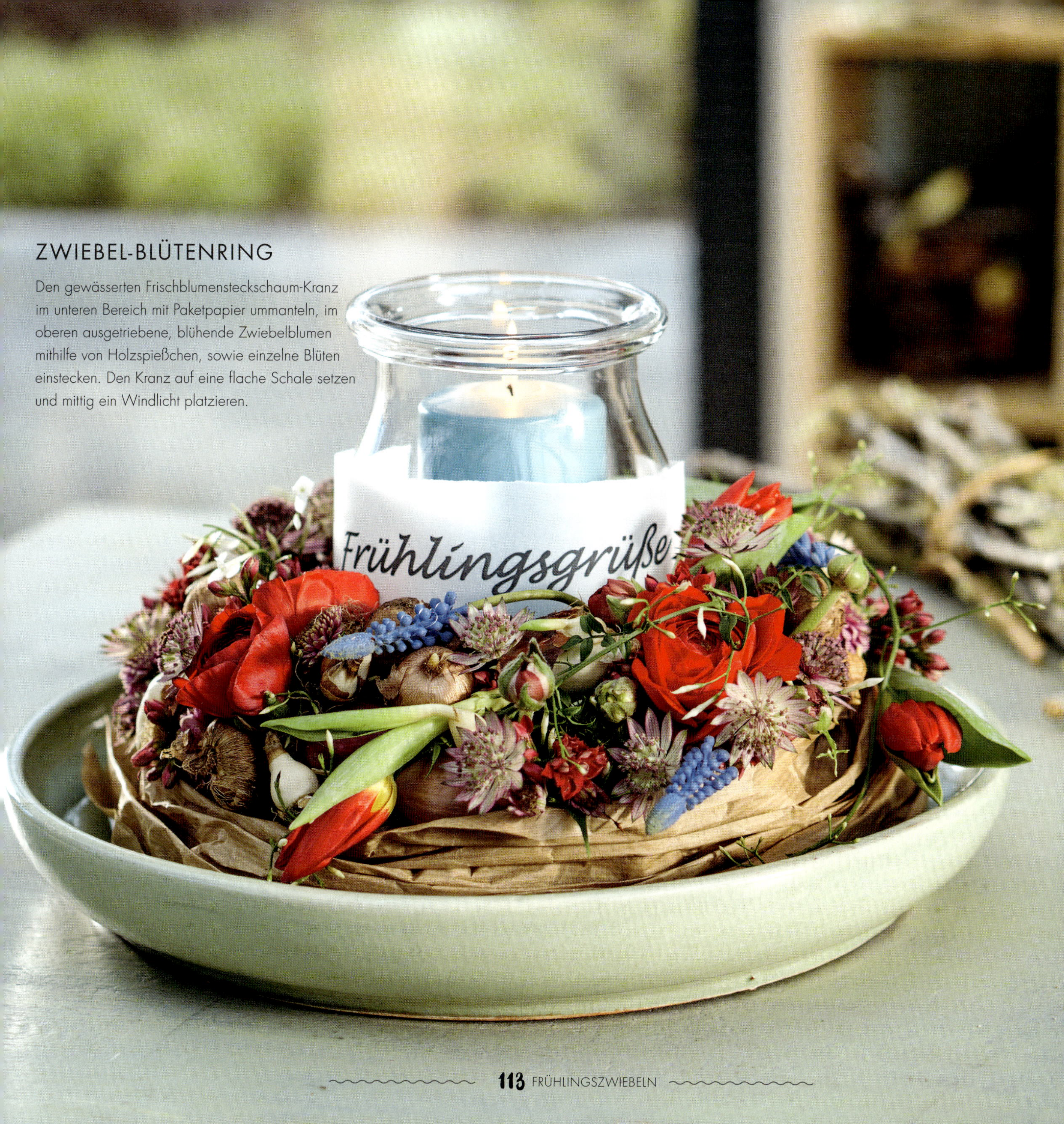

ZWIEBEL-BLÜTENRING

Den gewässerten Frischblumensteckschaum-Kranz im unteren Bereich mit Paketpapier ummanteln, im oberen ausgetriebene, blühende Zwiebelblumen mithilfe von Holzspießchen, sowie einzelne Blüten einstecken. Den Kranz auf eine flache Schale setzen und mittig ein Windlicht platzieren.

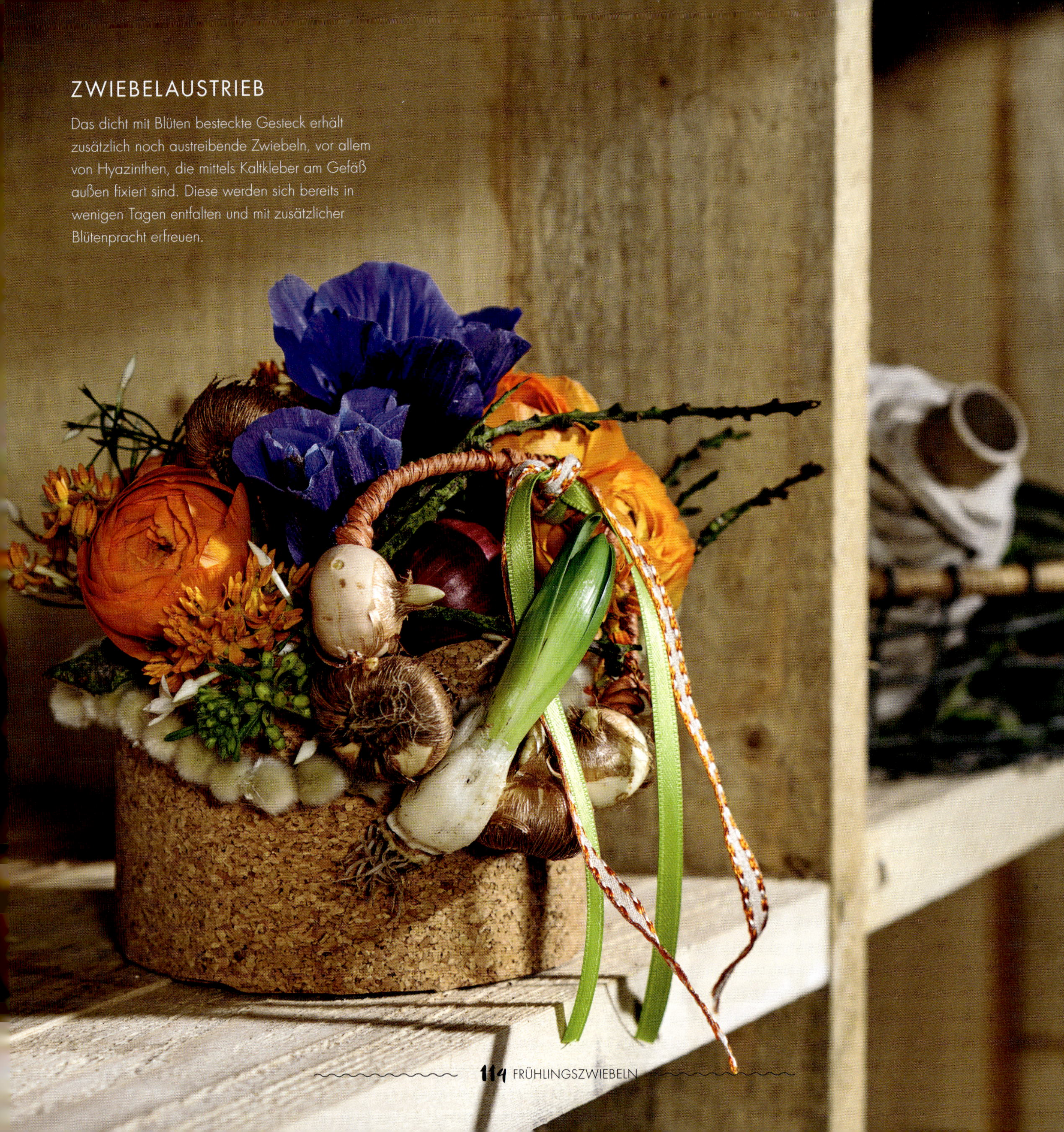

ZWIEBELAUSTRIEB

Das dicht mit Blüten besteckte Gesteck erhält zusätzlich noch austreibende Zwiebeln, vor allem von Hyazinthen, die mittels Kaltkleber am Gefäß außen fixiert sind. Diese werden sich bereits in wenigen Tagen entfalten und mit zusätzlicher Blütenpracht erfreuen.

FRÜHLINGSZEIT – ZWIEBELZEIT

Die zuvor außen mit Schmuckpapier und -band dekorierte, dann mit Folie ausgeschlagene und mit gewässertem Frischblumensteckschaum gefüllte Kiste erhält ein Frühlingstopping aus ruhenden und ausgetriebenen Zwiebeln. Unmissverständlich wird sie so zum Frühlingsgruß.

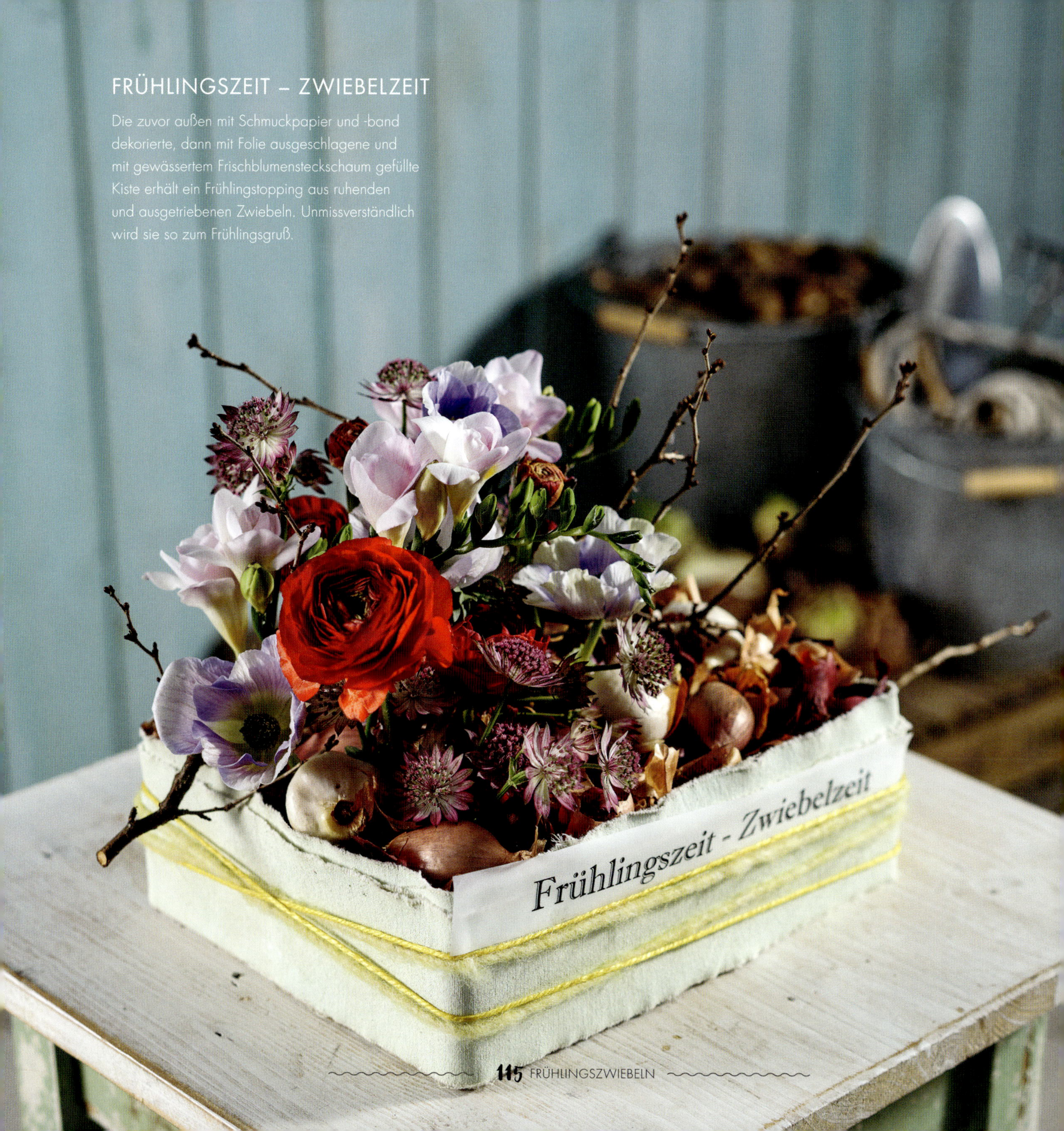

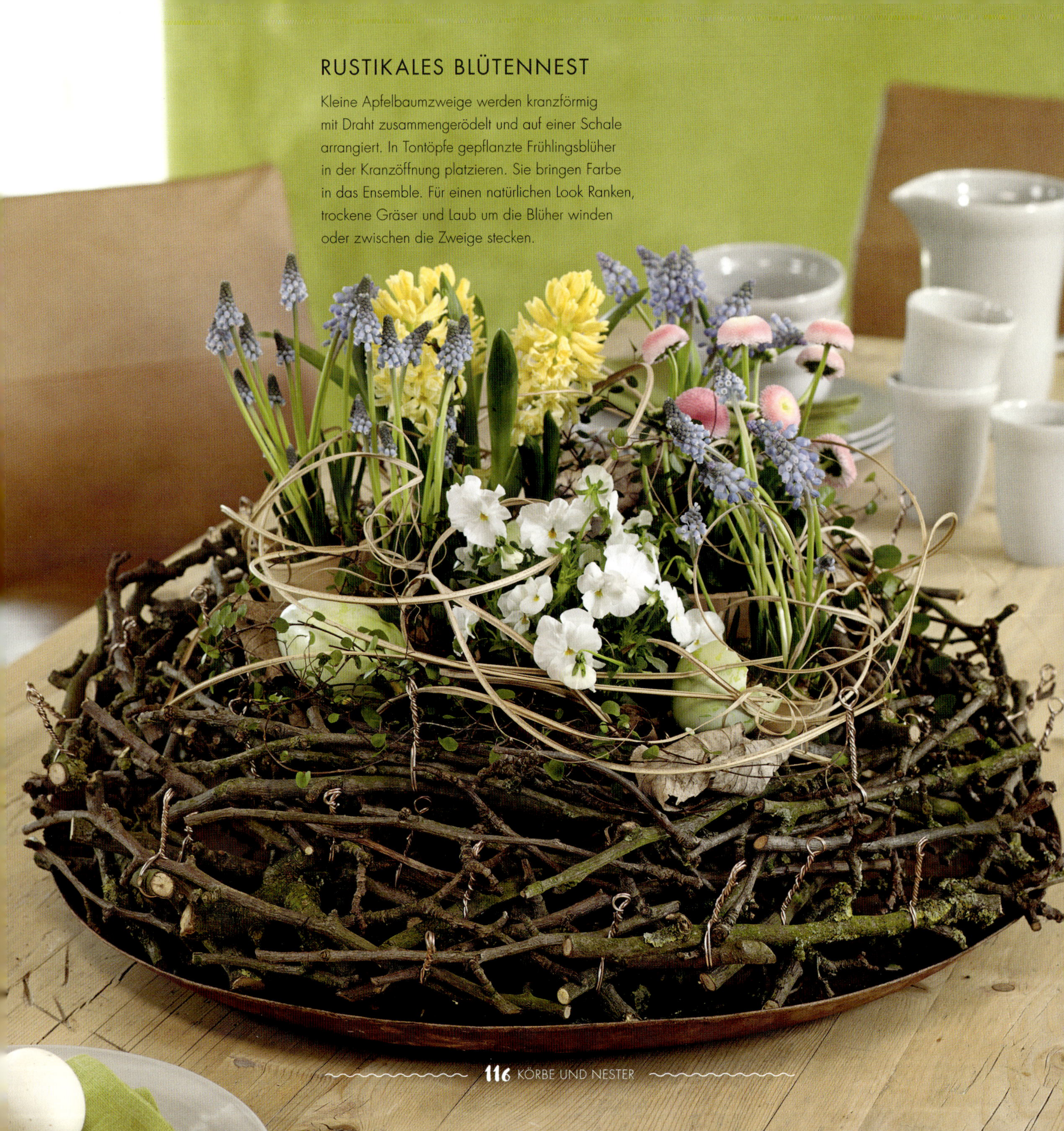

RUSTIKALES BLÜTENNEST

Kleine Apfelbaumzweige werden kranzförmig mit Draht zusammengerödelt und auf einer Schale arrangiert. In Tontöpfe gepflanzte Frühlingsblüher in der Kranzöffnung platzieren. Sie bringen Farbe in das Ensemble. Für einen natürlichen Look Ranken, trockene Gräser und Laub um die Blüher winden oder zwischen die Zweige stecken.

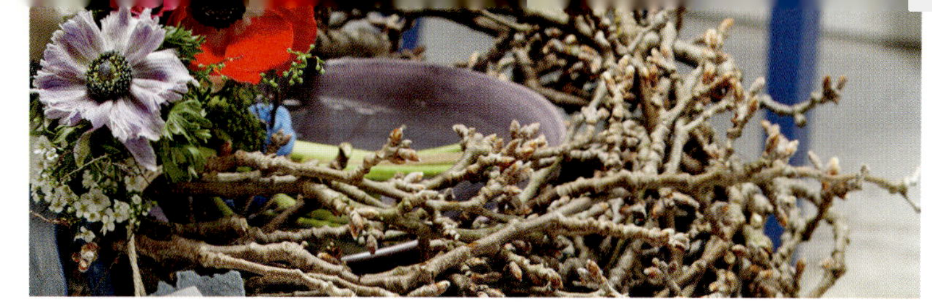

Von Körben und Nestern

Wenn die Natur im Frühling zu neuem Leben erwacht, werden auch Amsel, Drossel, Fink und Star aktiv und beginnen sich ihr Nest einzurichten. Schon bald zieren dann Wunderwerke aus Zweigen, Blättern und Co. die Baumkronen. Auch in den eigenen vier Wänden lassen sich kunstvolle Körbe und Nester aus Naturprodukten kreieren und mit Frühlingsblühern in Szene setzen.

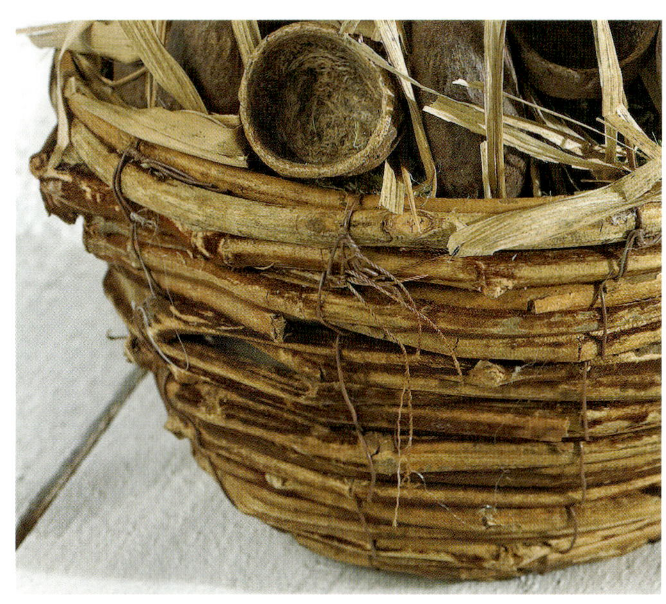

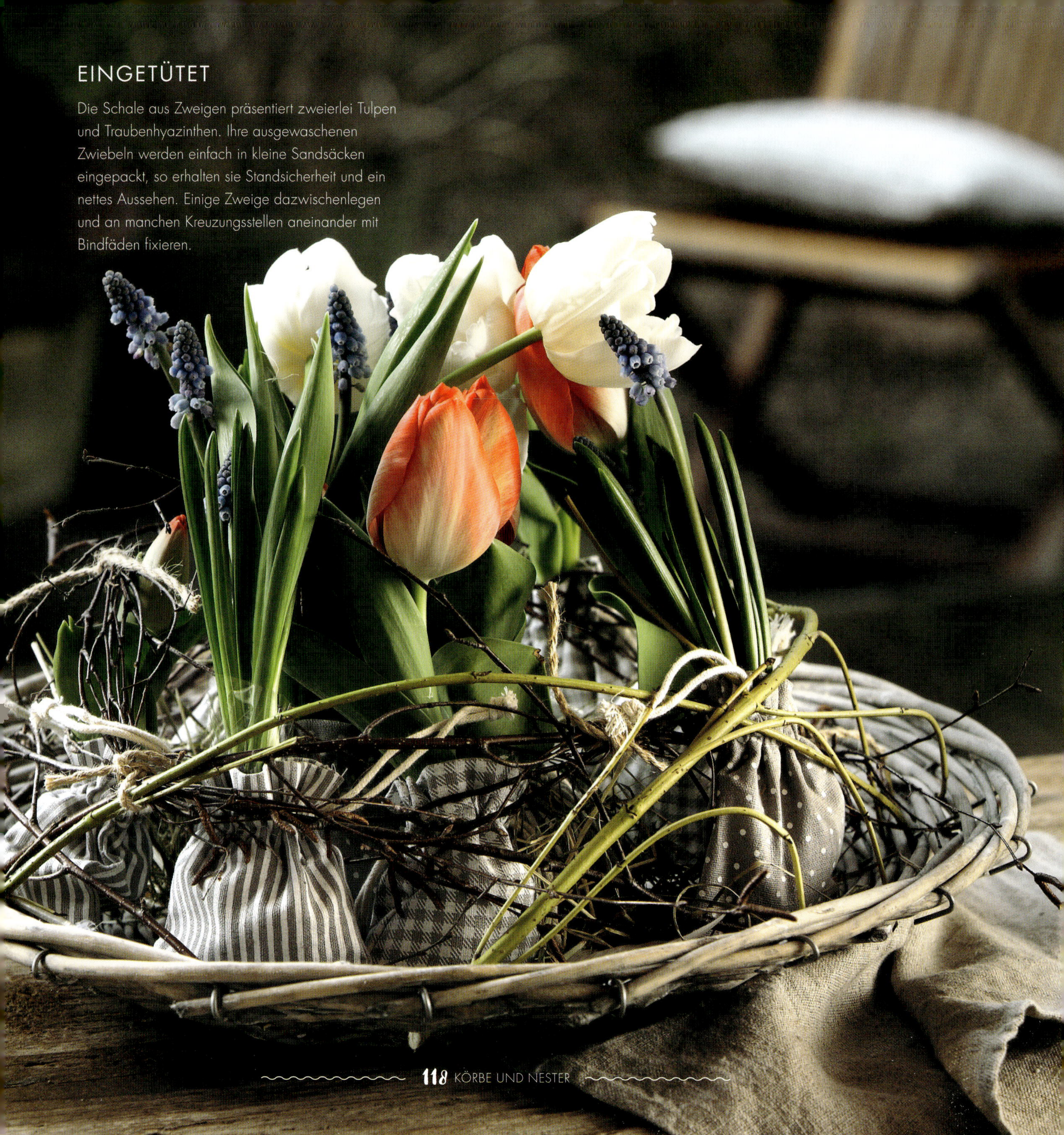

EINGETÜTET

Die Schale aus Zweigen präsentiert zweierlei Tulpen und Traubenhyazinthen. Ihre ausgewaschenen Zwiebeln werden einfach in kleine Sandsäcken eingepackt, so erhalten sie Standsicherheit und ein nettes Aussehen. Einige Zweige dazwischenlegen und an manchen Kreuzungsstellen aneinander mit Bindfäden fixieren.

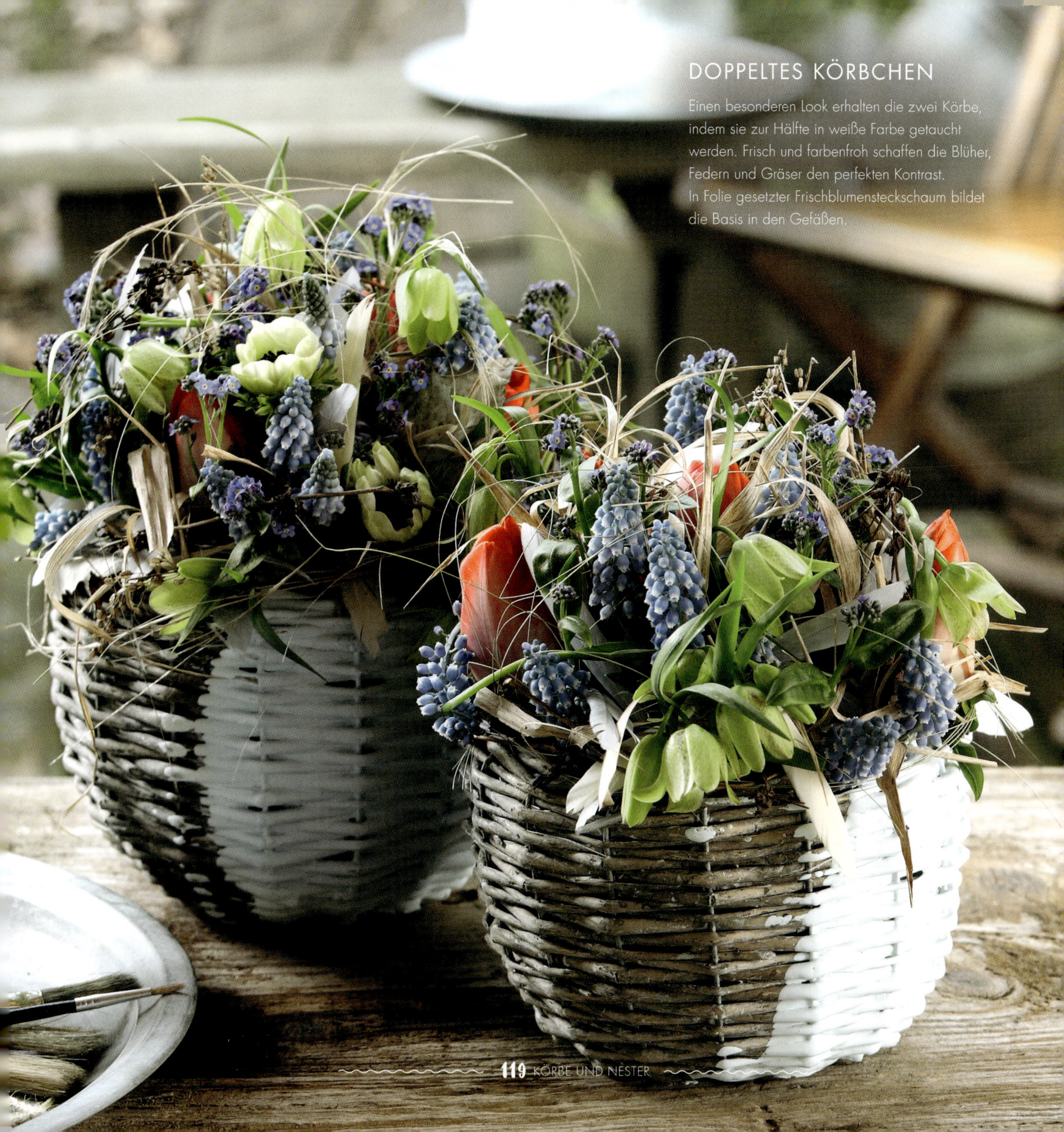

DOPPELTES KÖRBCHEN

Einen besonderen Look erhalten die zwei Körbe, indem sie zur Hälfte in weiße Farbe getaucht werden. Frisch und farbenfroh schaffen die Blüher, Federn und Gräser den perfekten Kontrast. In Folie gesetzter Frischblumensteckschaum bildet die Basis in den Gefäßen.

LEUCHTENDES MOOSNEST

Durch Polstermoos, welches mit Drahthaften auf einem Strohröhmer befestigt wird, lässt sich im Nu ein sattgrünes, frisches Nest erschaffen. Narzissen, Tulpen und Traubenhyazinthen finden samt ihrer von Erde befreiten Zwiebeln auf dem Moos Platz. Mit Holzspießchen werden sie auf dem Untergrund fixiert. Trockene Ranken zum Schluss um den Kranz legen.

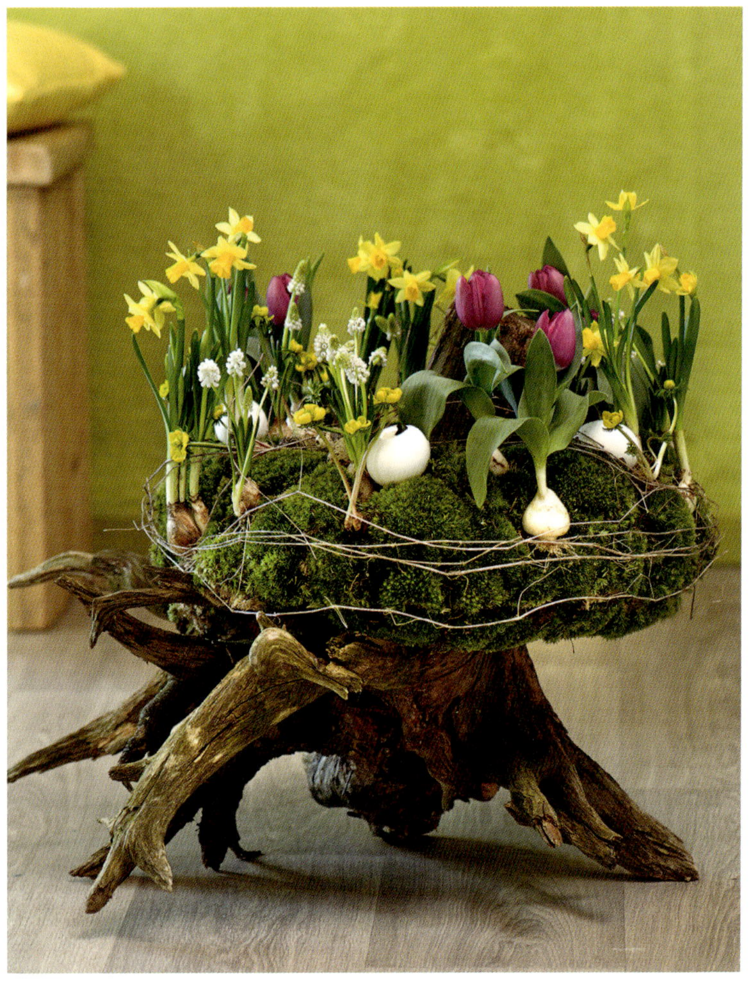

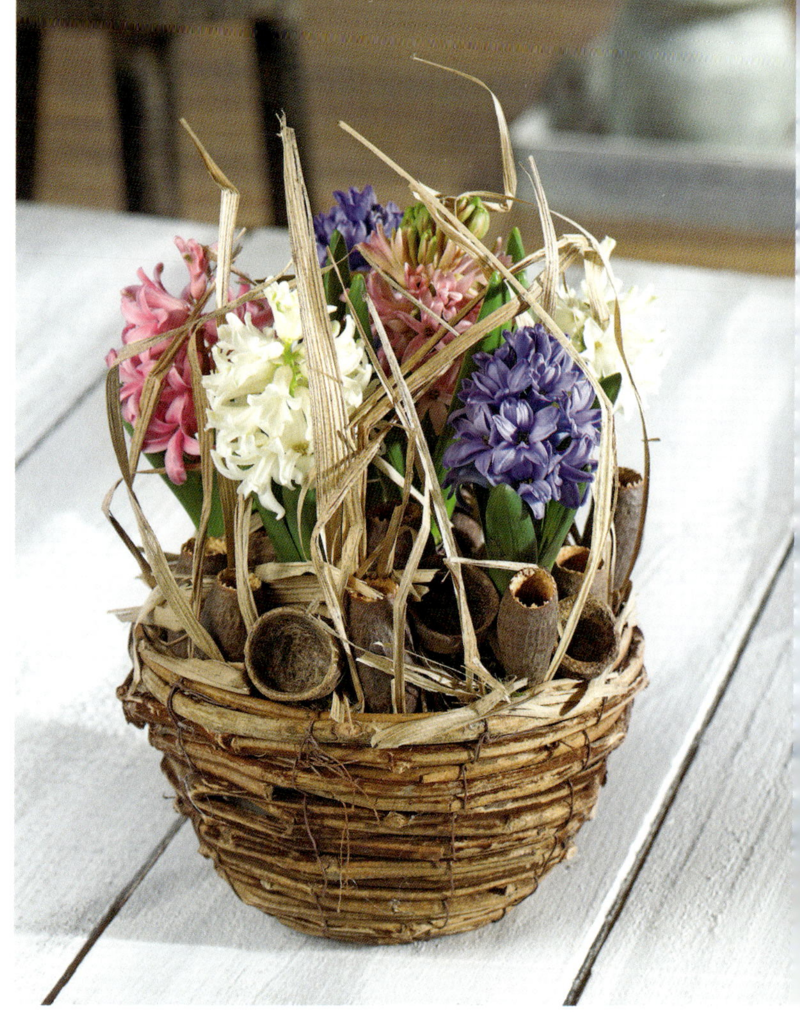

TROPISCHE HÖLZER

Zu den mit ihren Kulturtöpfen im Korb platzierten Hyazinthen gesellen sich die tropischen Fruchtformen. Auch die trockenen Gräser passen perfekt zum Look des Korbes.

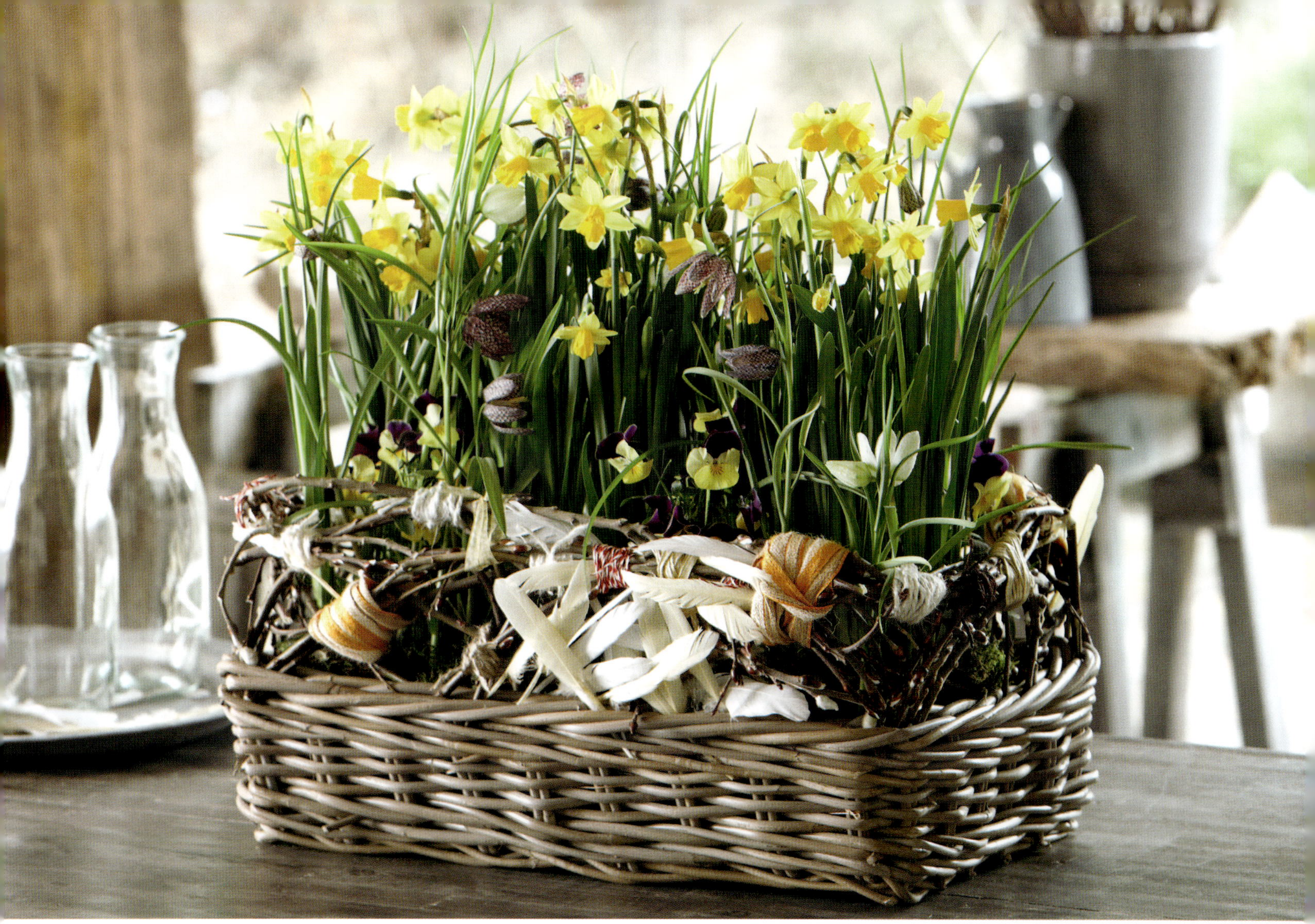

SCHMÜCKENDE FLECHTARBEIT

Nicht nur die frischen Narzissen, Schachbrettblumen und Stiefmütterchen künden vom Frühling. Auch der Korb selbst macht einiges her. Dieser wird mit Federn und verschiedenem Band raffiniert verziert. Einfach in die Zwischenräume der Verflechtungen stecken oder anknoten.

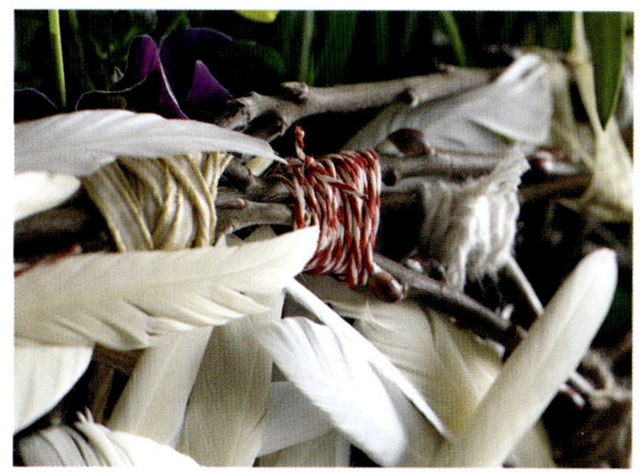

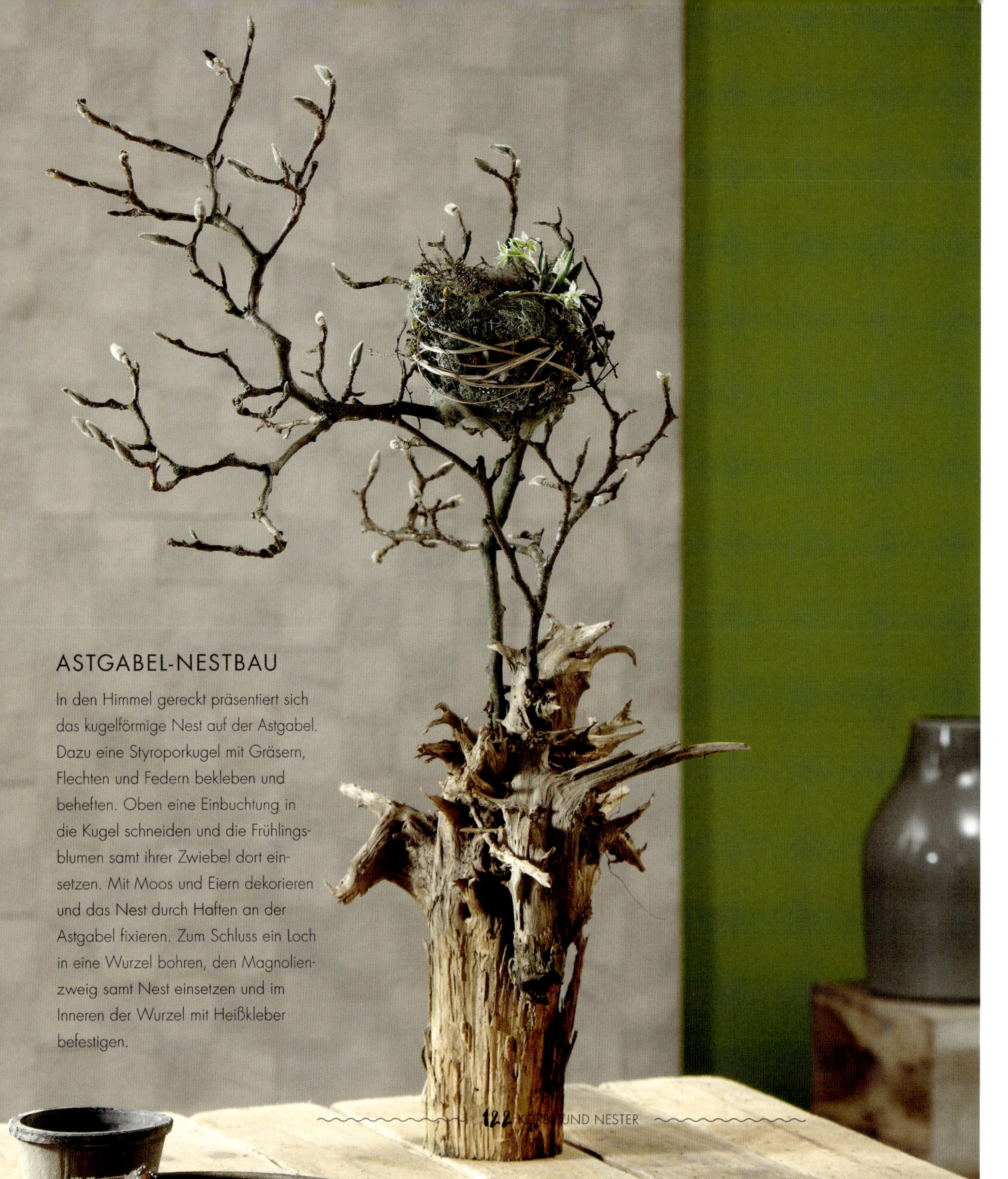

ASTGABEL-NESTBAU

In den Himmel gereckt präsentiert sich das kugelförmige Nest auf der Astgabel. Dazu eine Styroporkugel mit Gräsern, Flechten und Federn bekleben und beheften. Oben eine Einbuchtung in die Kugel schneiden und die Frühlingsblumen samt ihrer Zwiebel dort einsetzen. Mit Moos und Eiern dekorieren und das Nest durch Haften an der Astgabel fixieren. Zum Schluss ein Loch in eine Wurzel bohren, den Magnolienzweig samt Nest einsetzen und im Inneren der Wurzel mit Heißkleber befestigen.

HERAUSRAGEND

Auf Holzstelzen, die an einer Baumscheibe festgebohrt werden, kommt das Arrangement daher. Kätzchenweiden- und Birkenzweige nestartig um die Baumscheibe winden und mit Draht verrödeln. Folie in das Nest legen und mit Frischblumensteckschaum ausfüllen. Trompetenbaumzweige, langstielige Tulpen, Narzissen und Sommerschneeball runden den Look ab. Moos kaschiert den Steckschaum.

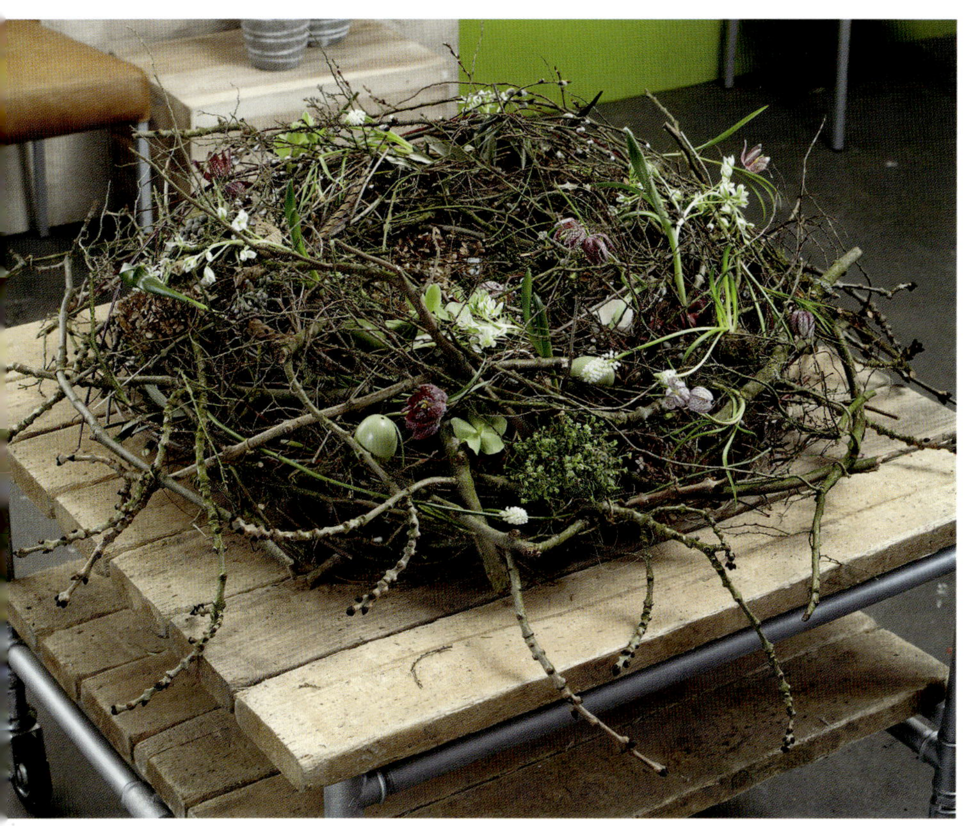

NEST IM NATURLOOK

Aus groben Zweigen wird durch Verwinden ein rustikales Nest konstruiert, welches mit Draht fixiert ist. Dünnere Zweige und biegsame Äste füllen die Zwischenräume aus und werden ineinander verwoben. Reisig im Inneren füllt das Nest aus und lässt es kompakt wirken. Blumen samt ihrer Pflanzenzwiebel und Eier finden, zwischen die Äste gelegt, Platz.

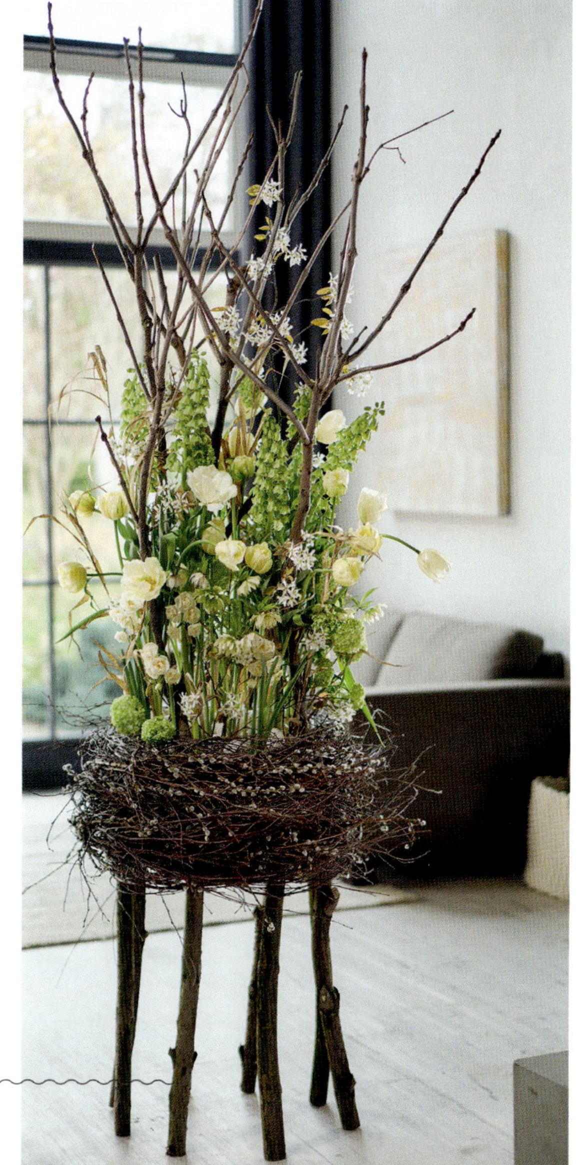

HENKELKORB

In einem schlichten Korb kommen lange Tulpen, Weidenkätzchen und einiges mehr toll zur Geltung. Dafür gewässerten Frischblumensteckschaum mit Folienumwicklung einstellen und alle Floralien senkrecht hineinstecken.

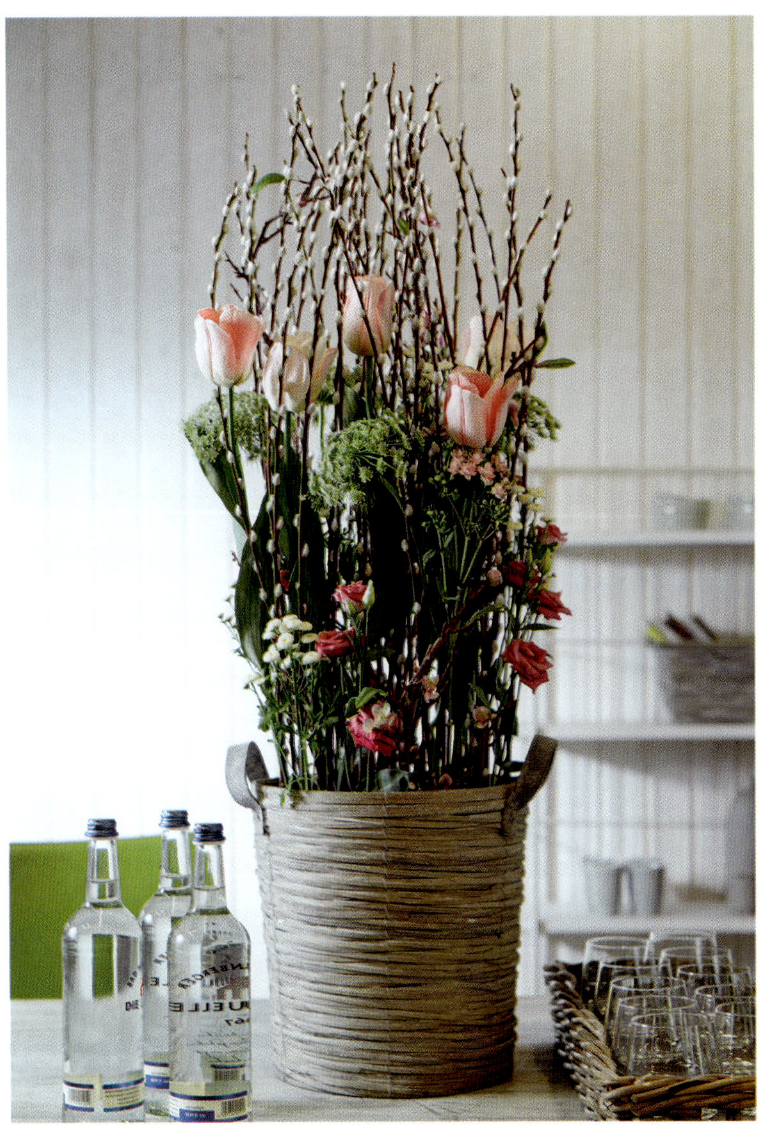

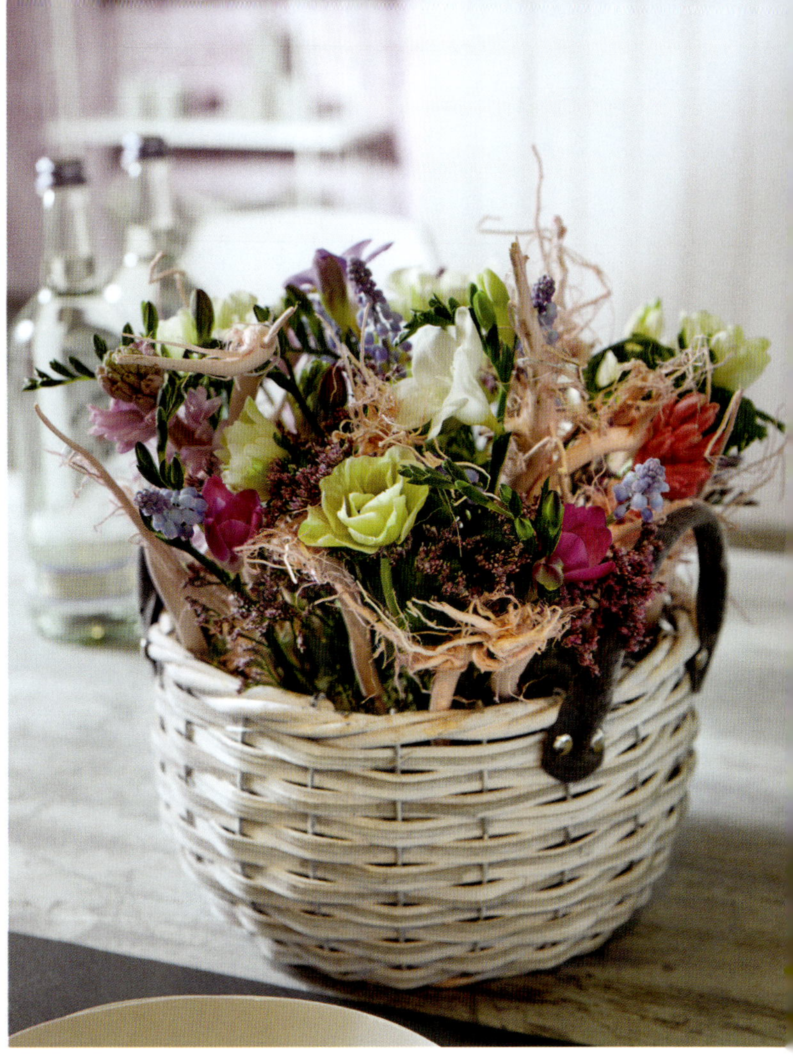

NESTKORB

Wie in einem kuscheligen Nest ducken sich die bunten Blüten von Anemone, Freesie, Hyazinthe, Statice und Traubenhyazinthe in den rustikalen Korb. Damit alles guten Halt und eine Wasserversorgung hat, in Folie gewickelten und gewässerten Frischblumensteckschaum einstellen.

Was du brauchst:

Korb, Weidenzweige, Rebenbindedraht, Frischblumensteckschaum, trockenes Gras, Moos, verschiedene Blüten

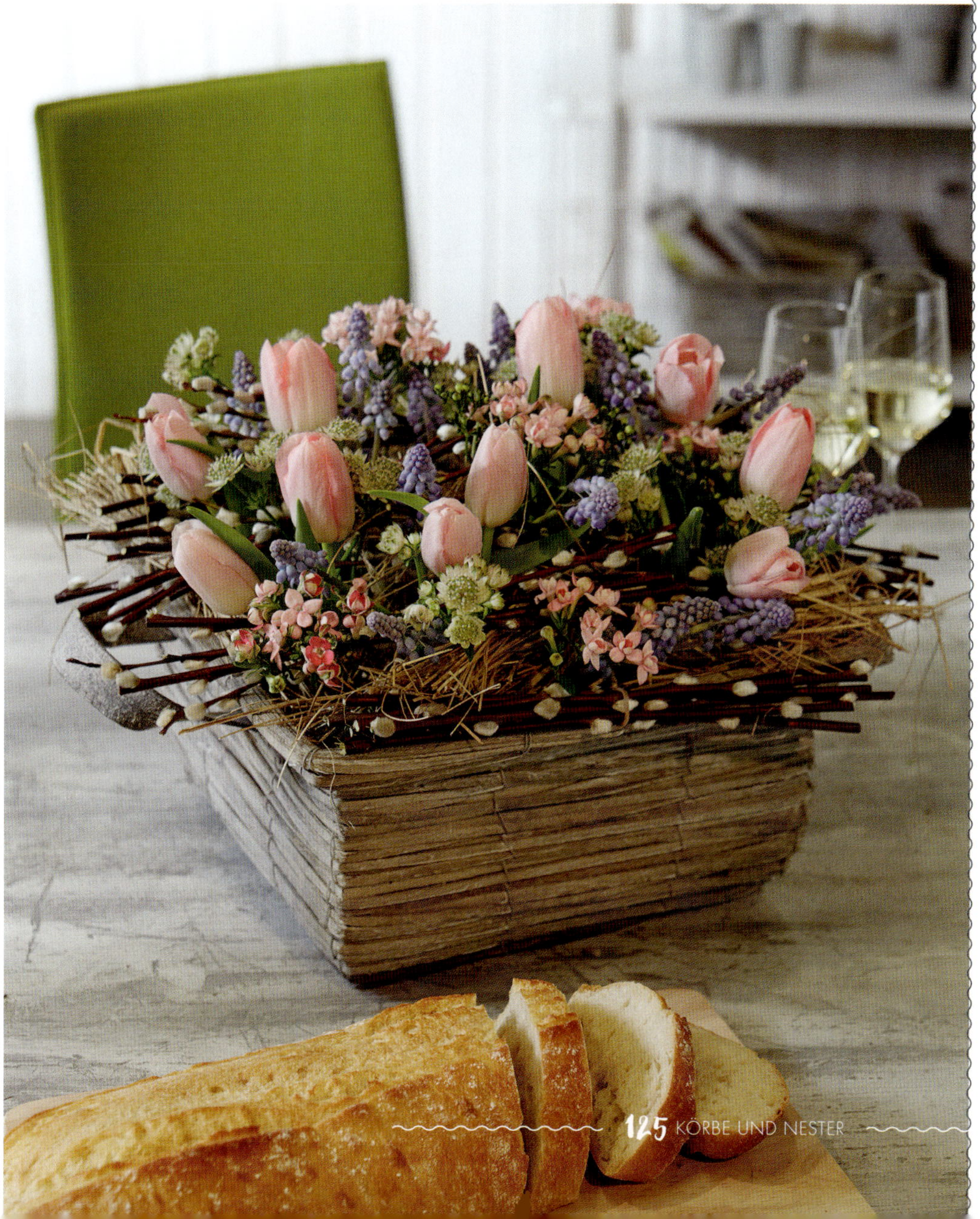

1. Die Weidenzweige in Stücke schneiden und jeweils vier bis sechs Stück mit Rebenbindedraht bündeln.

2. Steckmasse wässern, in Folie wickeln, dabei Oberfläche offen lassen und in den Korb setzen. Weidenbündel mit den lang belassenen Drahtenden kreuz und quer im Steckschaum fixieren, ebenso Büschel mit trockenem Gras. Hier hindurch dann die Blüten Kopf an Kopf platziert hinzufügen.

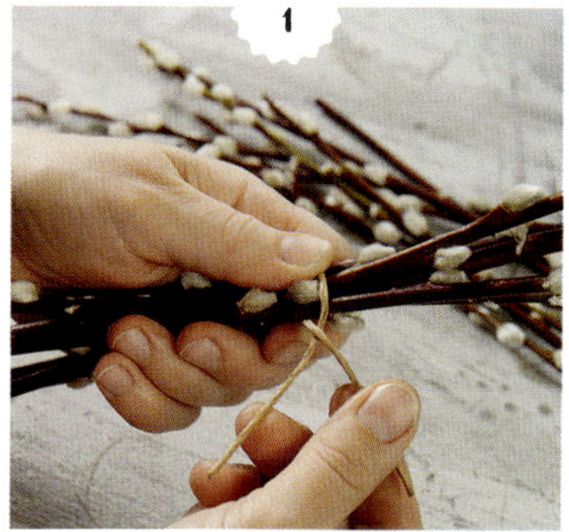

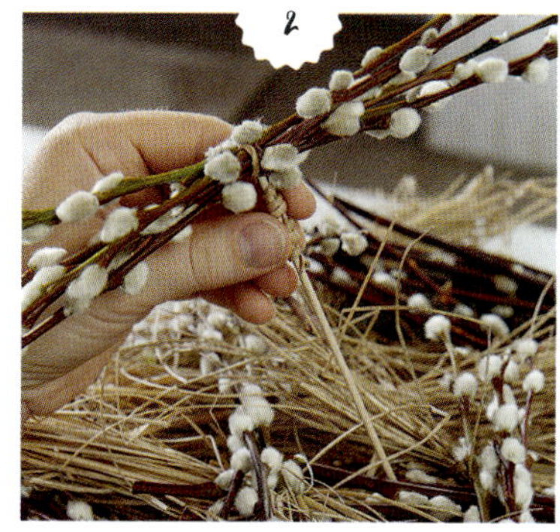

PAPIERSTREIFEN-NEST

Aus Papierstreifen und Kleister wird ein Nest mit Wow-Effekt. Dazu auf eine umgedrehte Schale Folie legen und diese mithilfe von Kleister mit Papierstreifen kreuz quer bekleben. Anschließend das Papiernest wenden und eine Schale einstellen. In letztere gewässerten Frischblumensteckschaum einsetzen und mit Frühlingsblühern kompakt ausfüllen.

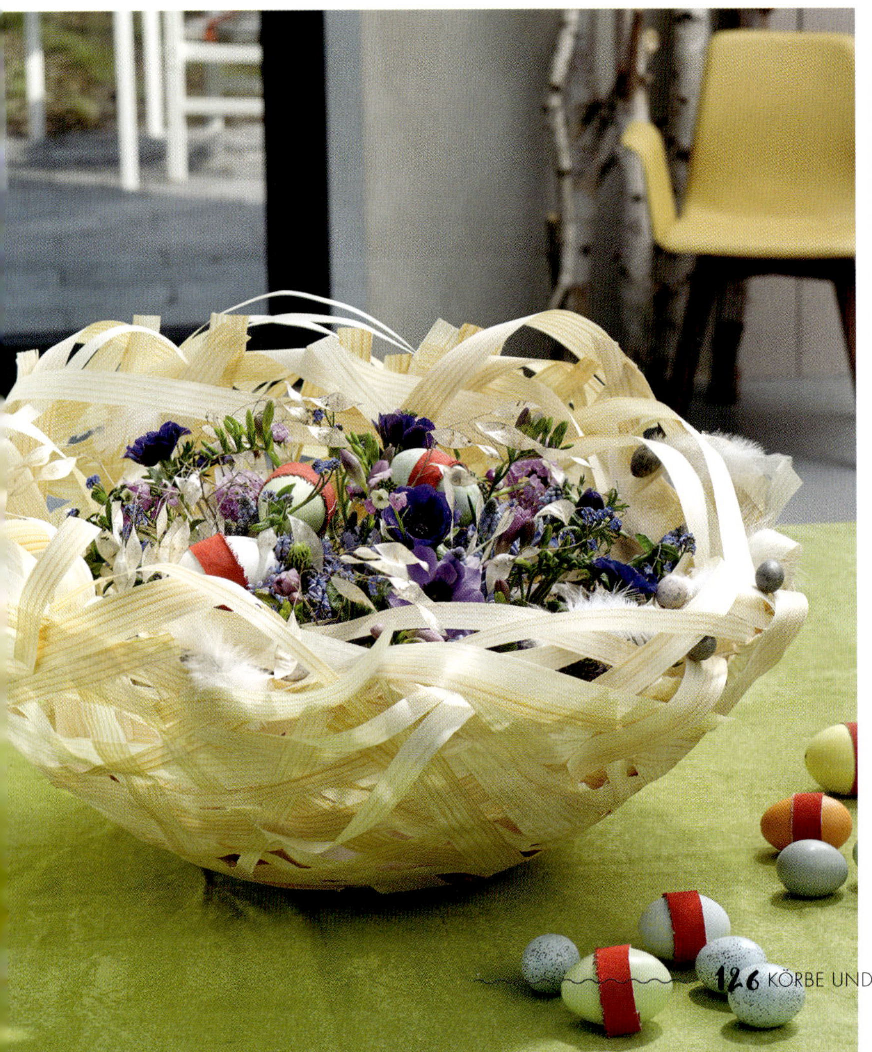

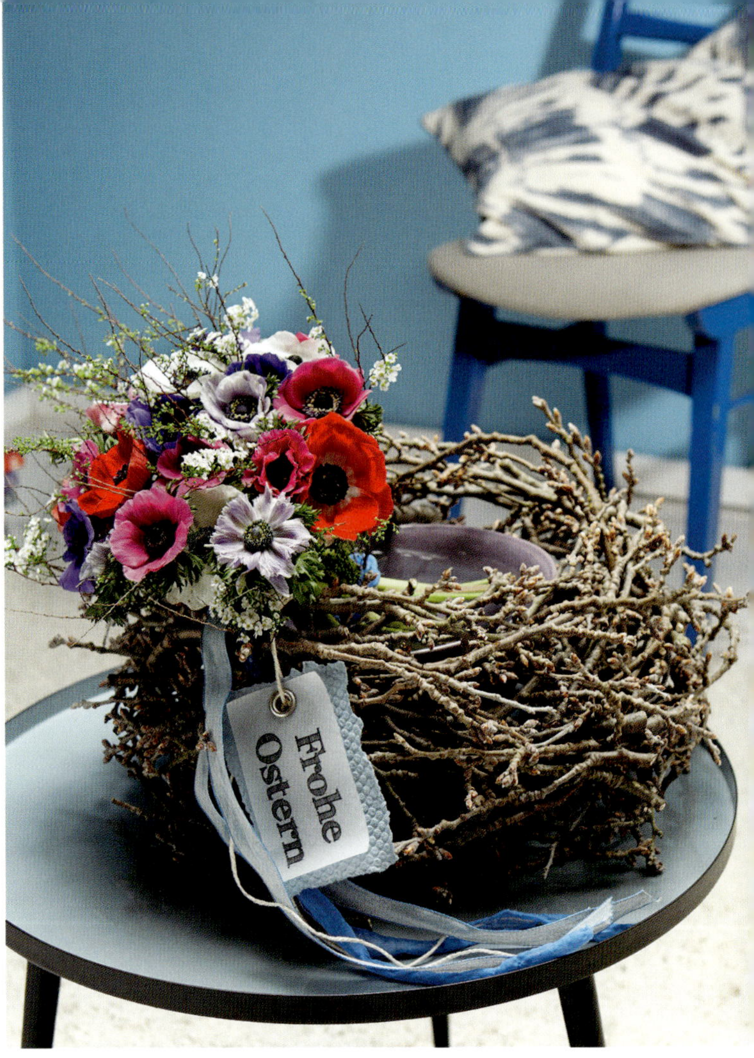

DIY-NESTBAU

Ein Nest wird im Nu aus knorrigen Zweigen erstellt, die mit Myrtendraht miteinander verbunden werden. Die Mitte ziert eine Vase, die mit einem Strauß aus farbenfrohen Anemonen und Zweigen gefüllt ist. Angeknotete Bänder und ein selbst gemachter Anhänger geben eine persönliche Note.

AB INS KÖRBCHEN

Das Gefäß aus Draht bietet Kronen-Anemonen, Traubenhyazinthen samt Zwiebeln, Schlehenzweigen und Eiern genug Platz. Unter dem Moos verbirgt sich der gewässerte Frischblumensteckschaum mit Foliengrund, damit die eingesteckten Blüten frisch bleiben. Ideal als Geschenk oder Hingucker im eigenen Zuhause.

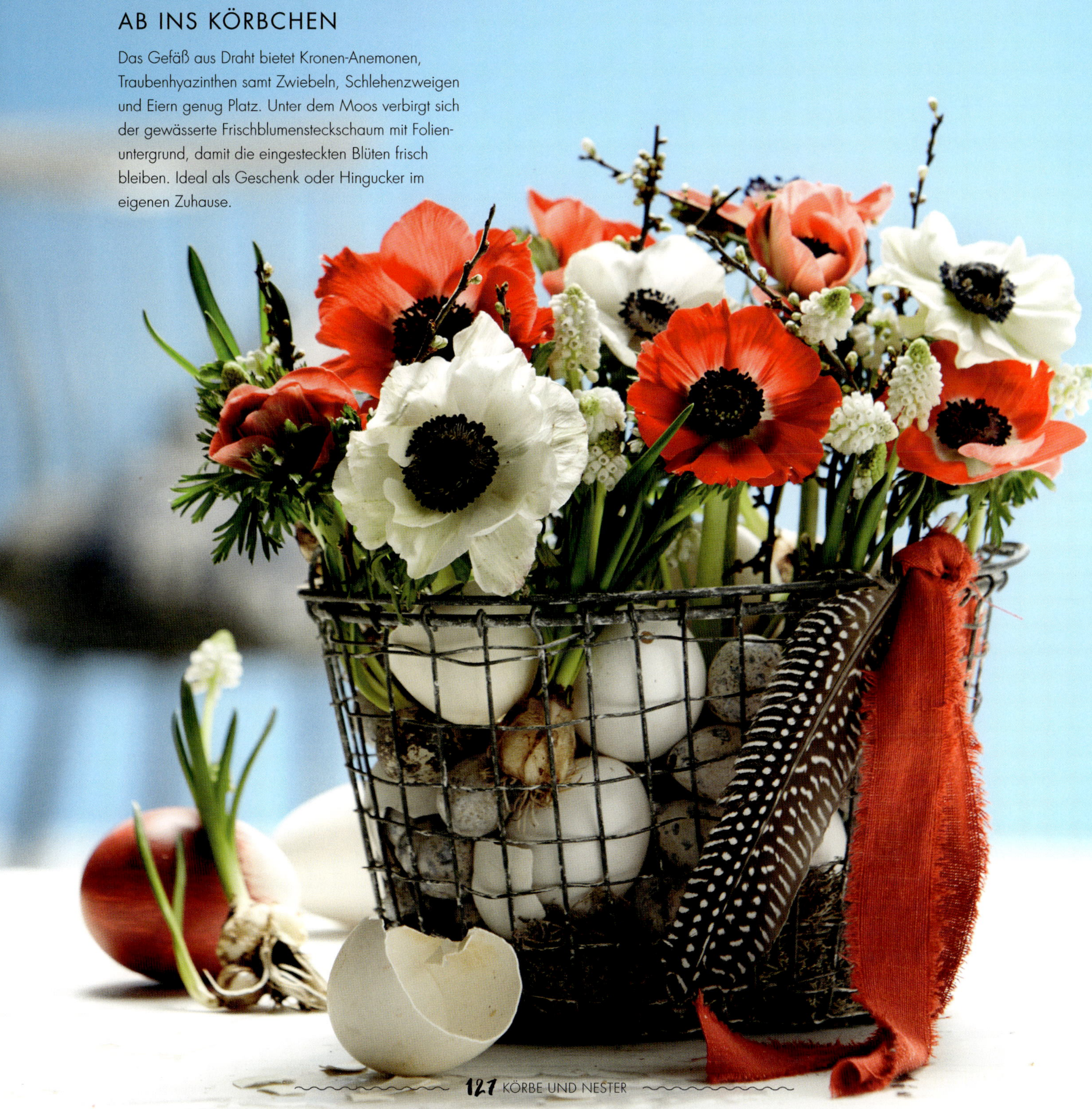

Impressum

HERAUSGEBER
BLOOM's GmbH, Ratingen (D)

KONZEPTION
Hella Henckel, Evelyn Schinckel

FLORALE GESTALTUNG
Team BLOOM's

CHEFREDAKTION
Hella Henckel

TEXT
Evelyn Schinckel

GRAFIK DESIGN
Riswane Abdurachmanov

DTP
Britta Baschen

FOTOS
Patrick Pantze Images GmbH, Lage (D)

DRUCK
D+L Printpartner GmbH, Bocholt (D)

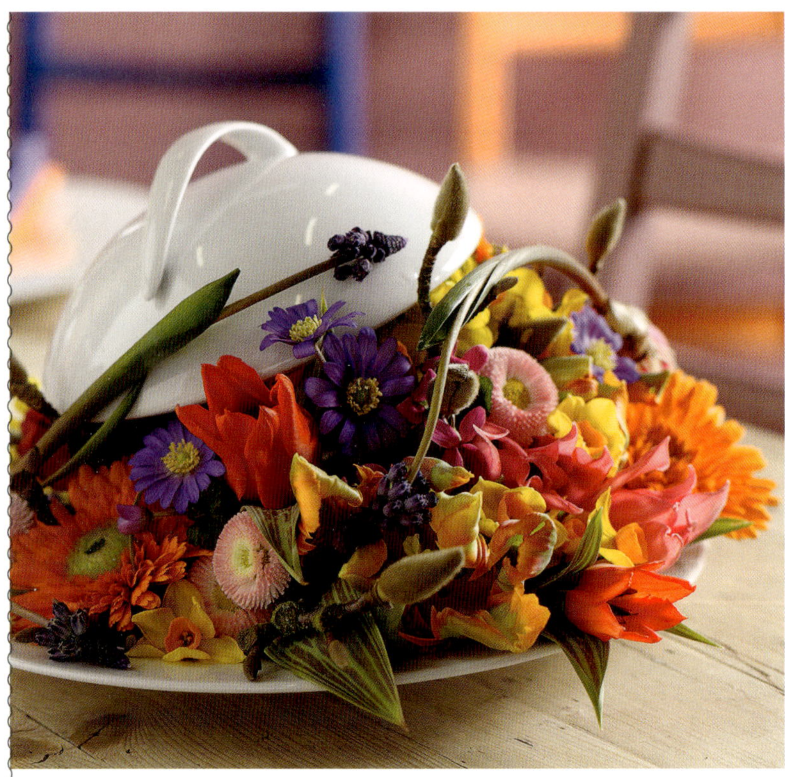

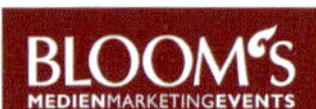

© BLOOM's GmbH
Am Potekamp 6 | D-40885 Ratingen
T +49 2102 9644-0 | F +49 2102 896073
info@blooms.de | www.blooms.de
1. Auflage 2018
ISBN 978-3-945429-11-2